# ŒUVRES COMPLÈTES

DE

# AUGUSTIN THIERRY

X.

Vu les traités internationaux relatifs à la propriété littéraire, on ne peut ni reproduire ni traduire l'*Essai sur l'Histoire de la formation et des progrès du Tiers État, etc.*, à l'étranger sans l'autorisation de l'auteur et de l'éditeur.

IMPRIMÉ PAR J. CLAYE ET C⁰, RUE SAINT-BENOIT, N⁰ 7.

# ESSAI SUR L'HISTOIRE

DE

## LA FORMATION ET DES PROGRÈS

# DU TIERS ÉTAT

SUIVI DE DEUX FRAGMENTS

## DU RECUEIL DES MONUMENTS INÉDITS

DE CETTE HISTOIRE

PAR

**AUGUSTIN THIERRY**

MEMBRE DE L'INSTITUT

Seconde édition

**PARIS**
FURNE ET Cⁿ, LIBRAIRES-ÉDITEURS

1853

# ESSAI
# SUR L'HISTOIRE

DE LA FORMATION ET DES PROGRÈS

# DU TIERS ÉTAT

## CHAPITRE X

CARACTÈRE SOCIAL DU RÈGNE DE LOUIS XIV, SON ACTION
SUR LES PROGRÈS DU TIERS ÉTAT.

SOMMAIRE : Fin de la première période de nos révolutions sociales, commencement de la seconde. — Nouvelle carrière d'efforts et de progrès ouverte au xviii$^e$ siècle. — Abandon des libertés historiques, recherche du droit purement rationnel. — Rôle du tiers état dans ce grand mouvement des esprits. — Opposition au sein de la cour de Louis XIV, Fénelon et le duc de Bourgogne. — Leur projet de constitution aristocratique et libérale. — Bon sens et fermeté d'âme du vieux roi, résultat de son gouvernement. — Progrès vers l'égalité civile, patronage des lettres. — La vie de la nation attirée au centre, déclin des institutions locales. — Les emplois municipaux érigés en titre d'office, conséquences de cet expédient financier. —

Ruine des libertés municipales. — Attaque aux priviléges politiques du parlement. — Interdiction de toute remontrance avant l'enregistrement des lois. — Le parlement se relève, son rôle au xviiie siècle.

Après avoir, avec une logique intrépide, sacrifié toutes ses vieilles institutions à l'agrandissement d'une seule, après avoir laissé abattre l'indépendance des classes d'hommes et des territoires, les droits des provinces et des villes, le pouvoir des états généraux et le contrôle politique du parlement, la France, parvenue à l'apogée de cette longue révolution, se trouvait en face de l'unité monarchique, mais d'une unité toute personnelle pour ainsi dire, et d'où, en théorie, l'idée même de nation formant un corps était exclue[1]. Ainsi l'action des siècles écoulés depuis le xiie, en atteignant son but si régulièrement poursuivi, aboutissait à un régime inacceptable comme définitif pour la raison et le patriotisme, à quelque chose qui, loin de fixer la marche du progrès en politique, n'était

[1]. La France est un État monarchique dans toute l'étendue de l'expression. Le roi y représente la nation entière, et chaque particulier ne représente qu'un seul individu envers le roi. Par conséquent, toute puissance, toute autorité, résident dans les mains du roi, et il ne peut y en avoir d'autres dans le royaume que celles qu'il établit... La nation ne fait pas corps en France, elle réside tout entière dans la personne du roi. (Manuscrit d'un cours de droit public de la France, composé pour l'instruction du duc de Bourgogne; citation faite par Lemontey, OEuvres complètes, t. V, p. 15.)

qu'une étape, un second point de départ, le commencement de nouveaux efforts.

Ce travail nouveau de l'opinion et de la volonté publique devait être, non de rebâtir des ruines, non de toucher à l'unité absolue de l'État, produit spontané de nos instincts sociaux, mais de lui imprimer en quelque sorte, au lieu du sceau royal, le vrai caractère national, de faire que son idée agrandie renfermât, pour les garantir, tous les droits légitimes du citoyen[1]. Telle fut l'œuvre glorieuse du siècle dont la quinzième année termina le règne de Louis XIV, œuvre dans laquelle l'objet fut moins simple et les rôles plus mêlés que dans la première, et qui fut pleine de tâtonnements jusqu'au jour où toutes les voies s'aplanirent par la fusion des deux premiers ordres au sein du troisième, et par l'avénement d'une assemblée une et souveraine des mandataires de la nation.

C'est à ce point de l'histoire de France que doit s'arrêter celle du tiers état; là disparaît son nom et finit son existence à part dont les derniers progrès et

---

[1]. Le premier signe d'une réaction des esprits se manifesta, dans l'année 1690 par la publication de quinze mémoires sur le gouvernement de Louis XIV, imprimés à l'étranger sous ce titre : *Les soupirs de la France esclave qui aspire après sa liberté*. L'auteur anonyme dénonce en termes véhéments ce qu'il nomme l'oppression de l'Église, de la magistrature, de la noblesse et des villes; il s'élève contre les doctrines de la monarchie absolue, et réclame, au nom des droits du peuple, la convocation des états généraux.

les actes les plus mémorables seront pour moi l'objet d'un travail ultérieur. Comme je le montrerai alors, dans cette période suprême d'où sont venus, par un fatal mélange, d'immenses biens et de grands maux, on trouve d'abord peu de mouvement; les vieilles habitudes politiques subsistent, tandis qu'un esprit nouveau s'empare des intelligences; puis, le travail achevé dans les idées passe dans les faits; des essais de réforme plus ou moins larges sont noblement mais inutilement tentés par le pouvoir, et, de leur impuissance éprouvée, naît la tentative populaire qui fit sortir des états généraux assemblés pour la dernière fois la révolution de 1789.

Cette inauguration d'une société fondée sur les principes du droit rationnel n'arriva que lorsque la masse nationale eut senti à fond le néant pour elle d'une restauration de droits historiques. La raison pure et l'histoire furent comme les deux sources diverses où puisa dès son berceau l'opinion régénératrice; mais, soit nécessité soit imprudence, elle puisa de plus en plus à la première, et de moins en moins à la seconde. D'un côté, le courant se trouva mince et inerte; de l'autre, grandissant toujours, poussé par la double impulsion de la logique et de l'espérance, il parvint à maîtriser tout et à tout entraîner.

Les droits anciens n'étant autre chose que les anciens priviléges, leur restauration en masse sous le nom de liberté ne pouvait être l'objet de désirs sérieux que pour les deux premiers ordres; le tiers état, sauf ses vieilles franchises municipales dont la passion ne l'agitait plus, n'avait rien à regretter du passé, tout à attendre de l'avenir. Aussi fut-il, dans la dernière partie de son rôle politique, le grand foyer, l'agent infatigable de l'esprit nouveau, des idées de justice sociale, de liberté égale pour tous et de fraternité civique. Cela ne veut pas dire que cet esprit, supérieur dans son indépendance aux habitudes et aux intérêts d'ordre et de classe, s'insinuant sous l'habitude pour l'user et sous l'intérêt pour le rendre moins âpre et moins étroit, dût rester étranger aux classes dont les droits exclusifs, tombés déjà en partie, étaient condamnés à périr pour le bien de tous. Si l'ordre non privilégié se trouvait par ses instincts et ses intérêts mêmes naturellement disposé à de semblables inspirations, il ne pouvait être seul à les ressentir. Partout où des âmes élevées et des cœurs généreux se rencontrèrent, il y eut de l'aliment pour ce qu'on peut nommer la pensée libérale moderne; cette voix de l'opinion, qui renouvela tout en 1789, avait des organes éclatants et sincères parmi la noblesse et le clergé. Et, chose étrange, ce fut à la cour même de Louis XIV, autour de son petit-fils, dans des conciliabules de grands seigneurs, que naquit, d'une vive sympathie pour les souffrances du peuple, le premier essai de réaction politique contre le dogme accablant et les maux nécessaires de la monarchie sans limite.

On sait qu'un écrivain de génie, évêque admirable et ardent philanthrope, Fénelon, fut l'âme de ces projets dont il avait semé le germe dans ses leçons données, durant cinq ans, à un prince héritier du trône[1]. Le plan de gouvernement, conçu par lui et embrassé avec passion par le successeur futur de Louis XIV, offrait un singulier mélange d'esprit aristocratique et d'affection pour les intérêts populaires[2]. Ce plan, auquel s'attache une vague célébrité, avait le mérite respectable d'être inspiré par la conscience des abus et des maux présents, avec l'énorme défaut d'appliquer à ces abus des remèdes pires que le mal lui-même. Il détruisait la centralisation administrative et jusqu'à l'administration proprement dite, supprimait les intendants des provinces et remplaçait les

---

1. Fénelon remplit de 1689 à 1694 les fonctions de précepteur du duc de Bourgogne, qui, en 1711, à la mort du dauphin son père, devint l'héritier présomptif.

2. Voyez, dans les OEuvres de Fénelon, t. XXII, l'écrit intitulé : *Plans de gouvernement concertés avec le duc de Chevreuse, pour être proposés au duc de Bourgogne;* novembre 1711. Le duc de Bourgogne, devenu dauphin, venait d'être associé par Louis XIV aux travaux du conseil; il avait pour principaux confidents de ses vues politiques, sous l'initiative de l'archevêque de Cambrai, le duc de Beauvilliers, son ancien gouverneur, et les ducs de Chevreuse et de Saint-Simon. Voy. les Mémoires de ce dernier, t. X, p. 4, 204, 209; et t. XII, p. 260.

ministres par des conseils¹. Enlevant à la royauté son caractère moderne, il en faisait, non plus l'image vivante, la personnification active de l'État, mais un privilége inerte servant de couronnement à une hiérarchie de priviléges, et s'appuyant sur elle en la protégeant². C'était, pour fuir les vices de la monarchie absolue, rétrograder vers la monarchie féodale, et

1. Les *intendants de justice, police et finances*, étaient une création de Richelieu. Tous les ministères, sauf l'office de chancelier, devaient être abolis, et leurs attributions réparties entre six conseils agissant sous le contrôle du conseil d'État présidé par le roi. Les six conseils se nommaient: Conseil des affaires étrangères, des affaires ecclésiastiques, de la guerre, de la marine, des finances et des dépêches ou du *dedans du royaume*. Ce mode d'administration fut essayé avec de tristes succès sous la régence du duc d'Orléans. Voyez les Mémoires de Saint-Simon, t. X, p. 6, 7, 8; et t. XII, p. 267, 269 et 270.

2. L'administration tout entière devait s'exercer dans chaque province par des états particuliers, sous le contrôle souverain des états généraux du royaume. Le conseil de l'intérieur, celui des finances et le conseil d'État lui-même n'avaient, à ce qu'il semble, d'autre autorité administrative que le droit d'inspection par commissaires. Voici ce que portent à cet égard les Plans de gouvernement concertés avec le duc de Chevreuse : « Établissement d'états particuliers dans toutes les provinces, avec pouvoir de policer, corriger, destiner les fonds, etc. — Suffisance des sommes que les états particuliers lèveroient pour payer leur part de la somme totale des charges de l'État. — Supériorité des états généraux sur ceux des provinces ; corrections des choses faites par les états des provinces sur plaintes et preuves. Révision générale des comptes des états particuliers pour fonds et charges ordinaires. — Point d'intendants ; *missi dominici* seulement de temps à temps. » (Œuvres de Fénelon, t. XXII, p. 579, 580 et 581.)

défaire l'ouvrage des siècles au lieu de le perfectionner.

A côté des états généraux devenus une institution régulière, d'états particuliers établis au nombre de vingt au moins par une nouvelle division des provinces, de diètes cantonales créées pour l'assiette et la répartition de l'impôt, on trouve dans cette prétendue constitution libre la séparation des ordres rendue plus profonde, et de nouvelles distinctions de classes : pour le clergé, une entière indépendance à l'égard du pouvoir civil; pour la haute noblesse, des prérogatives politiques; pour le commun des gentilshommes, l'accès par préférence à toutes les charges, le rétablissement des juges d'épée dans les bailliages, et leur introduction dans les parlements; pour le tiers état enfin, l'amoindrissement ou la suppression des offices qui depuis longtemps lui étaient dévolus[1]. Et, par le plus étrange

---

[1]. Soutien de la noblesse : Toute maison aura un bien substitué, *majorasgo* d'Espagne. Pour les maisons de haute noblesse, substitutions non petites; moindres pour médiocre noblesse. — Mésalliances défendues aux deux sexes. — Anoblissements défendus, excepté les cas de services signalés rendus à l'État. — Nul duc non pair. On attendrait une place vacante pour en obtenir; on ne serait admis que dans les états généraux. Lettres pour marquis, comtes, vicomtes, barons, comme pour ducs. — Justice : Le chancelier, chef du tiers état, devrait avoir un moindre rang, comme autrefois. Préférence des nobles aux roturiers, à mérite égal, pour les places de président et de conseillers. Magistrats d'épée, et avec l'épée au lieu de robe, quand on pourra. — Point de présidiaux : leurs droits attribués aux bailliages. Rétablir le droit du bailli d'épée pour y exercer sa

contraste à des dispositions qui semblent un démenti donné au progrès traditionnel de la société en France, il s'en joint d'autres dont la générosité devance les temps et la raison à venir ; l'impôt, sous toutes ses formes, est étendu à toutes les classes de la nation ; il n'y a plus à cet égard ni priviléges pour les deux premiers ordres, ni vexation pour le peuple par l'exploitation des traitants [1].

En dépit des maximes libérales que le duc de Bourgogne et ses amis professaient, et dont ils croyaient de bonne foi que leur œuvre était l'expression [2], ce

fonction. Lieutenant général et lieutenant criminel, nobles s'il se peut. (*Plans de gouvernement concertés avec le duc de Chevreuse*, ibid., p. 590, 591, 592.) — Voyez plus haut, ch. VII, les demandes de la noblesse aux états généraux de 1614.

1. Établissement d'assiettes qui est une petite assemblée de chaque diocèse, comme en Languedoc, où est l'évêque avec les seigneurs du pays et le tiers état, qui règle la levée des impôts suivant le cadastre. — Mesurer les impôts sur la richesse naturelle du pays et du commerce qui y fleurit. — Cessation de gabelle, grosses fermes, capitations et dîme royale. Impôts par les états du pays sur les sels, sans gabelle. Plus de financiers. — Les ecclésiastiques doivent contribuer aux charges de l'État par leurs revenus. (*Plans de gouvernement*, etc., ibid., p. 579, 580 et 586.) — Le principe de l'égalité proportionnelle en matière d'impôt, l'une des bases de ce système financier, avait été posé par Vauban, dans son célèbre mémoire intitulé *Dîme royale*.

2. Je n'ose achever un grand mot, un mot d'un prince pénétré : qu'un roi est fait pour les sujets, et non les sujets pour lui, comme il ne se contraignit pas de le dire en public et jusque dans le salon de Marly. (*Mémoires de Saint-Simon*, t. X, p. 242.) — Fénelon répète sans cesse, dans ses écrits politiques et dans sa correspondance : que tout despotisme est un mauvais gouvernement ; que sans libertés nationales, il n'y a ni ordre ni justice dans l'État, ni véritable gran-

triste assemblage d'éléments contradictoires, qui innovait d'une part en philanthropie sociale et de l'autre en distinction de droits et de rangs selon la naissance, qui relevait la noblesse de sa décadence politique et rabaissait les positions faites par le temps au tiers état, cette constitution anti-logique et anti-historique n'avait pas chance d'être populaire un seul jour, si du monde des rêves elle eût passé dans celui des faits réels. La monarchie en France, quand elle cesserait d'être absolue, devait rester administrative ; la liberté en France devait se fonder, non sur une séparation plus marquée, mais sur la fusion des ordres, non sur l'abaissement, mais sur l'élévation continue des classes roturières.

La mort du dauphin à peine âgé de trente ans emporta ces projets et les espérances qui s'attachaient à son règne[1]. Louis XIV ne connut que d'une manière vague les plans élaborés par son petit-fils dans le secret de l'intimité[2]. Il s'applaudissait de l'esprit sé-

deur pour le prince ; que le corps de la nation doit avoir part aux affaires publiques.

1. Il était né le 6 août 1682, et mourut le 18 février 1712.

2. Après la mort du duc de Bourgogne, le roi se fit apporter une cassette remplie de ses papiers secrets, qui furent brûlés. Il donna cet ordre, non, comme on l'a cru, par dépit et après un complet examen, mais par suite d'une ruse du duc de Beauvilliers, qui l'ennuya en lui lisant de longs mémoires sans intérêt, pour lui ôter l'envie d'entendre la lecture du reste. Une autre cassette contenant des pièces relatives aux choses convenues entre le prince et ses amis fut sauvée par ces derniers. Voyez les Mém. de Saint-Simon, t. XII, p. 267.

rieux et des hautes qualités du jeune prince, mais le reste était pour lui un objet de défiance ou d'antipathie[1], et cela autant par sa droiture de sens que par ses instincts despotiques. S'il avait en lui-même une foi extravagante, il croyait profondément à la sagesse de ses ancêtres, à l'efficacité civilisatrice de ce pouvoir uni et concentré qu'il avait reçu d'eux, dont il abusait sans doute, mais qu'il développait dans le même sens qu'eux. Au milieu des pompes de sa cour, il était niveleur à sa manière; pour lui le mérite avait des droits supérieurs à ceux de la naissance; il ouvrait de plus larges routes à l'ascension des hommes nouveaux; au lieu de diviser, il unissait. Il travaillait à rendre complète l'unité politique du pays, et, sans le savoir, il préparait de loin l'avénement de la grande communauté une et souveraine de la nation.

Ainsi, malgré ses défauts trop manifestes, la politique de Louis XIV était plus intelligente et valait mieux pour l'avenir que les imaginations spécieuses des réformateurs de son temps; il comprit quelle devait être sa tâche après l'œuvre de ses devanciers, et il la remplit fidèlement, selon la mesure de ses forces.

---

[1]. On connaît le mot du roi après une conversation qu'il voulut avoir avec Fénelon sur ses principes de gouvernement : « J'ai entretenu le plus bel esprit et le plus chimérique de mon royaume. » Voyez Voltaire, *Siècle de Louis XIV*, t. II, ch. XXXVIII, p. 452, édit. Beuchot.

Qu'on lui accorde ou qu'on lui refuse le nom de Grand qui lui fut décerné par une admiration mêlée de flatterie[1], il est impossible de ne pas ressentir l'impression que produit dans l'histoire cette figure de roi, calme et fière, sérieuse et douce, attentive et réfléchie, à laquelle l'idée de majesté répond si bien. Il est même impossible de ne pas regretter par moments le blâme sévère que la justice oblige d'associer aux éloges qui lui sont dus; et ces moments ne sont pas ceux où son règne brille de tout ce qui fait la splendeur et la puissance des États, mais ceux où le royaume a perdu sa force et sa prospérité, où le monarque, autrefois comblé de gloire, n'en a plus à espérer que de sa lutte avec le malheur. C'est lorsque, vaincu sur toutes ses frontières par l'Europe coalisée, il prolonge ce combat suprême avec une constance inébranlable, s'oubliant lui-même afin d'épargner au pays les douleurs d'une invasion étrangère, immolant sa fierté et prêt à donner sa vie pour l'indépendance nationale[2]. C'est aussi lorsqu'au plus

---

1. Ce titre, inscrit d'abord sur quelques médailles frappées en l'honneur du roi, lui fut, en 1680, déféré solennellement par l'hôtel de ville de Paris.

2. Voyez les événements du règne de 1708 à 1713, année de la paix d'Utrecht. — Cette constance, cette fermeté d'âme, cette égalité extérieure, ce soin toujours le même de tenir tant qu'il pouvoit le timon, cette espérance contre toute espérance, par courage et par sagesse, non par aveuglement, ces dehors du même roi en toutes choses c'est ce dont peu d'hommes auroient été capables, c'est ce qui auroit pu lui mériter le nom de Grand, qui lui avoit été si prématuré. (Mémoi-

fort de ses revers, il voit, sans se laisser abattre, son fils et ses petits-fils mourir autour de lui[1]; ou enfin, lorsque arrivé au dernier terme, il exprime par des mots touchants une admirable fermeté d'âme, un courage sans ostentation qu'il porte jusqu'à l'aveu de ses fautes[2].

Outre l'éclat que répandit sur ce règne la réunion de tant d'hommes de génie qu'il n'est pas besoin de nommer; outre sa gloire chèrement payée et ses prospérités passagères, dans toutes les phases de sa longue durée[3], en dépit d'énormes fautes, il eut un incontes-

---

res de Saint-Simon, t. XIII, p. 163.) — Je me suis toujours soumis à la volonté divine, et les maux dont il lui plaît d'affliger mon royaume ne me permettent plus de douter du sacrifice qu'elle demande que je lui fasse de tout ce qui me pourroit être le plus sensible. J'oublie donc ma gloire. (Lettre de Louis XIV à son ministre en Hollande [29 avril 1709], citée par M. Mignet, *Négociations*, etc., t. I<sup>er</sup>, Introduction, p. xcii.) — Landrecies ne pouvait pas tenir longtemps (juin 1712). Il fut agité dans Versailles si le roi se retirerait à Chambord sur la Loire. Il dit au maréchal d'Harcourt, qu'au cas d'un nouveau malheur, il convoquerait toute la noblesse de son royaume, qu'il la conduirait à l'ennemi, malgré son âge de soixante et quatorze ans, et qu'il périrait à la tête. (Voltaire, *Siècle de Louis XIV*, ch. xii, t. II, p. 100 de l'édition Beuchot.)

1. Louis, dauphin, mort en 1711; Louis, duc de Bourgogne, et son fils Louis, duc de Bretagne, morts en 1712.

2. Voyez les Mémoires de Saint-Simon, t. XII, p. 483, 485 et 491. — Louis XIV mourut le 1<sup>er</sup> septembre 1715, trois jours avant qu'il eût soixante-dix-sept ans accomplis. Son règne avait été de soixante et douze ans depuis la mort de Louis XIII et de cinquante-quatre ans depuis celle de Mazarin.

3. Je ne parle ici que du règne personnel de Louis XIV, qui dura comme on l'a vu, de 1661 à 1715.

table mérite, celui d'offrir le premier une forme d'administration complète, embrassant à la fois, sans effort, d'une manière continue, tous les intérêts matériels et intellectuels du pays. Sous ce rapport, le gouvernement de Louis XIV fit un pas immense en avant de ceux qui l'avaient précédé; il fixa les bases de ce que j'appellerais la constitution administrative du pouvoir; il fut, sauf la liberté politique, l'un des plus grands gouvernements que la France ait eus jusqu'à nos jours[1]. C'est de lui proprement que datent chez nous les temps modernes pour l'action régulière de l'État, la sociabilité, les mœurs, la langue et le goût national. A ce point de notre histoire, nous retrouvons une grande partie de ce que nous sommes; au delà, nous avons peine à nous reconnaître. C'est comme un moule puissant dont l'empreinte est restée sur les principaux éléments de notre civilisation, littérature, beaux-arts, industrie, ordre civil et forces militaires.

Dès lors, on voit le pouvoir, libre dans ses mouvements, aller du centre aux extrémités, et remonter de là par des voies sûres et faciles. On voit, près de chaque ministère, fonctionner ces bureaux nombreux où se conservent les traditions et où les documents s'accumulent. On voit enfin la prévoyance de l'État se montrer mûre en quelque sorte; il sait ce que vaut le soin

---

[1]. Voyez l'*Histoire générale de la civilisation en Europe*, par M. Guizot, 14e leçon.

de l'avenir, et, sur tous les points, il s'y applique; il institue des compagnies savantes, et s'assure de bons cadres d'officiers, il fonde des écoles d'arts libéraux et des écoles d'armes spéciales, crée de nouveaux ports, des arsenaux et des collections scientifiques.

De singuliers progrès vers la grande fusion nationale ont accompagné, sous Louis XIV, les développements nouveaux de la puissance administrative. Considéré sous le point de vue social, l'esprit de son gouvernement fut de tendre par toute sorte de moyens au rapprochement des classes. Il acheva pacifiquement la ruine de l'indépendance nobiliaire, astreignit, sans contrainte apparente, les grands seigneurs à la vie de cour et au service régulier dans l'armée; et partout, même à la cour, fit prévaloir, pour les honneurs, la fonction sur la naissance [1]. Les maréchaux, qu'ils fussent nobles ou non, passaient avant les ducs; les ministres nés dans la bourgeoisie n'avaient au-dessus

---

[1]. Peu à peu il réduisit tout le monde à servir et à grossir sa cour, ceux-là même dont il faisoit le moins de cas. Qui étoit d'âge à servir, n'osoit différer d'entrer dans le service. Ce fut encore une autre adresse pour ruiner les seigneurs, et les accoutumer à l'égalité et à rouler pêle-mêle avec tout le monde..... Sous prétexte que tout service militaire est honorable, et qu'il est raisonnable d'apprendre à obéir avant que de commander, il assujettit tout, sans autre exception que des seuls princes du sang, à débuter par être cadets dans ses gardes du corps, et à faire tout le même service des simples gardes du corps, dans les salles des gardes, et dehors, hiver et été, et à l'armée. (Mémoires de Saint-Simon, t. XIII, p. 56.)

d'eux que les princes du sang, et leurs femmes étaient admises à la table du roi[1]. Dans l'armée, il n'y avait plus, pour les grades, aucune préférence nécessaire de la grande noblesse sur la petite, ni de la noblesse sur la roture; l'ancienneté de service créait le droit à l'avancement, et, sauf les cas de mérite signalé ou de faveur particulière, on suivait l'ordre du tableau[2].

La vieille aristocratie, écartée généralement des affaires, n'avait plus, comme classe distincte, ni pouvoir, ni influence politique; la somme de ses priviléges se trouvait réduite à des exemptions d'impôt que le fisc rendait souvent illusoires, au droit exclusif d'admission

---

[1]. De là les secrétaires d'État et les ministres successivement à quitter le manteau, puis le rabat, après l'habit noir, ensuite l'uni, le simple, le modeste, enfin à s'habiller comme les gens de qualité; de là à en prendre les manières, puis les avantages, et par échelons admis à manger avec le roi; et leurs femmes, d'abord sous des prétextes personnels, comme madame Colbert longtemps avant madame de Louvois; enfin, des années après elle, toutes, à titre du droit des places de leur mari, manger et entrer dans les carrosses, et n'être en rien différentes des femmes de la première qualité. ( Mém. de Saint-Simon, t. XIII, p. 17.)

[2]. Grands et petits, connus et obscurs, furent donc forcés d'entrer et de persévérer dans le service, d'y être un vil peuple en toute égalité, et dans la plus soumise dépendance du ministre de la guerre et même de ses commis. (Ibid., p. 58.) — Il fut établi que, quel qu'on pût être, tout ce qui servoit demeuroit, quant au service et aux grades, dans une égalité entière. Cela rendit l'avancement ou le retardement d'avoir un régiment bien plus sensible, parce que de là dépendoit tout le reste des autres avancements, qui ne se firent plus que par promotions suivant l'ancienneté, ce qu'on appele l'ordre du tableau. (Ibid . p. 57.)

dans un ordre de chevalerie¹, et à des droits seigneuriaux, devenus moins utiles pour elle qu'onéreux pour les habitants des campagnes². L'un de ses membres, aussi homme d'esprit qu'entêté de l'orgueil de race, appelle le règne de Louis XIV un *règne de vile bourgeoisie*, paroles dont l'âcreté prouve qu'après Richelieu et la chute de la Fronde, il s'était passé en France, au profit de l'égalité civile, quelque chose qui, pour les contemporains, avait un air de révolution³.

En même temps que la noblesse, abaissée sans violence, reculait sur les rangs de la classe moyenne, celle-ci s'élevait d'un élan plus prompt que jamais en capacité, en valeur sociale, en importance dans l'État.

1. L'ordre du Saint-Esprit.
2. Les priviléges des nobles ne sont plus que des ombres et des toiles d'araignées qui ne les mettent à l'abri de rien. Leurs fermiers et leurs terres payent au roi des impôts si excessifs, que tout le revenu du fonds est consumé. Sous prétexte de remédier à quelques désordres qui méritoient sans doute qu'on y eût égard, on a envoyé des intendants dans les provinces qui exercent sur la noblesse un empire insupportable et qui la réduisent en esclavage. Aujourd'hui il faut qu'un gentilhomme ait droit et demi pour gagner son procès contre un paysan. (*Les Soupirs de la France esclave*, etc.; Amsterdam, 1689, p. 15.)
3. Mémoires de Saint-Simon, t. III, p. 316. — De là l'élévation de la plume et de la robe et l'anéantissement de la noblesse par les degrés qu'on pourra voir ailleurs, jusqu'au prodige qu'on voit et qu'on sent aujourd'hui, ce que ces gens de plume et de robe ont bien su soutenir, en aggravant chaque jour leur joug; en sorte que les choses sont arrivées au point que le plus grand seigneur ne peut être bon à personne, et qu'en mille façons différentes il dépend du plus vil roturier. (*Ibid.*, t. XII, p. 265.)

C'est à elle que profitaient les nouveaux encouragements donnés à l'industrie et à l'étude; elle développait dans tous les sens ses forces actives et inventives; ses entreprises plus étendues lui créaient des fortunes rapides, et son ambition d'avancer ne s'arrêtait pas devant les plus hautes carrières. Elle obtenait des succès, un crédit, une puissance dont les exemples frappèrent vivement le grand moraliste du siècle. La Bruyère a décrit, avec sa touche inimitable, cette émulation de travail utile, en contraste avec la somnolence d'esprit et l'oisiveté de la haute noblesse [1]. Sous Louis XIV, presque tous les ministres sortirent de la bourgeoisie [2]; plusieurs des noms illustres dans les

---

[1]. Pendant que les grands négligent de rien connoître, je ne dis pas seulement aux intérêts des princes et aux affaires publiques, mais à leurs propres affaires; qu'ils ignorent l'économie et la science d'un père de famille, et qu'ils se louent eux-mêmes de cette ignorance; qu'ils se laissent appauvrir et maîtriser par des intendants; qu'ils se contentent d'être gourmets ou côteaux, d'aller chez Thaïs ou chez Phryné, de parler de la meute ou de la vieille meute, de dire combien il y a de postes de Paris à Besançon ou à Philisbourg, des citoyens s'instruisent du dedans et du dehors d'un royaume, étudient le gouvernement, deviennent fins et politiques, savent le fort et le faible de tout un État, songent à se placer, se placent, s'élèvent, deviennent puissants, soulagent le prince d'une partie des soins publics. Les grands, qui les dédaignoient, les révèrent : heureux s'ils deviennent leurs gendres. (Les Caractères de La Bruyère, ch. IX, Des grands.)

[2]. Sur la liste des secrétaires d'État, avant et depuis la mort de Mazarin, on relève à la première vue les noms suivants : Bouthillier, Bailleul, Servien, Guénégaud, Fouquet, Michel Le Tellier, Le Tellier

armes¹, et, dans les lettres, tous les grands noms, sauf trois seulement, furent plébéiens².

Mais si cette dernière gloire, la plus haute et la plus durable du règne, celle qui le fait compter comme époque dans l'histoire de l'esprit humain, revient pour une telle part au tiers état, une part aussi en est due à l'influence personnelle du roi. Non-seulement Louis XIV, conseillé par Colbert, fixa le sort des gens de lettres, en instituant pour eux des pensions régulières; mais, de lui-même, il fit plus, il les honora dans ses bienfaits. Il leur assigna une place à la cour, et mit leur association libre, l'Académie française, au rang des grands corps de l'État³. Par sa familiarité pleine d'égards avec les principaux d'entre eux, il

de Louvois, Le Tellier de Barbézieux, Jean-Baptiste Colbert, Colbert de Seignelay, Colbert de Croissi, Colbert de Torci, Arnaud de Pomponne, Phélipeaux de la Vrillière, Phélipeaux de Châteauneuf, Le Péletier, Desmarets, Chamillard. Les chanceliers, comme choisis anciennement parmi la magistrature, ne figurent pas sur ce catalogue, à moins qu'ils n'eussent débuté au ministère par un autre département que celui de la justice.

1. Fabert et Catinat, Duquesne et Duguay-Trouin.
2. Corneille, Pascal, Molière, Racine, La Fontaine, Boileau, Bossuet, Bourdaloue, Fléchier, Massillon, La Bruyère, Arnaud, Nicole, Domat, et, si l'on y joint les artistes, Le Poussin, Le Sueur, Le Lorrain, Philippe de Champagne, Lebrun, Pujet. Les noms exceptés sont ceux de Fénelon, Larochefoucauld et madame de Sévigné.
3. L'Académie, depuis la mort de Richelieu, était sous le patronage officiel du chancelier; vers 1672, le roi s'en déclara personnellement le protecteur, et lui donna le droit de venir le haranguer dans les occasions solennelles, comme faisaient le parlement et les autres cours supérieures.

anoblit en quelque sorte la littérature; et, par sa dignité naturelle, sa justesse de sens et la pureté de son goût, il exerça, sans y prétendre, une véritable action sur elle [1]. Quelque chose est venu de lui dans cette hardiesse réglée, dans cette parfaite mesure de force et de grâce, de raison et d'imagination, qui est le caractère des chefs-d'œuvre de la seconde moitié du XVIIe siècle [2].

Le même règne qui mit le sceau à l'unité politique, et porta presque à son entier développement l'unité administrative, a posé les fondements de ce qu'on peut nommer l'unité morale de la France. Du rapprochement des classes et des professions diverses, des rencontres multipliées de la noblesse et de la bourgeoisie dans les hautes régions du pouvoir, de la fortune et du monde, il se forma, sous Louis XIV, non plus pour l'intimité de quelques salons, mais pour le commerce de la vie, une société mixte, la véritable société française, modelée sur un même type de politesse et de bon goût. Là vinrent se fondre et se tempérer, sous la règle des convenances, les habitudes héréditaires, les

---

[1].  Ce monarque, dont l'âme aux grandes qualités
Joint un goût délicat des savantes beautés,
Qui, séparant le bon d'avec son apparence,
Décide sans erreur, et loue avec prudence.
. . . . . . . . . . . . . . . . .
(MOLIÈRE, *Poëme du Val-de-Grâce*.)

2. Voyez l'*Histoire de la littérature française*, par M. D. Nisard, t. II, chap. VII; et l'*Histoire de France* de M. Henri Martin, t. XV, p. 33 et suiv.

mœurs traditionnelles, les traits caractéristiques, provenant pour chacun de son origine ou de son état. Nobles et roturiers, gens d'épée et gens de robe, lettrés et commerçants, cessèrent d'être distingués au premier abord par le contraste des manières [1]. Une teinte d'urbanité répandue sur toutes les conditions, des secours de tout genre offerts au besoin d'instruction, de vie facile et de plaisirs délicats, firent de Paris un séjour attrayant pour les étrangers, tandis que, parmi nous, la conformité de goûts et d'esprit, s'étendant de plus en plus, ouvrait les voies à une puissance sociale qui bientôt domina toutes les autres, celle de l'opinion publique.

Par un mouvement semblable à celui qui avait eu lieu dans l'ordre politique puis dans l'ordre administratif, la vie morale de la nation fut de plus en plus

---

[1]. Tous les différents états de la vie étaient auparavant reconnaissables par les défauts qui les caractérisaient. Les militaires et les jeunes gens qui se destinaient à la profession des armes avaient une vivacité emportée, les gens de justice une gravité rebutante, à quoi ne contribuait pas peu l'usage d'aller toujours en robe, même à la cour. Il en était de même des universités et des médecins. Les marchands portaient encore de petites robes lorsqu'ils s'assemblaient et qu'ils allaient chez les ministres; et les plus grands commerçants étaient alors des hommes grossiers. Mais les maisons, les spectacles, les promenades publiques, où l'on commençait à se rassembler pour goûter une vie plus douce, rendirent peu à peu l'extérieur de tous les citoyens presque semblable. On s'aperçoit aujourd'hui, jusque dans le fond d'une boutique, que la politesse a gagné toutes les conditions. Les provinces se sont ressenties, avec le temps, de tous ces changements. (Voltaire, *Siècle de Louis XIV*, édit. Beuchot, chap. XXIX, t. II, p. 269.)

attirée au centre. Les idées, les manières d'être et de sentir propres à chaque province s'affaiblirent et se modifièrent sous l'empire d'une émulation commune, du penchant à imiter l'esprit et les mœurs de la capitale. Cet entraînement étendit même son action au delà de sa sphère, il eut des effets politiques; il précipita par tout le royaume la ruine déjà fort avancée des vieilles institutions provinciales. Quoique, sous Louis XIV et depuis son règne, il y ait eu en France des pays d'états conservant par exception leurs assemblées délibérantes, ce reste des libertés du moyen âge ne fut qu'une ombre devant le pouvoir de plus en plus actif et absolu des intendants [1]. Nulle part, si ce n'est en Bretagne, et par des raisons tenant à l'histoire particulière de cette province, la résistance des anciens corps constitués aux empiétements de l'autorité centrale n'amena autre chose qu'une opposition indécise et des conflits sans gravité [2].

[1]. Ces magistrats, institués par Richelieu, en 1635, sous le titre d'*intendants de justice, police et finances*, furent supprimés durant la Fronde et rétablis par Mazarin. C'est alors que les états particuliers des provinces du domaine, sauf le Languedoc, cessèrent de s'assembler. Les territoires auxquels le nom de *pays d'états* fut dès lors spécialement réservé sont : le Languedoc, la Bretagne, la Bourgogne, la Provence, le Dauphiné, la Flandre, l'Artois, le Hainaut et le Cambrésis, le comté de Pau, le comté de Foix, le Bigorre, le Marsan, le Nébouzan et les Quatre-Vallées.

[2]. Voyez l'ouvrage intitulé *Une province sous Louis XIV*, par M. Alexandre Thomas.

Depuis le règne de Henri IV jusqu'à une époque avancée du règne de Louis XIV, le régime municipal n'avait éprouvé aucune altération importante. Quoique surveillé et contrôlé d'une façon de plus en plus étroite [1], ce régime conservait ses vieux fondements et son principe de liberté par l'élection des magistrats, lorsqu'un coup d'État fiscal plutôt que politique l'abolit en droit, et, en fait, ne lui laissa qu'une existence précaire et conditionnelle. Au plus fort d'une guerre dont la dépense n'était couverte qu'à l'aide d'expédients financiers, parmi lesquels figurait la création d'offices vénaux [2], l'idée vint au gouvernement de

---

1. Des édits de Louis XIII, juillet 1622, mai 1633 et mai 1634, créèrent, à titre d'offices royaux, des greffiers héréditaires dans toutes les villes et communautés des provinces méridionales, et un autre édit du même roi, juin 1635, institua, outre ces officiers, des procureurs de ville héréditaires dans les municipalités du ressort du parlement et de la chambre des comptes de Paris. Les motifs de cette double création sont ainsi énoncés par Louis XIV, qui, par édit de juillet 1690, la renouvela en l'étendant à tout le royaume : « Le feu
« roi, notre très-honoré seigneur et père, avoit cru que pour remettre
« le bon ordre dans lesdites communautés, empêcher la dissipation
« de leurs deniers communs, patrimoniaux et d'octroi, et arrêter le
« cours des abus qui se commettoient avec trop de licences, il n'y
« avoit pas de moyen plus certain que d'établir quelques officiers per-
« pétuels qui, ayant une entière connoissance des affaires, seroient en
« état d'instruire les autres magistrats électifs, qui ne sont qu'à
« temps, et concourant tous ensemble dans un même dessein, ne
« manqueroient pas de faire sentir au public de salutaires effets d'une
« bonne administration.» (*Rec. des anc. lois françaises*, t. XX, p. 106).

2. La guerre d'Allemagne, commencée en 1668 et terminée en 1697 par le traité de Ryswyk.

s'emparer des magistratures urbaines et de tous les emplois à la nomination des villes, de les ériger en offices héréditaires, et de les vendre le plus cher possible, soit à des particuliers, soit aux villes elles-mêmes. Un maire perpétuel et des assesseurs candidats-nés pour les fonctions d'échevins, consuls, capitouls, jurats, syndics, furent imposés à toutes les municipalités du royaume[1] qui cessaient d'être électives, à moins qu'elles n'eussent acquis de leurs deniers les nouveaux offices, pour les éteindre, ou, comme on disait, pour les *réunir au corps de ville.*

En mettant à l'enchère ces offices devenus royaux et parés du titre de conseillers du roi[2], on avait spé-

---

1. Paris et Lyon, par dispense exceptionnelle, conservèrent leurs prévôts des marchands; mais ces deux villes reçurent chacune douze assesseurs en titre d'offices héréditaires. — Voyez l'édit d'août 1692, portant création de maires et assesseurs en chaque ville et communauté du royaume; l'arrêt du conseil du 5 décembre 1693, portant règlement général pour les fonctions, rang et séance des maires, assesseurs, etc; l'édit de mars 1702, portant création, dans chaque paroisse où il n'y a pas de maire, d'un syndic perpétuel; l'édit de mai 1702, portant création de lieutenants de prévôt des marchands à Paris et à Lyon; et l'édit de décembre 1706, portant création d'un maire perpétuel et de lieutenants de maires alternatifs et triennaux dans chaque ville. (*Rec. des anciennes lois françaises*, t. XX, p. 158, 203, 408, 410 et 492.)

2. Le roi ayant, par son édit du mois d'août 1692, créé des offices de conseillers de Sa Majesté, maires perpétuels des villes, lieux et communautés de son royaume, d'assesseurs desdits maires et de commissaires aux revues dans les villes et lieux d'étape, par un autre édit du même mois..... (Arrêt du conseil du 5 décembre 1693.)

culé, d'une part, sur la passion des riches familles bourgeoises pour les charges héréditaires, de l'autre, sur l'attachement des villes à leurs franchises immémoriales; et cette audacieuse confiscation du régime municipal était fondée avant tout sur l'impuissance politique où, malgré la popularité de ses formes, ce régime se trouvait réduit. En effet, aucun soulèvement n'eut lieu pour sa défense; il n'y eut qu'une plainte universelle plus ou moins vive, plus ou moins amère, mais partout suivie de soumission. Les villes, grandes ou petites, se firent un devoir et un point d'honneur du rachat de leurs privilèges; au prix de sacrifices onéreux, elles devinrent adjudicataires de la majeure partie des offices nouvellement créés, et, chose à remarquer, cette *réunion*, qui laissait subsister ou rétablissait l'ancien état, loin d'être mal vue du pouvoir, fut, au contraire, facilitée par lui [1].

Quand finit le règne de Louis XIV, l'administration

---

[1] ..... Nous avons résolu, non-seulement de supprimer ceux desdits offices qui restent à vendre ou à réunir, et d'accorder aux communautés la liberté de faire faire les fonctions par les sujets qu'elles voudront nommer, mais encore, pour rétablir dans les hôtels de ville de notre royaume l'ordre qui y étoit établi avant nosdits édits pour l'élection des maires, lieutenants de maires, secrétaires, greffiers et autres officiers nécessaires à l'administration de leurs affaires communes, de permettre aux communautés de déposséder les acquéreurs et les titulaires de ces offices..... en les remboursant toutefois en un seul et même payement de ce qu'ils se trouveront avoir payé. (Édit. de septembre 1714; *Rec. des anciennes lois françaises*, t. XX, p. 637.)

urbaine présentait les plus étranges disparates; selon que les villes s'étaient trouvées en état de racheter leurs franchises, il y avait des municipalités électives, d'autres perpétuelles, d'autres composées en partie d'offices dépendant de la communauté des citoyens et d'offices possédés à titre de propriété privée. Ce désordre et les actes d'autorité qui l'avaient produit figurèrent parmi les griefs dont le redressement fut demandé avec le plus d'instance à la législation du nouveau règne. La réponse désirée ne se fit pas attendre, et, au mois de juin 1716, le prince qui gouvernait au nom de Louis XV mineur, décréta que toutes les villes du royaume rentreraient dans la plénitude de leurs droits. Cet édit, par lequel étaient supprimés tous les offices, réunis ou non, remboursés ou non par les villes, proclamait la restauration de l'ancien ordre municipal, et semblait en garantir sérieusement le respect et le maintien[1]. Mais l'illusion

---

1. Nous désirons de rétablir l'ordre qui s'observoit avant 1690 dans l'administration de toutes les villes et communautés de notre royaume, soit qu'elles aient acquis ou réuni lesdits offices, sous quelque titre que ce puisse être, pour avoir la liberté de les faire exercer en tout ou partie, ou pour jouir seulement des gages et droits y attribués, soit que lesdits offices aient été vendus à des particuliers; nous avons résolu de supprimer tous ces offices sans exception, et de rendre à toutes les villes, communautés et paroisses de notre royaume, la liberté qu'elles avoient d'élire et nommer des maires et échevins, consuls, capitouls, jurats, secrétaires, greffiers, syndics, et autres officiers municipaux pour administrer leurs affaires communes. (*Rec. des anciennes lois françaises*, t. **XXI**, p. 117.)— Voy. la

fut courte à cet égard ; une grande expérience fiscale avait été faite : on savait que les villes, mises à rançon pour des droits qui leur étaient chers, payaient et ne se soulevaient pas ; six ans après, dans une crise formidable pour le trésor, tous les offices municipaux, créés et mis en vente par Louis XIV, le furent de nouveau par le régent[1].

Cette seconde confiscation des libertés communales, plus franche que la première, présentée sans détour comme un expédient financier[2], marqua pour l'avenir

déclaration du 17 juillet 1717, portant que les maires et autres officiers des hôtels de ville seront élus comme ils l'étoient avant l'année 1690, et l'arrêt du conseil du 4 septembre de la même année. *Ibid.*, p. 148 et 156.

1. La nécessité de pourvoir au payement exact des arrérages et au remboursement des capitaux des dettes de l'État nous a obligé à chercher les moyens les plus convenables pour y parvenir, et il ne nous a point paru d'expédient plus sûr et moins onéreux à nos peuples que le rétablissement des différents offices supprimés depuis notre avénement à la couronne. (Édit. d'août 1722, *Rec. des anciennes lois françaises*, t. XXI, p. 209.)

2. Dans l'édit d'août 1692, les motifs réels avaient été dissimulés et enveloppés de prétextes politiques : « Le soin que nous avons tou-
« jours pris de choisir les sujets les plus capables, entre ceux qui
« nous ont été présentés pour remplir la charge de maire dans les
« principales villes de notre royaume, n'a pas empêché que la ca-
« bale et les brigues n'aient eu le plus souvent beaucoup de part à
« l'élection de ces magistrats, d'où il est presque toujours arrivé que
« les officiers ainsi élus, pour ménager les particuliers auxquels ils
« étoient redevables de leur emploi, et ceux qu'ils prévoyoient leur
« pouvoir succéder, ont surchargé les autres habitants des villes, et
« surtout ceux qui leur avoient refusé leurs suffrages..... C'est pour-
« quoi nous avons jugé à propos de créer des maires en titre dans

leur destinée. Elles furent comptées depuis lors parmi les moyens de battre monnaie dans les embarras extrêmes. Ce fut un jeu pour le gouvernement de vendre, de retirer et de vendre encore ses titres de maires, lieutenants de maires, assesseurs, échevins, consuls, capitouls, jurats, syndics perpétuels, et de pressurer les villes par la menace renouvelée d'une intrusion d'officiers héréditaires[1]. De 1722 à 1789, il n'y eut pas pour le régime municipal seize ans de liberté sans rançon. Dans cet espace de temps, sauf deux intervalles, l'un de 1724 à 1733, l'autre de 1764 à 1771, aucune élection de magistrats dans les communes ne put se faire qu'en vertu de brevets d'offices acquis par elles[2]. Ainsi le droit originel n'existait plus au fond,

« toutes les villes et lieux de notre royaume, qui, n'étant point re-
« devables de leurs charges au suffrage des particuliers et n'ayant
« plus lieu d'appréhender leurs successeurs, en exerceront les fonc-
« tions sans passion, et avec toute la liberté qui leur est nécessaire
« pour conserver l'égalité dans les charges publiques. » (*Rec. des anciennes lois françaises.* t. XX, p. 159.)

1. Les offices rétablis en 1722 furent supprimés par l'édit de juillet 1724; ils furent de nouveau rétablis par l'édit de novembre 1733, et supprimés encore par l'édit d'août 1764; l'édit de novembre 1771 les rétablit pour la troisième fois, et ce fut définitivement.

2. L'édit de 1724, qui supprima gratuitement pour la seconde fois les offices imposés aux villes, fut rendu à l'avénement d'un nouveau ministère, celui du duc de Bourbon, et l'administration nouvelle chercha dans cette suppression un moyen de popularité. L'édit de 1764, qui, en supprimant pour la troisième fois les offices municipaux héréditaires, déclara qu'ils ne pourraient être rétablis sous aucun prétexte, fut rendu par l'administration populaire du duc de Choiseul. Il eut pour objet de modeler uniformément dans tout

là même où, en apparence, il continuait de s'exercer, et tel fut l'état des choses jusqu'à l'époque de la révolution.

J'ai devancé l'ordre des temps, mais c'est pour mentionner une fois pour toutes ces tristes et monotones vicissitudes qu'une histoire moins sommaire exposera. Au point où me voilà parvenu, si l'ancien régime municipal est encore pour beaucoup de villes un objet d'orgueil et d'attachement par les souvenirs, il a complétement cessé d'être une force pour les classes progressives de la nation. Je n'en parlerai plus, mais ce n'est pas sans un regret de sympathie que je dis adieu à ces communautés libres qui furent le berceau du tiers état, la première et vigoureuse expression de ses instincts politiques. Pour l'historien qui voudra les suivre dans leur extrême décadence à travers le xviii$^e$ siècle, il y aura encore des faits dignes de remarque et des traits moraux à relever. Ce sera, par exemple, cette constance des villes à s'épuiser d'argent pour le rachat d'un dernier reste de liberté qui ne rapportait plus aucun avantage de bien-être ou d'ordre public, et, dans les plaintes adressées en leur nom au pouvoir qui les rançonnait,

le royaume l'administration urbaine, en lui donnant pour base l'élection par une assemblée de notables. Ce fut le ministère où l'abbé Terray eut le département des finances qui fit rentrer les municipalités sous le régime des offices, maintenu cette fois jusqu'à la révolution. Voyez le *Rec. des anc. lois franç.*, t. XXII, p. 405 et 539.

un sentiment de la sainteté des droits civiques hautement et fièrement exprimé [1].

Si les institutions municipales ne purent se relever d'une atteinte indirecte que Louis XIV leur avait portée, il n'en fut pas de même de la grande institution judiciaire où s'était empreint avec tant de force l'esprit naissant du tiers état [2]. Frappé directement par le roi dans ses prérogatives politiques, le parlement plia sous lui, mais pour un temps, et, dès qu'il fut mort, se redressa plus puissant que jamais. Cette puissance de la compagnie souveraine provenait de deux sources opposées, l'une populaire et l'autre aristocratique : celle-ci était l'esprit de corps augmenté de l'esprit de famille par l'hérédité des charges; celle-là

---

[1]. Le paiement de la finance exigé pour la réunion des offices municipaux avait lieu, soit individuellement par ville, soit collectivement par province. Des recherches sur les sommes votées à cet effet, de l'une ou de l'autre manière, depuis 1692 jusqu'à 1789, ne seraient pas sans intérêt. Avant l'édit de 1771, les états de Provence avaient déjà dépensé, pour le maintien du droit d'élection dans les villes et bourgs du pays, 12,500,000 livres; après la promulgation de cet édit, les états de Languedoc rachetèrent pour 2,500,000 livres les offices qu'il rétablissait; et la ville de Perpignan, au nom de toutes les municipalités du Roussillon, paya 250,000 livres.—Pourquoi ces efforts si souvent multipliés, pourquoi cet épuisement de nos forces, si nous n'avions cru être vertueux, en arrachant du naufrage de notre patrimoine, ce droit d'élection inaliénable et imprescriptible, droit que nous avons conservé aux dépens de nos fortunes? (Remontrances du parlement de Provence, 1774, Raynouard, *Histoire du droit municipal en France*, t. II, p. 362.)

[2]. Voyez plus haut, chap. II.

était l'affection des classes roturières née de la sympathie d'origine et nourrie par de longs services rendus à la cause du droit commun, de l'égalité civile et de l'indépendance nationale[1].

Comme on l'a vu dans ce qui précède, l'histoire du parlement depuis le xiii<sup>e</sup> siècle est une suite de progrès lents, mais toujours sûrs; il grandit aux yeux de la nation en même temps que la royauté, dont il se montre à la fois l'auxiliaire et le surveillant, dont il éclaire la voie et qu'il aspire à diriger. Au xvi<sup>e</sup> siècle, son contrôle législatif, son droit de remontrance avant l'enregistrement des édits, était ou accepté par les rois ou réclamé par l'opinion[2]; et, comme non-

---

1. Voyez plus haut, chap. IV, VI et VIII. — Par suite de la révolution qui, au xiv<sup>e</sup> siècle, remplit de légistes le parlement et les autres cours souveraines, tout l'ordre judiciaire, sauf les baillis et les sénéchaux, était rangé dans le tiers état. Telle fut sa place aux états généraux de 1614, et si, dans le cours du xvii<sup>e</sup> siècle, il s'était tenu d'autres états, on y aurait vu la même chose. Au milieu du siècle suivant, c'était encore un point controversé entre la noblesse d'épée et la robe de savoir si tous les magistrats, quelle que fût leur extraction, n'appartenaient pas au troisième ordre. Voyez la liste des députés du tiers aux états généraux de 1614, ci-après Appendice II.

2. C'est ainsi que Charles IX, malgré toute la dureté avec laquelle il traita cette compagnie sur ce qui s'était passé au sujet de l'enregistrement de l'édit de déclaration de sa majorité, ne laissa pas d'approuver en même temps l'usage des remontrances et de conserver le parlement à cet égard dans son ancienne liberté. (D'Aguesseau, *Œuvres complètes*, t. X, p. 8, édition Pardessus.) — D'où vient qu'il faut que tous édits soient vérifiez et comme controolez ès-cours de parlement, lesquelles, combien qu'elles ne soient qu'une forme des trois estats raccourcie au petit pied, ont pouvoir de suspendre,

seulement les édits royaux, mais encore les bulles du pape revêtues de l'autorisation royale et les traités conclus avec les puissances étrangères devaient être enregistrés, le parlement intervenait dans toutes les grandes affaires intérieures ou extérieures de l'État[1]. Il se regardait avec orgueil comme un pouvoir investi de la tutelle publique, médiateur entre le peuple et le roi, modérateur entre la couronne et l'Église, conservateur des lois et régulateur de toutes les juridictions du royaume[2]. Ses prétentions, comprimées

modifier et refuser lesdits édits. (*Mémoires de Nevers*, édit. de 1665, t. I, p. 449.) — Les édits ordinaires n'ayant point de force et n'estans approuvez des autres magistrats, s'ils ne sont receus et vérifiez esdits parlemens, qui est une reigle d'estat, par le moyen de laquelle le roy ne pourroit, quand il voudroit, faire des lois injustes, que bientost après elles ne fussent rejetées. (*Mém. de Michel de Castelnau*, liv. I, ch. IV, p. 6.)

1. François I$^{er}$ soumit en 1527 à une assemblée, composée de membres du parlement de Paris et des autres parlements de France, le traité de Madrid qu'il avait signé l'année précédente, et déclara que le défaut d'enregistrement frappait cet acte de nullité. C'est l'enregistrement nécessaire des bulles qui, donnant au parlement l'occasion de faire des remontrances sur les affaires ecclésiastiques, lui permit de s'ériger en gardien des maximes et des règles de l'église gallicane.

2. Le plus grand nombre des compagnies et des personnes dont elles sont composées, vivent en cette créance qu'ils sont les tuteurs des roys, les protecteurs des peuples, les médiateurs entre le peuple et les roys, et que les roys ne peuvent faire aucune loy dans leur royaume qu'elle n'ait passé par leur jugement et examen, et autres discours et pensées de cette nature. (*Mémoire* adressé au cardinal de Richelieu, par le garde des sceaux Marillac, Ms. de la Bibliothèque nationale, suppl. franç. 987, fol. 91 r°.)

au XVIIe siècle sous le ministère de Richelieu[1], reparurent durant la Fronde plus grandes et plus hautaines. Il en vint alors jusqu'à se croire supérieur aux états généraux et à mettre en avant par la bouche de ses chefs cet étrange et hardi paradoxe[2].

L'impresssion que Louis XIV reçut des troubles de son enfance lui rendit de bonne heure odieuse la

[1]. Les chanceliers et gardes des sceaux de Louis XIII usaient de ces propos et d'autres semblables envers les membres du parlement : « Que s'ils oublioient ce qu'ils étoient, le roi n'oublieroit pas qu'il « étoit leur maître ; — que ce n'étoit pas à eux à se mêler des affaires « d'État, et que le roi leur défendoit d'entreprendre d'être ses tu-« teurs. » ( Voyez les Mémoires d'Omer Talon, passim., et l'édit de février 1641 Rec. des anc. lois franç., t. XVI, p. 529.)

[2]. Après la convocation des états généraux en mars 1649, le parlement de Rouen écrivit à celui de Paris pour lui demander s'il devait ou non envoyer quelques-uns de ses membres à l'assemblée des états. Voici quelle fut, selon le récit d'un contemporain, l'opinion du président de Mesmes. « M. de Mesmes dict que les parle-« ments n'y avoient jamais député, estant composés des trois estats; « qu'ils tenoient rang au-dessus des estats généraux, estant juges de « ce qui y estoit arresté par la vérification ; que les estats généraux « n'agissoient que par prières et ne parloient qu'à genoux, comme « les peuples et subjects ; mais que les parlements tenoient un rang « au-dessus d'eux, estant comme médiateurs entre le peuple et le « roy. » (Journal) d'Olivier d'Ormesson, cité par M. Chéruel dans l'opuscule intitulé : *De l'administration de Louis XIV*, p. 44.) — La cour des comptes décida, comme le parlement de Paris, qu'elle ne prendrait aucune part à cette assemblée. Aux états généraux de 1614 on avait vu, comme députés du tiers état : pour la ville de Paris, Robert Miron, président des requêtes ; pour la sénéchaussée de Lyon, Pierre Austrein, président au parlement de Dombes, et, pour le bailliage de Touraine, Jacques Gauthier, conseiller au parlement de Bretagne.

moindre opposition du parlement. En 1655, lorsqu'il n'avait que dix-sept ans et ne gouvernait pas encore, ayant appris à Vincennes que la cour, toutes les chambres réunies [1], délibérait sur un édit, il vint à franc étrier, et fit, dans la salle du palais, cette entrée cavalière suivie d'ordres impérieux qui est l'un des traits de sa vie les plus cités, et qui révéla tout à coup la hauteur de son caractère [2]. Quand il eut pris en main le gouvernement, il porta des coups moins brusques, mais d'un effet plus durable, aux prérogatives parlementaires. D'abord, il supprima le nom de cours souveraines et le remplaça officiellement par celui de cours supérieures; puis il abolit pour toutes les cours du royaume la faculté de faire des

1. Le parlement de Paris au xvii<sup>e</sup> siècle se composait de onze chambres, savoir : la *grand'chambre*, où siégeaient les plus anciens conseillers et les présidents à mortier, une chambre criminelle vulgairement nommée *la Tournelle*, une chambre civile, une chambre des vacations, deux chambres des requêtes, et cinq chambres des enquêtes, formées des conseillers les plus jeunes.

2. Le parlement arrêta de faire des remontrances sur un édit concernant les monnaies, et le ministre prétendait qu'une cour des monnaies étant établie, ce n'était pas au parlement à se mêler de cet objet. Le roi partit de Vincennes, vint en bottes au parlement, le fouet à la main. Il adressa la parole au premier président, et lui dit : « On sait les malheurs qu'ont produits vos assemblées ; j'ordonne qu'on cesse celles qui sont commencées sur mes édits. Monsieur le premier président, je vous défends de les souffrir ; et vous, en se tournant vers les conseillers des enquêtes, je vous défends de les demander. » (Voltaire, *Histoire du parlement de Paris*, édit. Beuchot, p. 275.)

remontrances avant d'enregistrer les lois. C'était dépouiller le parlement de son rôle politique et le renfermer pour l'avenir dans le cercle de ses fonctions judiciaires. Tel fut l'objet de la déclaration du 24 février 1673[1], contre laquelle s'éleva du sein de la compagnie blessée dans ses droits les plus chers une protestation que d'Aguesseau admirait, et qu'il nomme le dernier cri de la liberté mourante[2]. Depuis lors jusqu'à la fin du règne, c'est-à-dire pendant quarante-deux ans, il n'y eut pas l'ombre d'une remontrance de la cour, tous les nouveaux édits furent insérés dans ses registres et ainsi rendus exécutoires sans discussion et sans délai[3].

[1]. Voulons que nos cours ayent à enregistrer purement et simplement nos lettres patentes sans aucune modification, restriction, ni autres clauses qui puissent surseoir ou empêcher la pleine et entière exécution ; et néanmoins, où nos cours, en délibérant sur lesdites lettres, jugeroient nécessaire de nous faire leurs remontrances sur le contenu, le registre en sera chargé et l'arrêt rédigé, après toutefois que l'arrêt d'enregistrement pur et simple aura été donné, et séparément rédigé..... Les remontrances nous seront faites ou présentées dans la huitaine par nos cours de notre bonne ville de Paris, ou autres qui se trouveront dans le lieu de notre séjour, et dans six semaines par nos autres cours des provinces. (*Rec. des anciennes lois françaises*, t. XIX, p. 70.)

[2]. Œuvres complètes du chancelier d'Aguesseau, t. X, p. 15, édit. Pardessus. — Ces remontrances, célèbres de son temps, n'ont jamais, à ce qu'il semble, été publiées, et je les ai cherchées en vain. Elles manquent dans les registres du parlement qui se trouvent aux Archives nationales.

[3]. Voyez d'Aguesseau, *Œuvres complètes*, loc. cit. — L'enregis-

Mais ce silence n'éteignit pas la vie politique du parlement, qui ressaisit, d'une manière éclatante, sa liberté et son pouvoir le lendemain de la mort du grand roi. Il cassa le testament de Louis XIV, comme soixante et onze ans auparavant il avait cassé celui de Louis XIII[1]. Il reprit, et conserva depuis lors, ce nom vénéré de cour souveraine qui semblait lui donner droit à une part de la souveraineté[2]. Son intervention dans les affaires d'État fut plus que jamais fréquente et obstinée. Il devint agressif et usurpateur contre la royauté affaiblie, et l'opinion publique le suivit dans cette carrière aventureuse, s'attachant à lui par l'excès même de ses prétentions et de son orgueil. Demeuré, de toutes les institutions anciennes, la seule que le xviiie siècle n'eût pas dépouillée de

trement d'une loi était censé parfait lorsque l'original, scellé du grand sceau, avait été lu devant toutes les chambres réunies et copié en minute par le greffier du parlement. Cette copie sur feuilles de papier timbré était l'acte authentique déposé parmi ce qu'on nommait *les minutes* de la cour; la transcription ultérieure sur les registres en parchemin pouvait être différée à volonté.

1. Voyez l'*Histoire de France* de M. Henri Martin, t. XIII, p. 360, et t. XVII, p. 143.

2. Il falloit par mille raisons..... diminuer l'autorité excessive des principales compagnies qui, sous prétexte que leurs jugements étoient sans appel, et, comme on parle, souverains et en dernier ressort, ayant pris peu à peu le nom de cours souveraines, se regardoient comme autant de souverainetés séparées et indépendantes. Je fis connoître que je ne souffrirois plus leurs entreprises. (*OEuvres de Louis XIV*, t. I, p. 46.)

force et de popularité, il fut la chaîne légale qui, à travers les états généraux dont il provoqua la dernière convocation, conduisit au nouvel ordre de choses dans lequel il disparut lui-même.

FIN.

# PREMIER FRAGMENT

## DU RECUEIL DES MONUMENTS INÉDITS DE L'HISTOIRE DU TIERS ÉTAT,

### TABLEAU DE L'ANCIENNE FRANCE MUNICIPALE [1].

Sommaire : L'étendue actuelle de la France divisée, au point de vue de l'histoire du régime municipal, en trois zones et en cinq régions, savoir : 1º la région du nord, 2º celle du midi, 3º celle du centre, 4º celle de l'ouest, 5º celle de l'est et du sud-est. — Région du nord, comprenant la Picardie, l'Artois, la Flandre, la Lorraine, la Champagne, la Normandie et l'Ile-de-France. — Région du midi, comprenant la Provence, le Comtat-Venaissin, le Languedoc, l'Auvergne, le Limousin et la Marche, la Guienne et le Périgord, la Gascogne, le Béarn et la Basse-Navarre, le Comté de Foix et le Roussillon. — Région du centre, comprenant l'Orléanais et le Gâtinais, le Maine, l'Anjou, la Touraine, le Berri, le Nivernais, le Bourbonnais et la Bourgogne. — Région de l'ouest, comprenant la Bretagne, le Poitou, l'Angoumois, l'Aunis et la Saintonge. — Région de l'est et du sud-est, comprenant l'Alsace, la Franche-Comté, le Lyonnais, la Bresse et le Dauphiné.

L'histoire municipale de l'ancienne France, fondement et partie principale de l'histoire du tiers état, n'a

---

[1]. Ce morceau est la Préface du second volume du Recueil.

obtenu que de nos jours, dans l'opinion publique, le haut degré d'importance et de faveur qu'elle méritait. Il a fallu pour cela que les révolutions modernes, en se déployant sous nos yeux, nous eussent appris à voir et à comprendre les révolutions du moyen âge. C'est ainsi qu'un nouveau sens historique a été donné à ce qu'on appelait, d'un nom trop modeste, l'affranchissement des communes, et qu'on a reconnu tous les caractères d'une véritable révolution dans un événement classé jusque-là parmi les réformes administratives de la royauté française. La question complexe de la renaissance des municipalités libres au xii° siècle a d'abord été traitée d'une façon partielle, sinon partiale. Il y eu des solutions diverses et en apparence contradictoires, selon le point de vue où chaque auteur s'était placé par préférence ou par hasard, l'un considérant surtout la durée non interrompue du régime municipal, l'autre, son rajeunissement soudain par un nouvel esprit et de nouvelles constitutions; celui-ci, l'acte de concession ou de transaction émané du pouvoir royal ou seigneurial; celui-là, l'initiative de la bourgeoisie et l'impulsion révolutionnaire [1]. Puis, à mesure que le problème a fait son chemin dans la discussion scien-

---

[1]. Voyez les *Lettres sur l'histoire de France*, 1827; l'*Histoire critique du pouvoir municipal*, par M. Lebert, 1828; l'*Histoire du régime municipal en France*, par M. Raynouard, 1829, et l'*Histoire de la civilisation en France*, par M. Guizot, t. V, 1830.

tifique, ces vues divergentes se sont rapprochées; il s'est formé au-dessus d'elles une thèse plus large qui les comprend toutes, qui, tenant compte de tous les principes du grand mouvement municipal du xiie siècle, admet à la fois, pour l'expliquer dans ses causes et dans ses suites, l'élément traditionnel et l'inspiration rénovatrice, un esprit de sagesse libérale de la part des gouvernants, et l'action, irrésistible quand elle est juste, des volontés populaires.

Au point où elle est maintenant parvenue, la science considère deux choses dans la révolution communale, d'une part le fond de cette révolution ou son esprit, de l'autre les nouvelles formes de municipalité qu'elle a créées. Le fond est le même d'un bout à l'autre de la France actuelle; c'est, pour toutes les villes où se fait sentir, dans le cours des xiie et xiiie siècles, le besoin de progrès et de garantie pour la liberté civile, un désir plus ou moins violent de substituer aux pouvoirs féodaux une magistrature élective; quant à la forme, elle varie selon les zones du territoire. Comme on l'a vu dans l'Essai sur l'histoire du tiers état[1], au midi s'est propagée de ville en ville une constitution municipale venue d'Italie où les magistrats ont le titre de Consuls; au nord s'est répandue de la même manière une constitution d'origine différente, la Com-

---

1. Chapitre I, p. 24 et suiv., t. I.

mune proprement dite, ou la municipalité organisée par association et par assurance mutuelle des citoyens sous la garantie du serment [1]. Ces deux courants de propagande constitutionnelle, marchant, l'un du sud au nord l'autre du nord au sud, et s'arrêtant à de certaines distances, ont laissé neutre une zone intermédiaire où l'administration urbaine a conservé ses anciennes formes, soit intactes, soit diversement et faiblement modifiées. Tel est le tableau de la France municipale au moyen âge. Trois grandes divisions s'y marquent, par des lignes tracées de l'est à l'ouest: la zone du régime consulaire, la zone du régime communal et la zone des municipes non réformés et des villes de simple bourgeoisie. Je demande pardon au lecteur de ces formules obscures. Je n'expose pas, je rappelle ici, avec le moins de mots possible, ce que j'ai dit et développé ailleurs [2].

Sous la division du territoire français en trois zones, on peut en tracer une secondaire qui le partage en cinq régions, composées chacune de plusieurs provinces et offrant des différences essentielles quant aux origines et à l'organisation du régime municipal. Ce sont, suivant les noms que je leur donne et l'ordre dans

---

1. Voyez sur l'institution germanique de la *Ghilde* et sur le sens primitif du mot *Commune*, les *Considérations sur l'histoire de France*, ch. v, 3e édit., p. 217 et suiv., 220 et suiv.

2. *Essai sur l'histoire du Tiers État*, chap. 1er. — *Considérations sur l'histoire de France*, ch. v, 3e édit., p. 212 et suiv.

4.

lequel je me propose de les caractériser successivement, la région du nord, celle du midi, celle du centre, celle de l'ouest, et celle de l'est et du sud-est.

## I.

La région du nord, qui est le berceau, et pour ainsi dire la terre classique des communes jurées, comprend la Picardie, l'Artois, la Flandre, la Lorraine, la Champagne, la Normandie et l'Ile-de-France, provinces dont chacune, à côté des caractères généraux communs à toutes, présente, dans ses institutions municipales, certaines particularités qui lui sont propres.

Parmi ces provinces, la Picardie est celle qui renferme le plus grand nombre de Communes proprement dites, où cette forme de régime atteint le plus haut degré d'indépendance et où, dans ses applications, elle offre le plus de variété [1]. C'est là qu'on peut observer

[1]. Les communes de Picardie avaient en général toute justice, haute, moyenne et basse. Non-seulement dans cette province les chartes municipales des villes se trouvaient appliquées à de simples villages, dont quelques-uns n'existent plus, mais encore il y avait des confédérations de plusieurs villages ou hameaux réunis en municipalités sous une charte et une magistrature collectives. Tels étaient Vaisly, Condé, Chavones, Celles, Pargny et Filain, dans le Soissonnais ; et, dans le Laonnais, Cerny, Chamouilles, Baune, Chevy, Cortone, Verneuil, Bourg et Comin. Le Marquenterre, vaste canton du Ponthieu, reçut, en 1199, la charte communale d'Abbeville. Voy. le tome XI du *Rec. des ordon. des rois de France*, p. 231, 237, 245, 277 et 308.

le fait curieux de la filiation des chartes communales et de leur propagation, par la puissance de l'exemple, soit dans une même province, soit hors de ses limites, et quelquefois à de grandes distances [1]. La Flandre française, démembrement de la Flandre belge, et l'Artois, placé anciennement sous la même seigneurie que celle-ci, ont avec elle un type commun d'organisation municipale. Le principal trait de cette ressemblance consiste en ce que la commune jurée n'apparaît pas seule, mais se trouve doublée en quelque sorte par l'*Institution de paix*, débris de la trève de Dieu, maintenu comme établissement de police urbaine sous l'autorité de magistrats spéciaux [2]. En Lorraine, les trois anciennes villes épiscopales, Metz surtout, présentent, avec des institutions qu'on ne trouve point ailleurs, le caractère le plus marqué d'indépendance municipale [3].

---

[1]. De la charte d'Amiens procèdent celles d'Abbeville, de Doullens et de plusieurs villes du Ponthieu. La charte de Soissons est reproduite ou imitée dans celles de Crespy en Valois, de Compiègne, de Senlis, de Meaux, de Fismes, de Sens et de Dijon. La charte de Laon fut portée à Reims, et répandue dans tout le Laonnais. Celle de Saint-Quentin servit de modèle aux chartes de Corbie, de Roye et de Chauny.

[2]. Leur titre était celui d'*apaiseurs*.

[3]. Ces trois villes sujettes de l'empire d'Allemagne ont, par cela même et sous d'autres rapports que je mentionnerai plus tard, une grande affinité d'existence municipale avec les villes que j'ai rangées dans la cinquième région, celle de l'est. Il serait possible, à cause d'elles, de comprendre la Lorraine dans cette région, en la détachant de celle du nord.

Pour les autres, il y a un fait digne de remarque, c'est que toutes, à peu d'exceptions près, ont reçu la charte, ou, comme on disait, *la loi* de Beaumont-en-Argonne, petite ville de Champagne fondée vers la fin du XIIe siècle. Dans cette dernière province, sauf la ville de Reims, vieux municipe qui entreprit d'ajouter la liberté communale à ses franchises traditionnelles, sauf les villes de Sens et de Meaux, qui devinrent des communes jurées, l'une par insurrection, l'autre par octroi, l'organisation urbaine se montre peu forte et bornée à la garantie de droits purement civils. En Normandie, Rouen et les autres grandes villes sont des Communes constituées d'après un type remarquable; elles ont un maire, douze échevins, douze conseillers et soixante-quinze pairs, ce qui fait cent membres pour le corps municipal. Cette constitution fut transportée de là au midi sur les terres de la domination anglaise. Dans l'Ile-de-France, on voit reparaître le type constitutionnel des Communes de la Picardie méridionale[1]; Paris, avec sa municipalité immémoriale, offre un caractère à part, où la tradition romaine subsiste sous des formes nées au moyen âge, où la liberté, complète quant au droit civil, est peu de chose quant au droit politique.

1. Un maire et douze pairs. Voyez sur les titres de *maire, échevins, pairs* et *jurés*, les *Considérations sur l'histoire de France*, chap. V et VI.

## II.

La seconde région, celle du Midi, est le champ où se propagea, venant d'Italie, la forme de constitution municipale que j'ai désignée par le nom de régime consulaire. Les provinces qu'on peut ranger dans cette division du territoire sont : la Provence, le Comtat-Venaissin, le Languedoc, l'Auvergne, le Limousin et la Marche, la Guienne et le Périgord, la Gascogne, le Béarn et la Basse-Navarre, le comté de Foix et le Roussillon. J'en excepte le Lyonnais, la Bresse et le Dauphiné pour des raisons que je dirai plus tard. Dans la région du Midi, le titre de Consuls exprime les mêmes fonctions que le titre d'Échevins dans celle du Nord[1]; mais, généralement, le pouvoir attaché à ces fonctions est plus large et plus indépendant, il s'élève, pour la plupart des villes, jusqu'à une sorte de souveraineté partagée, et pour quelques-unes, jusqu'à la plénitude de l'état républicain. Cette région, où la persistance du régime municipal depuis les temps romains se montre plus clairement que partout ailleurs, est celle qui présente les plus grands monuments de législation urbaine : lois de justice et de police, lois d'élection pour

---

1. Les titres de Syndics, Prud'hommes, Jurats, Capitouls, qui accompagnent çà et là le titre de Consuls, sont plus anciens que lui. Voyez les *Considérations sur l'histoire de France*, chap. v et vi.

les magistratures, et lois organiques pour des réformes constitutionnelles. Les anciens statuts, correspondant aux chartes de commune des villes du Nord, sont rédigés avec plus d'ampleur, de science et de méthode. Un grand nombre d'entre eux sont de véritables codes civils et criminels, débris de la loi ou de la jurisprudence romaine conservés isolément comme droit coutumier [1].

La Provence et le Comtat-Venaissin furent au xii° siècle et au xiii°, le foyer de la tradition italienne; c'est là qu'après l'établissement de la municipalité consulaire, s'est implantée, dans trois grandes villes, l'institution bizarre du *Podestat* [2]. Marseille, Arles et Avignon sont à part sous ce rapport, comme sous celui de l'indépendance et de la puissance municipales. Inférieures à elles à différents degrés, les autres villes des mêmes provinces ont avec elles cela de commun que le consulat s'y montre comme une forme plus énergique

---

[1]. Aux termes des statuts municipaux de Montpellier, rédigés au commencement du xiii° siècle, les jugements devaient être rendus selon la coutume, et, lorsque la coutume était muette, conformément au droit écrit. « Et aqui ont las costumas defailhiran, segon « orde de dreg. » (Le *petit Thalamus* de Montpellier, registre des statuts municipaux, publié par la Société archéol. de Montpellier, I<sup>re</sup> part., art. vi, p. 7.)

[2]. Le podestat (en italien *podestà*), qui ne pouvait être élu que parmi les étrangers, était une sorte de dictateur non pas substitué, mais superposé au gouvernement municipal. Voyez Sismondi, Histoire des républiques italiennes du moyen âge *passim*.

donnée à des libertés immémoriales, et que ce changement de constitution y paraît l'œuvre de la noblesse aussi bien que de la bourgeoisie. Presque partout la magistrature urbaine est partagée entre ces deux classes qui l'exercent conjointement et de bon accord [1]; on sent qu'il y avait là entre l'une et l'autre beaucoup moins de distance qu'ailleurs. Dans les villes de la Provence et dans celles du Comtat, le collége des consuls, qui variait quant au nombre, était assisté de deux conseils dont le plus nombreux avait le nom de Conseil général [2]. En outre, lorsqu'il s'agissait d'une affaire de haute importance, des assemblées extraordinaires, convoquées sous le nom de *parlement* et formées de tous les chefs de famille, se tenaient dans les églises ou en plein air.

Il est curieux d'observer avec quelle promptitude le mouvement qui propageait la réforme, ou, pour mieux dire, la révolution consulaire, atteignit en Languedoc

1. Il faut excepter deux villes, Tarascon et Brignolles. A Tarascon, le partage du consulat entre les nobles et les bourgeois fut l'objet de querelles violentes, et, en 1238, d'une lutte armée. A Brignolles, fait unique, la municipalité tout entière était aux mains des nobles; les consuls ne pouvaient être pris que dans leur corps. En 1222, ils vendirent le consulat au comte de Provence, comme un droit qui leur était propre. Cette vente fut l'équivalent d'une révolution populaire; et depuis lors, les roturiers, admis dans le conseil municipal, en formèrent quelquefois la totalité.

2. A Marseille, si je ne me trompe, le nombre le plus élevé fut de douze pour les consuls, de quarante membres pour le conseil ordinaire, et de cent cinquante pour le grand conseil de la ville.

les villes les plus éloignées de l'Italie. Le consulat, établi à Arles en 1131[1], se montre à Béziers dans cette même année ; à Montpellier en 1141, à Nîmes en 1145, à Narbonne en 1148, et à Toulouse en 1188[2]. Pour l'égalité de développement des institutions municipales, le Languedoc doit être placé en avant de toutes les autres provinces ; les petites villes y étaient sous ce rapport au niveau des grandes, et une foule de bourgs et de villages soutenaient la comparaison avec les villes. Presque partout le consulat répondait par ses attributions à l'idée de gouvernement complet. Cette magistrature était entourée d'un appareil sénatorial dont les insignes contrastaient souvent avec la condition et la vie journalière de ceux que le suffrage universel en avait revêtus[3]. En Languedoc, de même

[1]. Cette date est celle de l'établissement légal de la nouvelle constitution ; elle marque l'époque où le consulat, institué par les citoyens d'Arles contre le pouvoir de l'archevêque, fut, après une résistance plus ou moins longue, reconnu et consenti par ce dernier. Pour Marseille et pour Avignon, il n'y a pas de date certaine, mais la tradition, dans ces deux villes, faisait remonter l'institution des consuls jusqu'aux premières années du xiie siècle.

[2]. Ces dates sont celles de la première mention du titre de consuls dans les actes conservés jusqu'à nous ; il est probable que l'établissement politique fut, pour toutes ces villes, antérieur de quelques années à l'acte qui en prouve l'existence.

[3]. Racine écrivait d'Uzès à l'un de ses amis, en 1661 : « De quoi « voulez-vous que je vous entretienne ? De vous dire qu'il fait ici le « plus beau temps du monde, vous ne vous en mettez guère en peine ; « de vous dire qu'on doit cette semaine créer des consuls ou *conses* « comme on dit, cela vous touche fort peu. Cependant c'est une belle

qu'en Provence, la haute bourgeoisie se distinguait à peine de la noblesse; les bourgeois, depuis un temps immémorial, et sans qu'ils eussent besoin pour cela de dispense ni de concession expresse, pouvaient acquérir et posséder en toute franchise des terres nobles. Toulouse, avec ses vingt-quatre consuls auxquels on donnait vulgairement le nom plus ancien de Capitouls, fut l'une des cités municipales qui eurent le plus de grandeur et d'éclat. A Nîmes, il y eut d'abord deux villes distinctes, la cité et le quartier des arènes, et, pour chacune d'elles, un consulat; ces deux municipalités se réunirent en 1207. Il en fut de même à Narbonne, pour la ville proprement dite et pour ce qu'on nommait le bourg; mais la réunion fut moins prompte, et jusqu'au milieu du xiv$^e$ siècle il y eut deux colléges de consuls. A Montpellier, le régime consulaire établi par insurrection contre le seigneur immédiat [1] ne dura d'abord que deux années, le temps de la révolte. Une contre-révolution ramena l'ancien régime avec le vieux titre de Prud'hommes; celui de consuls reparut après soixante-trois ans [2], mais cette fois pour toujours, et avec un luxe qui semble prouver combien ce titre était

« chose de voir le compère cardeur et le menuisier gaillard, avec
« la robe rouge comme un président, donner des arrêts, et aller
« les premiers à l'offrande: vous ne voyez pas cela à Paris. » (OEuvres complètes de Racine, édition Lefèvre, t. II, p. 304.)

1. Guillaume, fils de Guillaume et d'Ermessinde, en 1141.
2. Sous la seigneurie de la maison royale d'Aragon.

populaire. Il y eut dans la constitution définitive des *consuls majeurs* au nombre de douze pour le gouvernement général, des *consuls de mer*[1] pour l'exécution des règlements de douane et les relations de commerce avec les puissances maritimes, des consuls pour juger les causes des trafiquants par mer[2], enfin un consul pour chacune des sept classes dans lesquelles se rangeaient les habitants de la ville selon leurs diverses professions.

L'Auvergne et le Limousin avec la Marche forment dans la région du midi la limite septentrionale de ce que j'ai nommé la zone du régime consulaire, limite qui se continue à l'est dans une autre région municipale par le Forez, le Lyonnais et la Bresse. Plus loin vers le nord, le titre de consuls a disparu ; on ne rencontre plus que ceux de Maires et d'Échevins, de Prud'hommes, de Jurés, de Syndics, de Conseillers, de Procureurs, de Gouverneurs ou d'Élus. Les municipalités de l'Auvergne ne présentent aucun trait saillant ; elles ont des consuls dont les attributions sont partout à peu près les mêmes, et dont les pouvoirs sont restreints, à Clermont par les officiers de l'évêque, à Aurillac par ceux de l'abbé, et à Riom par ceux du

---

1. Cossols de Mar. Voyez le *Petit Thalamus* de Montpellier, II⁰ partie, p. 114.

2. *Cossols dels mercadiers que van per mar.* (Ibid., III⁰ partie, p. 274.)

comte ou du roi. Dans la Marche, pays de bourgades plutôt que de villes, le consulat, établi postérieurement au xiiie siècle, n'est qu'un nom presque sans valeur. En Limousin, on retrouve ce régime dans son énergie méridionale ; il paraît à Limoges au xiie siècle, et il y demeure pleinement libre jusque vers la fin du xiiie. Alors, après une lutte des bourgeois contre les prétentions du vicomte, lutte remarquable en ce que l'association jurée des villes du nord y joua son rôle, la bourgeoisie, contrainte de céder, fait un traité de paix qui mutile sa constitution et les droits de ses magistrats [1]. Le Périgord offre dans sa capitale l'exemple d'une tout autre destinée, d'une indépendance municipale qu'on peut dire absolue, et dont l'histoire abonde en particularités pleines d'intérêt. On y trouve comme à Nîmes et à Narbonne, la séparation en deux villes, mais avec cette différence que la plus ancienne des deux, la cité, conserve jusqu'au milieu du xiiie siècle un régime de tradition immémoriale, libre sous le patronage épiscopal avec des formes aristocratiques et sans aucun nom spécial de magistrature [2], tandis que le bourg [3] a suivi le mou-

[1]. Les consuls de Limoges avaient été investis originairement des pouvoirs administratif, législatif, judiciaire et militaire.

[2]. Dans les actes où le corps des habitants de la cité de Périgueux se désigne lui-même, on ne trouve pour cette désignation d'autre formule que celle-ci : *Omnes clerici, milites et donzelli et alii laici civitatis.*

[3]. On l'appelait *le Puy-Saint-Front*, du nom de l'église autour de laquelle il avait été bâti.

vement de l'époque en se donnant la constitution consulaire. De plus, on voit l'esprit de cette constitution révolutionnaire amener entre les deux villes déjà rivales un antagonisme politique et des luttes armées qui se terminent, en 1240, par la victoire du principe réformateur et la réunion en une seule communauté *démocratique,* sous le régime du consulat. En outre, ce régime lui-même subit une réforme; il est rendu plus actif et plus concentré par la superposition d'un maire aux douze consuls, pratique dont les villes de la Guienne, sous la domination anglo-normande, avaient appris les avantages dans leurs relations devenues plus fréquentes avec les communes du Nord[1]. Sous cette constitution d'origine mixte, la ville de Périgueux posséda, jusqu'à la révolution de 1789, une complète souveraineté municipale, la liberté en tout, sauf l'hommage dû à la couronne, tel que le rendaient les feudataires immédiats; c'est ce qu'exprimait cette formule officielle des délibérations publiques : *les citoyens seigneurs de Périgueux.*

A Bordeaux, l'office de maire, introduit vers la fin du xiie siècle dans l'organisation municipale, y rencon-

---

1. La commune de Beauvais, constituée à son origine sous le gouvernement de douze Pairs, prit de la même manière l'institution de la mairie en l'empruntant aux communes voisines. Dans sa charte, révisée en 1182, il fut statué que treize Pairs seraient élus chaque année, et que l'un d'entre eux serait fait Maire; la charte disait *un ou deux,* mais, après expérience faite, l'unité prévalut.

tra, non le régime consulaire, mais une forme de municipalité plus ancienne, où le principal titre de magistrature était celui de Jurats, titre qu'on retrouve dans une foule de villes, depuis la Gironde jusqu'au milieu de la chaîne des Pyrénées. Il paraît que cette constitution, immémoriale à Bordeaux, y était très-libre et très-largement développée, et que c'est par là qu'elle eut la force de résister à l'esprit de réforme qui propageait le consulat. En 1244, le corps de ville se composait d'un maire annuel, de cinquante jurats, de trente conseillers et de trois cents citoyens élus par le peuple, sous le nom de *défenseurs*, pour prêter assistance au pouvoir; vers la fin du XIIIe siècle, le nombre des jurats fut réduit à vingt-quatre, et celui des défenseurs à cent. Toutes les villes du Bordelais modelèrent, à différentes époques, leur constitution sur celle de la capitale, et la plupart d'entre elles s'intitulèrent *alliées et filleules de Bordeaux* [1]. En outre, l'imitation du même type constitutionnel s'étendit vers le sud dans la Gascogne occidentale; on le trouve à la Réole, à Mont-de-Marsan, à Saint-Sever et à Dax. Il y a là toute une famille de constitutions urbaines dont le caractère commun est l'association de la mairie à la *jurade*, et qui, bien qu'elle occupe un territoire peu étendu, mérite d'être classée à part. Dans le reste de la Gascogne, on voit

---

[1]. Ces villes étaient Blaye, Libourne, Saint-Émilion, Podensac, Bourg, Castillon, Cadillac, Rions et Saint-Macaire.

reparaître le consulat, non à son plus haut degré d'indépendance, mais avec des pouvoirs restreints et une juridiction partagée. Trois villes de la Guienne orientale offrent dans leur histoire des particularités dignes de remarque : Cahors, municipe réformé par la propagande consulaire, est l'un de ceux qui luttèrent avec le plus de constance pour le maintien et le développement de leur nouvelle constitution; Agen, municipe non réformé dont le gouvernement traditionnel était un collége de douze prud'hommes, vit, par une simple déviation de langage, le titre collectif de ces magistrats, le Conseil, se changer en celui de Consuls [1]; à Rodez, où la cité et le bourg formaient, comme à Périgueux, deux villes et deux municipalités distinctes, cette séparation dura entière et absolue jusqu'au milieu du xviiie siècle.

Le Béarn, joint à la basse Navarre, offre une classe de communautés uniformément régies par des *fors* ou statuts municipaux analogues aux *fueros* de l'Espagne. Les villes, grandes ou petites, y ont des jurats au nombre de six ou de quatre, et ces magistrats exercent librement et sans partage la justice civile et criminelle [2].

---

[1]. Dans les coutumes rédigées en 1369, on trouve : *Lo cosselh d'Agen, los Pros-homes del cosselh;* le titre de *Consuls*, employé vers la même époque par la chancellerie royale, paraît seul en usage au xve siècle et après.

[2]. Sauf la haute juridiction du fors de Morlaas, qui était pour toute

Au milieu de cette unité d'organisation administrative et judiciaire, la ville de Bayonne se détache, et contraste avec toutes les autres. On la voit, au commencement du xiii° siècle, abandonner le régime municipal indigène et chercher au loin une constitution étrangère, celle des communes normandes, transportée et perfectionnée dans les villes du Poitou et de la Saintonge. C'est une double cause, la suzeraineté des rois d'Angleterre étendue de la Normandie aux Pyrénées, et le commerce d'une ville maritime, qui amène ainsi aux extrémités de la zone municipale du Midi la commune jurée dans sa forme native avec toutes ses règles et ses pratiques. Aux termes de la charte royale donnée en 1215 [1], le corps de ville de Bayonne se composait d'un maire, d'un lieutenant de maire, de douze *échevins*, de douze conseillers et de soixante-quinze pairs. On admet, avec les nouveaux offices municipaux, la nomenclature étrangère qui servait à les désigner ; mais, pour la désignation collective des citoyens, l'usage maintint sous le régime communal le même titre qu'auparavant ; ceux qui, dans les villes du Nord, étaient qualifiés du nom de *jurés* sont appelés *voisins* à Bayonne, et ce mot a reçu le sens politique de l'autre.

la province une sorte de cour souveraine. Le mot *fors* avait le double sens de loi et de tribunal.

1. Par Jean sans Terre.

celui de membres de la commune associés par le serment [1].

Le consulat reparaît dans les villes du comté de Foix; on le voit, à Pamiers, investi d'attributions très-étendues; c'est dans la montagne voisine de cette ville qu'on trouve la curieuse fédération républicaine des six communautés du Val-d'Andorre. Les villes du Roussillon, toutes régies par des consuls en petit nombre [2], présentent ce caractère particulier que le trait le plus saillant de leur existence municipale est l'organisation militaire. Longtemps avant la réforme définitive de leur constitution politique, elles exerçaient le droit de guerre pour la vengeance et la réparation des torts faits à la généralité de leurs habitants, ou à quelques-uns, ou même à un seul d'entre eux [3]. Elne, l'ancienne cité épiscopale, obtint de son évêque, en 1155, une charte qui lui garantit ce droit dans sa plénitude, sans rien céder de la juridiction, qu'elle réserve absolument à l'évêque. Dans toutes les villes de cette province, quelle que fût d'ailleurs la mesure de leur indépendance, le premier consul était commandant-né de la milice urbaine, et, à ce titre, il avait droit de vie et de mort

---

1. Les registres municipaux de Bayonne contiennent une foule d'actes de réception de *voisins* et de *voisines*. On y trouve les mêmes formalités suivies pour les hommes et pour les femmes.

2. Deux en général, et cinq au plus.

3. C'est ce que les coutumes de Perpignan nomment le privilége de main armée, *privilegium manus armatœ*.

sur les citoyens. A Perpignan, le régime consulaire, établi en 1196 par la volonté générale et après une délibération des habitants [1], fut indépendant sur tous les points, et complétement démocratique. Les cinq consuls élus pour un an, d'abord seuls, puis avec un conseil de douze, de soixante et de quatre-vingt-dix membres, possédaient le pouvoir judiciaire dans toute son étendue et le pouvoir législatif, sauf l'avis, pour les choses importantes, du corps entier des citoyens. Quoique divisés en trois classes qu'on appelait *mains* [2], et dont la rivalité amenait souvent des discordes et des violences, les citoyens étaient tous égaux en droits politiques.

## III.

Je passe à la troisième région municipale, à celle que j'ai nommée région du centre; elle comprend l'Or-

[1]. Notum sit cunctis..... quod nos omnes insimul populi totius ville Perpiniani..... constituimus inter nos quinque consules..... qui bona fide custodiant et defendant ac manuteneant et regant cunctum populum ville Perpiniani, tam parvum quam magnum. (Code des coutumes de Perpignan, cité dans les recherches de M. Henry sur l'ancienne constitution de cette ville, *Mémoire présenté par divers savants à l'académie des Inscriptions et Belles-Lettres*, t. I, 2e série, p. 233.)

[2]. La *main majeure*, la *main moyenne* et la *main mineure*. Ces locutions se rattachaient à une formule politique usitée en Aragon, et qui, figurant le royaume comme un corps, faisait du roi la tête, des états généraux les bras, et des habitants des villes, distingués en classes, les mains.

léanais et le Gâtinais, le Maine, l'Anjou, la Touraine, le Berri, le Nivernais, le Bourbonnais et la Bourgogne. Cette vaste portion du territoire est en quelque sorte le noyau de la zone intermédiaire entre les deux grandes zones de l'association communale au nord et du consulat [1] au midi. La commune jurée ne s'y montre que par exceptions peu nombreuses, et l'on n'y trouve le titre de consuls que deux fois seulement, au XIIe siècle, en Bourgogne, dans une petite ville révoltée d'où il disparaît bientôt[2], et au XIIIe en Bourbonnais, dans une municipalité voisine de l'Auvergne, et constituée sous l'influence de ce voisinage[3]. Ici, la généralité n'est plus pour l'une ou pour l'autre des deux formes de régime créées par la révolution municipale du XIIe siècle; elle est en premier lieu pour des constitutions anté-

---

1. Dans la langue politique des municipalités méridionales, ce mot avait tous les sens que je lui donne; il signifiait également le collége des magistrats nommés consuls, la constitution qui avait admis ce titre de magistrature, et la communauté régie par une semblable constitution. Voy. la *Charte du consulat d'Arles*, publiée par M. Giraud, *Essai sur l'histoire du droit français au moyen âge*, t. II, p. 1 et suiv.

2. A Vézelay, département de l'Yonne, vers l'année 1150. Voyez le récit détaillé de cette révolution municipale dans les *Lettres sur l'histoire de France*, lettres XXII, XXIII, et XXIV.

3. A Gannat, département de l'Allier. Une charte de priviléges, accordée en 1236 aux bourgeois de cette ville par Archambault VIII, sire de Bourbon, leur donne le droit d'élire annuellement quatre d'entre eux qui gouvernent la ville, *et qui se puissent dire et nommer Cousses et faire fait de consulat*.

rieures, plus ou moins libres, plus ou moins démocratiques, et dont l'origine se perd dans la nuit qui sépare le grand mouvement de rénovation et d'indépendance urbaine du régime municipal des temps romains. Elle est en second lieu pour des libertés civiles, ou absolument seules ou jointes à une certaine somme de droits administratifs, mais sans garanties politiques, sans juridiction, sans magistrature indépendante, sans cette demi-souveraineté qui fut le caractère primitif, l'objet idéal, sinon toujours atteint, du Consulat et de la Commune[1]. Quand on aborde cette région du centre, où presque toutes les villes, grandes ou petites, anciennes ou nouvelles, échappèrent à l'action de la propagande réformatrice du XIIe siècle, on touche au problème le plus difficile et le moins éclairci jusqu'à présent de notre histoire municipale. C'est là qu'il faut, plus que partout ailleurs, une attention pénétrante et une grande sûreté d'analyse. Il ne s'agit plus de décrire des institutions nées dans un temps certain, et répandues sur de grands espaces par la puissance de l'exemple; ce qu'il faut signaler et faire comprendre, ce sont des changements constitutionnels opérés dans

---

[1]. Je ne veux pas dire que les municipes non réformés et les communautés investies de droits purement civils manquent tout à fait dans les territoires que j'ai considérés jusqu'ici; comme on l'a vu, ces deux catégories d'existence municipale s'y rencontrent, l'une à l'état de fait exceptionnel, l'autre à l'état de fait secondaire.

les vieux municipes à une époque inconnue, dont toute preuve écrite a depuis longtemps disparu, et que l'induction seule nous démontre.

La municipalité de Chartres, au moyen âge, se composait de dix prud'hommes administrateurs des affaires communes de la ville, nombre qui semble une continuation traditionnelle du rôle que jouaient les dix premiers de la curie, *decemprimi*, *decaproti*, dans le régime municipal romain[1]. La juridiction et la police étaient tout entières aux mains d'un prévôt, d'abord seigneurial, puis royal. Vers la fin du xv$^e$ siècle, les prud'hommes furent portés à douze, et prirent le nom d'échevins; au xvi$^e$ siècle, ils obtinrent le droit de police. A Orléans, le même nombre de dix, accompagné du même titre, dénote une conformité originelle dans le régime municipal des deux villes. La seconde d'entre elles essaya, vers l'année 1137, de suivre le mouvement du siècle; elle se constitua en commune jurée, sans l'aveu et au détriment de l'autorité royale qui l'en punit avec rigueur[2]. Alors disparut tout vestige d'une constitution communale, et Orléans reprit son ancien régime, entièrement libre quant à l'admi-

---

1. Voy. Digest., lib. L, tit. V, l. 1, § 1, 3, § 10 et 18, § 26.
2. Celeriter aurelianensem regressus civitatem, cum ibidem comperisset, occasione communiæ, quorumdam stultorum insaniam contra regiam demoliri majestatem, compescuit audacter, non sine quorumdam læsione. (Hist. Ludovici VII, apud Script. rer. gallic. et francic., t. XII, p. 124.)

nistration urbaine, mais où la justice au civil et au criminel était exercée par un bailli et un prévôt du roi. Comme à Chartres et à la même époque, les dix prud'hommes portés à douze changèrent de nom; ils furent appelés procureurs de ville, et, quelque temps après, échevins. Étampes obtint de Philippe-Auguste la liberté que son prédécesseur avait refusée à Orléans, celle de s'ériger en commune; mais la petite ville, mieux traitée en cela que la grande, ne jouit pas longtemps de ce privilége. Sa commune fut abolie pour toujours en 1196, à la requête des églises et des nobles dont elle affranchissait les serfs. Dans les autres villes de la province, on ne trouve que des ébauches de municipalité sans caractère et peu anciennes pour la plupart.

Lorris en Gâtinais offre le curieux exemple de la plus grande somme de droits civils sans aucuns droits politiques, sans aucune juridiction et même sans attributions administratives. La situation faite à cette petite ville dès les premières années du xii$^e$ siècle par sa charte de coutumes, anticipait en quelque sorte la plupart des conditions essentielles de la société moderne. Largement dotée de franchises pour les personnes et pour les biens, elle ne formait point un corps, et n'avait, à aucun degré, de police qui lui fût propre. Néanmoins, sa charte fut l'objet de l'ambition d'une foule de villes qui la sollicitèrent et qui l'obtinrent, soit des rois, soit des seigneurs. La popularité de cette charte ne fit que grandir et s'étendre dans les siècles où déclinèrent graduellement les municipalités à priviléges politiques. Sa nature exclusivement civile la rendant propre à passer de l'état de loi urbaine à celui de coutume territoriale, elle prit ce rôle dans la jurisprudence, et finit par régler non-seulement la condition des bourgeois de tel ou tel lieu, mais le droit roturier de toute une province[1].

La ville du Mans est l'une des trois qui, antérieurement au xiie siècle, donnèrent le premier exemple de l'insurrection communale, et elle précéda les deux autres; sa commune, jurée en 1072 contre le pouvoir du comte et d'accord avec l'évêque, ne dura pas plus d'un an[2]. Après avoir tenu tête au seigneur indigène, elle succomba sans lutte sous la puissance de Guillaume le Conquérant, qui vint d'Angleterre avec des forces con-

---

1. Charles VIII fit publier les coutumes de Lorris en 1493. Au xvie siècle, on les qualifiait : *Plus anciennes, fameuses et renommées coutumes qu'aucunes autres en France*. Louis XIII les réforma en 1634; elles étaient alors communes à près de trois cents villes, bourgs ou villages du Gâtinais, de l'Orléanais, du Pays-Chartrain, du Blaisois, du Berri, de la Touraine, du Nivernais, de la Champagne et de la Bourgogne. Voyez le *Coutumier général* de Richebourg, 1724, t. III, 2e partie, p. 829 et suiv.

2. Facta igitur conspiratione quam communionem vocabant, sese omnes pariter sacramentis astringunt... (Gesta Pontif. cenoman., apud Script. rer. gallic et francic., t. II, p. 540.) — La commune de Cambrai date de 1076, et celle de Beauvais de 1099. Voyez les *Lettres sur l'histoire de France*, lettres xiv et xv.

sidérables faire valoir ses prétentions sur le comté du Maine. Dès lors on ne trouve plus au Mans que le régime des municipes abâtardis, privés de toute juridiction propre jusqu'au jour où la ville obtint de Louis XI une charte qui l'érigeait en communauté sous un maire, six pairs et six conseillers, ayant le droit de police et des droits de justice très-étendus. Dans cette province, où presque toutes les municipalités sont incomplètes, celle de la Ferté-Bernard peut être citée comme type de l'organisation urbaine réduite à sa plus simple expression, un syndic électif chargé de la recette et de l'emploi des deniers communs. L'Anjou est encore plus faible que le Maine quant au développement et à la liberté des institutions municipales. Vers la fin du xiie siècle, Angers paraît avoir une milice organisée, mais tout son gouvernement se borne à un conseil de ville, dépendant des officiers du comte, dépourvu de juridiction, et sans titre de fonction spéciale pour aucun de ses membres. Cette municipalité immémoriale dura ou plutôt se traîna, de plus en plus insuffisante, jusqu'au temps où l'Anjou fut définitivement réuni à la couronne; alors, par octroi de Louis XI, elle fit place à une constitution plus complexe, plus savante pour la forme, et, pour le fond, parfaitement libre. Il y eut un maire, un sous-maire, dix-huit échevins et trente-six conseillers, avec tous les droits, célèbres par leur étendue, que possédait la commune de la Rochelle¹. Louis XI accorda aux bourgeois d'Angers ces priviléges considérables treize ans après avoir fait la même concession aux bourgeois de Tours.

Tours, au XII⁰ siècle et plus anciennement, formait deux villes distinctes, la cité et le bourg de Saint-Martin qu'on appelait Châteauneuf. Il y avait pour la cité une constitution immémoriale, où tous les pouvoirs, sauf certaines restrictions difficiles à déterminer, appartenaient à quatre Prud'hommes élus chaque année par le corps entier des habitants. Châteauneuf révolté vers 1125 contre la seigneurie du chapitre de Saint-Martin, se donna une organisation communale que des capitulations forcées et la médiation royale durant une longue lutte réduisirent au gouvernement de dix Prud'hommes sans compétence judiciaire ². Au XIII⁰ siècle, les deux villes furent réunies en une seule, et alors la constitution la plus libre, celle de la cité, devint le régime commun; seulement les quatre Prud'hommes, administrateurs et juges, s'augmentèrent de deux choisis désormais par les habitants du bourg ³. C'est cette constitution, d'une simplicité pour

1. Voyez les lettres patentes en forme de charte données en février 1474. *Rec. des ordonn. des rois de France*, t. XVIII, p. 87. — Au XVI⁰ siècle, la municipalité d'Angers fut réduite à un maire et vingt-quatre échevins.

2. Voy. les Lettres données par Philippe-Auguste en 1181, *Rec. des ordonn. des rois de France*, t. XI, p. 221.

3. A chaque assemblée du conseil municipal siégeaient, avec le six élus, un représentant de l'archevêque, des délégués du chapitre

ainsi dire élémentaire, que remplaça en 1461 le gouvernement municipal de la Rochelle : un maire, vingt-quatre échevins et soixante-quinze pairs ayant pleine juridiction au civil et au criminel [1]. Pour les autres villes de la Touraine, la forme de municipalité la plus générale et la plus ancienne est l'administration financière, avec ou sans droits de police, exercée par deux élus.

Bourges est l'une des cités épiscopales où se montrent de la manière la plus frappante les signes d'une révolution démocratique antérieure au grand mouvement d'où sortirent le Consulat et la Commune, révolution dont il ne reste aucun témoignage historique, et qui, ravivant peut-être les débris de la curie romaine, avait, du même coup, mis le pouvoir de l'évêque et le pouvoir du comte hors du gouvernement municipal. De toute ancienneté au XIIe siècle, la ville était régie par quatre Prud'hommes élus chaque année, ayant le

de Tours et de l'abbaye de Saint-Martin, le juge de Touraine et plusieurs bourgeois notables.

1. ..... Donnons et octroyons par ces présentes auxdits maire et eschevins, qui ainsi seront élus pour le gouvernement de nostredite ville de Tours tel pouvoir semblable, justice, prérogatives et prééminences en nostredite ville de Tours et ailleurs comme ont ceux de la Rochelle en icelle ville et ailleurs. (Lettres patentes, en forme de charte, données par Louis XI, février 1461; *Rec. des ordonn. des rois de France*, t. XV, p. 332.) — La charte de Louis XI ne porte expressément qu'un maire et vingt-quatre échevins, ce qui, sous Henri III, servit de prétexte pour réduire à ce chiffre le corps municipal de Tours.

droit de justice dans toutes les causes[1], et administrant toutes les affaires communes, seuls jusqu'à une certaine somme, et, au-dessus, avec le concours obligé de l'assemblée générale des habitants. Cette constitution, que sa nature même rendait fréquemment orageuse, fut détruite par Louis XI après une émeute où les officiers royaux, contraints de traiter pour l'assiette d'un impôt avec l'assemblée générale, avaient été injuriés et menacés de mort par le peuple. Quelque ressentiment qu'eût dans cette circonstance le roi qui savait le moins pardonner, son esprit de libéralisme à l'égard de la bourgeoisie, l'un des traits les plus remarquables de son caractère, ne l'abandonna pas. Il fit aux citoyens de Bourges le même don qu'à ceux de Tours et d'Angers, celui d'un gouvernement modelé sur la commune de la Rochelle.[2], et il composa le nouveau corps de ville d'un maire, de douze échevins et de trente-deux conseillers, ceux-ci nommés par tous

---

1. Postquam per probos homines ipsius civitatis, ad quos omnia judicia villæ ejusdem et septenæ ab antiquo dignoscuntur pertinere facienda, judicatum fuerit. (Charte de Philippe-Auguste, donnée en 1181; *Rec. des ordonn. des rois de France*, t. XI, p. 223.) — Voyez les Olim publiés par M. le comte Beugnot, année 1262, t. I, p. 544.

2. Et pour ce que nostre dite ville de Bourges n'a au temps passé esté gouvernée par maire et eschevins, et que par eux voulons que doresnavant elle le soit, tout ainsi et par la forme et manière qu'ont esté et sont nosdites villes de la Rochelle et de Tours... (Lettres patentes données au mois de juin 1474; *Rec. des ordonn. des rois de France*, t. XVIII, p. 23, art. 5.)

les citoyens et nommant les autres magistrats. Peut-être y avait-il là autant de garanties effectives que dans la vieille constitution de Bourges; mais celle-ci était enracinée profondément dans les souvenirs et les affections populaires; elle fut réclamée avec tant d'instance à la mort de Louis XI, que son successeur la rétablit. Par une ordonnance dont les termes sont curieux à cause de l'empressement qu'ils témoignent, Charles VIII restaura le gouvernement des Quatre dans ses conditions immémoriales; seulement, comme ces magistrats n'avaient plus de titre fixe, parce que le nom de Prud'hommes était tombé en désuétude [1], il fut statué que dorénavant on les appellerait Échevins [2]. Quelques années après on s'aperçut que l'office de maire était une innovation utile, et un maire annuel fut adjoint comme président aux quatre membres de l'échevinage [3].

La constitution de Bourges a été le type de la liberté

[1]. Leur titre fut tour à tour celui de *quatre élus, quatre de la ville, quatre commis et élus, quatre gouverneurs et syndics*.

[2]. Iceulx supplians nous ont fait humblement supplier et requérir que nostre plaisir soit les remettre en la manière qu'ils estoient d'ancienneté, sans toutesvoies faire aucune assemblée de peuple si très-souvent..... Donnons auxdits supplians et leurs successeurs perpétuels povoir, faculté, pleine puissance et auctorité qu'ils puissent et leur loyse eslire doresnavant au gouvernement des affaires communs de ladite ville..... par chacun an, quatre personnes notables.., qui se nommeront *eschevins*. (Lettres patentes du 14 février 1483, *Rec. des ordonn. des rois de France*, t. XIX, p. 628.)

[3]. Ce changement définitif eut lieu en 1491.

municipale, non-seulement pour les villes du Berri, mais encore pour des villes situées hors de cette province. A la manière des municipalités réformées d'après le modèle du Consulat ou de la Commune, elle fut un centre de propagande, un objet d'émulation et d'imitation autour d'elle, imitation naturellement bornée à la mesure du possible, et qu'on ne trouve à peu près complète que dans la seule ville de Nevers. En 1231, cette ville, dans un traité fait avec son seigneur, et peut-être imposé par elle, stipula que quatre bourgeois élus par la communauté entière, et nommés dans les chartes postérieures, tantôt Jurés[1], tantôt Échevins, seraient investis des droits de juridiction, d'administration et de police à tous les degrés. Ces quatre personnes quasi souveraines choisissaient, comme à Bourges, autant de notables qu'elles voulaient pour les assister dans leurs jugements ou leurs délibérations. Par une singulière coïncidence avec l'histoire de cette dernière ville, de graves désordres survenus à Nevers sous le règne de Louis XII, firent supprimer l'élection directe en assemblée générale, et instituer trente-deux conseil-

---

1. Le mot *jurés*, dans le sens de fonctionnaires assermentés, aussi bien que sa forme méridionale *jurats*, est une locution qui se rattache aux débris du régime municipal romain. *Jurés*, dans le sens de bourgeois confédérés par le serment, est une expression plus récente qui paraît dans les chartes lorsque l'association germanique ou la *ghilde* est appliquée à la rénovation du régime municipal. Voyez les *Considérations sur l'histoire de France*, chap. v.

lers, choisis au nombre de huit par chacun des quartiers de la ville et chargés d'élire les quatre échevins. Cette constitution, qu'il faut distinguer ici du régime communal, quoiqu'elle en contienne toutes les garanties politiques, se présente à Moulins accompagnée de franchises purement civiles et d'une compétence administrative à laquelle la juridiction de police ne fut ajoutée que très-tard[1]. Généralement le nombre de quatre pour les officiers municipaux, quel que soit leur pouvoir, est de règle dans les villes grandes ou petites du Berri, du Nivernais et du Bourbonnais[2], et il s'y rapporte à une division en quatre quartiers, qui remonte très-haut et semble appartenir au *castrum* des temps romains[3].

En Bourgogne, les formes du gouvernement municipal présentent plus de variété; il y a des exemples remarquables d'empressement à s'approprier la constitution de villes situées loin de la province, et d'un travail assidu pour développer le fond primitif des municipalités indigènes. Par une révolution accomplie, à ce qu'il semble, au xii<sup>e</sup> siècle, d'accord entre le

[1]. En 1518, par une charte d'Anne de France, duchesse de Bourbonnais, qui, sur la demande des habitants, leur permit de se donner un maire.

[2]. A Vierzon et à Issoudun, les Quatre ont le titre de *gouverneurs*; à la Châtre, ils sont nommés *prud'hommes*; dans les autres lieux, ils ne portent que le titre vague d'*élus*.

[3]. C'est de là que le mot *quartier* est venu, pour désigner, sans aception de nombre, toutes les divisions d'une ville.

duc de Bourgogne et les habitants d'Autun, l'office seigneurial du Viguier ou du *Vierg*, comme on disait dans cette ville [1], fut rendu municipal et électif. Le Vierg d'Autun, nommé dès lors tous les ans par le corps entier des citoyens et devenu premier magistrat de la ville, conserva tous ses droits de représentant du pouvoir ducal : la juridiction haute, moyenne et basse, et le commandement souverain de la milice urbaine. Chaque année, dans une fête très-populaire et que son ancienneté immémoriale faisait rattacher par les Autunois à des traditions dérivées de la république éduenne [2], le Vierg, à cheval, vêtu d'une robe de satin violet, ayant l'épée au côté et une sorte de sceptre à la main, précédé de l'étendard de la ville et suivi des bourgeois en armes, allait de sa maison à l'une des portes romaines d'Autun, rendant la justice sur son passage; au retour, il faisait une revue de la milice et présidait sur la grande place à un combat simulé [3].

---

1. On trouve dans les chartes latines d'Autun les mots *vigerius* et *viarius* (pour *vicarius*), et dans les chartes françaises les mots *viers*, *vyer* et *vierg*.

2. Voyez sur la fête du 1er septembre, et sur l'opinion qui, s'étayant de la ressemblance de quelques lettres, faisait remonter le nom et l'office de *vierg* jusqu'au *vergobret*, magistrat suprême des Éduens, l'Histoire de la ville d'Autun, par Joseph Rosny, p. 148 et suiv., et le commentaire latin du président Chasseneuz, sur les coutumes du duché de Bourgogne, 1574, in-fol. p. 26.

3. Voyez un extrait des lettres patentes données par Louis XIV à la ville d'Autun, en 1644, *Histoire d'Autun*, par J. Rosny, p. 165.

L'autorité militaire du Vierg d'Autun fut ce qui dura le plus de ses anciennes prérogatives; il en demeura pleinement investi au xvi° et au xvii° siècle, pendant que sa juridiction civile et criminelle lui était disputée, puis enlevée par les officiers royaux.

Vers l'année 1183, les habitants de Dijon, frappés de ce qui se racontait de l'état des villes affranchies par la révolution communale, cherchèrent dans la Picardie, foyer de cette révolution, un modèle de commune jurée qui parût de tout point leur convenir. On ne sait pour quel motif ils choisirent la commune de Soissons, ni si leurs demandes adressées au duc de Bourgogne pour qu'il consentît à ce changement de régime furent tumultueuses ou pacifiques; toujours est-il que le duc Hugues III leur accorda, sous la garantie du roi de France, l'autorisation de s'organiser en commune suivant la forme de celle de Soissons [1]. Un fait curieux, c'est qu'ils demandèrent à la ville de Soissons elle-même un memorandum de ses droits et usages constitutionnels qui leur fut expédié en forme de charte sous le sceau de la commune qu'ils prenaient pour

[1]. Noverint universi præsentes pariterque futuri, quod ego Hugo dux Burgundiæ, dedi et concessi hominibus de Divione, communiam habendam in perpetuum, ad formam communiæ Suessionis, salva libertate quam prius habebant. (Chartre de Hugues III, donnée en 1187, Rec. de pièces curieuses pour l'histoire de Bourgogne, par Pérard, p. 337.) — Voyez deux chartes de Philippe-Auguste, données l'une en 1183, l'autre en 1187; *Rec. des ordonn. des rois de France*, t. V, p. 237 et 238.

modèle[1]. Cette constitution, qui ne fut pas longtemps heureuse pour la ville où elle était née[2], eut à Dijon une tout autre fortune; elle y prit un grand développement, et, loin de perdre aucune de ses garanties dans les crises qu'elle traversa, elle s'accrut en liberté et en pouvoir. D'abord la municipalité de Dijon, strictement modelée sur celle de Soissons, se composa d'un Maire ou *Mayeur*, et de Jurés dont le nombre probable était douze; ensuite les jurés prirent le nom d'Échevins, et leur nombre fut porté à vingt. Outre l'échevinage, il y avait des conseillers de ville qui lui furent adjoints au nombre de vingt, puis de trente, et quatre Prud'hommes, qui paraissent être à Dijon un reste du régime antérieur à la constitution communale. Le Maire exerçait, dans toute sa plénitude, le gouvernement civil et militaire; il avait la haute juridiction, la haute police, le commandement exclusif de la milice urbaine et la garde des clefs de la ville. Depuis le xive siècle, il prenait le titre de *Vicomte-mayeur*, à cause de la vicomté de Dijon, droit de seigneurie sur certaines rues de la ville que le duc de Bourgogne avait acquis et

---

[1]. Noverint universi præsentes et futuri, quod hæc instituta et has habet consuetudines communia Suessionis..... Ut autem hoc ratum et constans habeatur, communia Suessionis hanc cartam appositione sui sigilli certificavit. (Recueil de Pérard, p. 336.)

[2]. Voyez dans les *Lettres sur l'histoire de France*, lettre x.x, l'histoire de la commune de Soissons.

cédé ensuite à la commune¹; au xvii⁰, il portait encore, dans les cérémonies publiques, une partie du costume qu'on lui voit sur les sceaux du moyen âge qui le représentent.

La ville de Beaune obtint, en 1203, l'autorisation de se constituer en commune selon la forme de celle de Dijon; toute justice, haute, moyenne et basse, lui fut garantie par sa charte, à la réserve des exécutions capitales et du profit de certaines amendes ². En 1231, la même constitution et les mêmes libertés furent octroyées sans réserve aux habitants de Montbar, et, en 1276, à ceux de Semur-en-Auxois, sauf deux choses : que le duc de Bourgogne nommerait le maire de la ville, et que toutes les amendes lui appartiendraient³.

Auxerre avait eu, quinze ans avant Dijon, le désir et l'occasion de s'ériger en commune jurée; le comte

1. Item, cum discordia verteretur inter nos, ex una parte, et homines dictæ communiæ, ex altera, super hoc quod petebant a nobis vicecomitatum divionensem quem acquisieramus, quod non poteramus facere, ut dicebant..... (Charte donnée par le duc Robert en 1284; Rec. de Pérard, p. 348.)

2. Noverint universi præsentes et futuri, quod ego Odo, dux Burgundiæ, dedi et concessi hominibus de Belna communiam habendam in perpetuum, ad formam communiæ Divionis..... ( Rec. de Pérard, p. 274.) — Voyez le procès de la ville jugé en 1459, ibid., p. 281 et suiv.

3. Les chartes de ces deux villes portent les mots : *Communiam et libertatem haben damin perpetuum, ad forman communiæ etlibertatis divionensis.* Voyez le Rec. de Pérard, p. 419, 422 et 529.

favorisait cette entreprise, probablement par rivalité contre l'évêque son co-seigneur qui s'y opposa et qui l'emporta en plaidant à la cour du roi Louis le Jeune [1]. Cette occasion, une fois perdue, ne se retrouva plus pour la ville, désormais bornée, en fait de liberté municipale, à son régime traditionnel, au gouvernement de douze élus, qui n'avaient point de maison commune et s'assemblaient, pour délibérer, sur les places ou dans les églises. Ces douze conseillers de ville, dépourvus de toute juridiction, nommaient entre eux trois *Gouverneurs* pour l'expédition des affaires. La ville de Châlon-sur-Saône parvint à élever le pouvoir de ses quatre Prud'hommes immémoriaux jusqu'au droit de justice à tous les degrés, en partage avec le châtelain du duc de Bourgogne. La municipalité de Mâcon ne présente aucune forme bien définie avant le milieu du xiv<sup>e</sup> siècle, et depuis lors l'autorité de ses six Prud'hommes sans juridiction demeura toujours dépendante du bailli ducal ou royal [2]. A Tonnerre, il y avait de même six élus sans compétence judi-

1. Idem comes, de assensu regio, communiam Autissiodori de novo instituere voluit : cui item præsumptioni præsul insignis se confidenter opponens, super hoc in regia curia causam ventilandam suscepit..... (Script. rer. gallic. et francic., t. XII, p. 304.)

2. Des lettres de Philippe de Valois, février 1346, qui autorisent les habitants de Mâcon à s'assembler pour traiter de leurs affaires, et choisir entre eux six prud'hommes ou conseillers, des procureurs et des syndics, porte qu'ils n'avaient « *ne corps ne commune,* » et se terminent ainsi : « Toutes voies n'est'il mie nostre entente que pour ce

ciaire qu'on nommait *Échevins*, et auxquels fut adjoint, vers la fin du xvi<sup>e</sup> siècle, un maire ayant la juridiction de police. Châtillon-sur-Seine offre un nouvel exemple de ces villes divisées en deux parties municipalement distinctes ; les deux communautés, qu'on appelait Chaumont et le Bourg, avaient la même forme de régime, quatre magistrats[1] dont, de part et d'autre, les pouvoirs étaient inégaux. Ceux de Chaumont possédaient une certaine juridiction, ceux du Bourg n'avaient aucun droit de justice ; les deux municipalités se fondirent en une seule au xvii<sup>e</sup> siècle. Il faut remarquer la fréquence de ce gouvernement de quatre personnes, qui, dans les villes de la France centrale, eut anciennement une grande faveur, s'appliquant à tous les degrés d'indépendance municipale, depuis le régime entièrement libre qui fut celui de Bourges et de Nevers, jusqu'au régime de simple police urbaine ou à la pure gestion pécuniaire des intérêts communs[2].

« ils aient ou doivent avoir autre corps ne commune ne juridiction « ordinaire. » (*Rec. des ordonn. des rois de France*, t. III, p. 594.)

1. On les nommait *échevins* dans le Bourg, et à Chaumont *prud'hommes* ou *maires*.

2. Ce nombre n'est pas une particularité bornée à la région du centre ; on le rencontre çà et là dans les villes et les bourgs du Midi et il paraît être une tradition conservée de la municipalité romaine Les curies avaient deux magistrats ou quatre choisis annuellement, *duumviri*, *quatuorviri juridicundo*. La tradition du nombre deux a pareillement laissé des traces, mais les exemples en sont beaucoup plus rares.

## IV.

La quatrième région, celle de l'ouest, comprend la Bretagne, le Poitou, l'Angoumois, l'Aunis et la Saintonge; elle se distingue de la région du centre et de la région du midi par deux particularités. La première est le type original et uniforme des municipalités de la Bretagne, la seconde est l'établissement de la constitution communale de Rouen et de Falaise dans quatre des provinces annexées au xii$^e$ siècle à la domination anglo-normande. Sans cette adoption de la Commune jurée selon le type donné par les grandes villes de Normandie, événement auquel contribua sans doute la politique des rois d'Angleterre, le Poitou et les provinces qui l'avoisinent au sud auraient suivi la réforme méridionale et renouvelé leur régime municipal par l'institution du Consulat.

Les traditions de droit romain et de gouvernement municipal, conservées dans toutes les provinces de la Gaule, ne subsistèrent point dans l'Armorique; ce pays reçut un nouvel esprit et de nouvelles formes sociales de l'émigration d'outre-mer qui lui fit donner le nom de Bretagne. Deux de ses villes, Nantes et Rennes, ont pu seules retenir quelque chose de la municipalité gallo-romaine. Pour les autres, et surtout pour les simples bourgs, la municipalité traditionnelle fut un régime à la fois ecclésiastique et civil, où l'église paroissiale était le centre de l'administration et où le conseil de fabrique remplissait l'office de conseil commun. Du reste, aucune juridiction ne se trouvait jointe en Bretagne à l'administration urbaine; dans les villes, le droit de justice à tous ses degrés appartenait au duc ou à l'évêque, et dans les villages, au seigneur du lieu [1]. Point de lutte de la bourgeoisie pour conquérir des droits politiques, point de traces de la révolution communale dans l'histoire de cette province; le nom de commune n'y paraît dans les actes publics ou privés, qu'après sa réunion à la couronne. Depuis lors on voit les formes et les titres d'offices des municipalités françaises pénétrer çà et là en Bretagne, et remplacer ou modifier le type ordinaire de la municipalité indigène : six Conseillers de ville, un Syndic, un *Miseur* [2] et un Contrôleur des deniers communs [3]. En 1560, la ville de Nantes, abandonnant ce vieux régime, sollicita et obtint de François II la constitution

---

[1]. Guingamp est la seule ville qui fasse exception, et elle avait une justice municipale, concédée à ses bourgeois par les ducs de Bretagne, probablement au xv<sup>e</sup> siècle.

[2]. Officier chargé de la recette et de l'emploi des contributions. Le mot *mise* signifiait proprement dépense.

[3]. Ces charges municipales étaient remplies indistinctement par le clergé, la noblesse et la bourgeoisie. Dans plusieurs villes, à Morlaix, notamment, les emplois de miseur et de contrôleur étaient exercés par des gentilshommes d'ancienne famille.

municipale d'Angers avec tous ses priviléges, mais avec une magistrature moins nombreuse : un Maire et dix Échevins seulement[1]. Déjà une réforme analogue, sans imitation aussi directe, avait eu lieu à Rennes. Par concession de Henri II, la ville s'était constituée en corps régulier sous le gouvernement de treize magistrats qui, plus tard, furent réduits à sept : six Échevins et un Procureur-syndic[2]. Quimper, au XVIIe siècle, obtint un échevinage à l'instar de Nantes et de Rennes, et n'en demeura pas moins sous la juridiction temporelle de son évêque[3]. A Saint-Malo cette juridiction

1. Les bourgeois, manans et habitants de nostre ville et cité de Nantes nous ont fait exposer..... que..... pour n'y avoir audit lieu corps de ville, ni aucuns chefs qui ayent supérintendance et administration des affaires communes..., à quoi nous pourrions bien facilement pourvoir, s'il nous plaisoit leur octroyer un corps, collége et communauté de ville audit lieu composé d'un maire et de dix échevins, par lequel le fait, police et affaires communes dudit lieu fussent conduites, traitées et gouvernées, avec tels et semblables pouvoirs, priviléges, franchises et libertés, que ont et dont jouissent les maires et eschevins de nostre ville d'Angers.) Lettres patentes de François II, archives de l'hôtel de ville de Nantes, livre doré, 2e partie, p. 3.) — Dans le même registre, à la suite de cette charte, se trouve celle de la ville d'Angers, donnée par Louis XI en 1474.

2. 1548, 26 mars ; Lettres de Henri II, portant érection de la communauté de la ville de Rennes en corps régulier. — 1548, 30 mars ; Extrait du rôle signé de la main du roi, à Chantilly, par lequel il permet aux habitants de Rennes d'élire treize d'entre eux pour pourvoir au gouvernement de la ville. — 1592 ; Lettres de Henri IV portant érection de la communauté de la ville de Rennes en corps régulier. Archives de l'hôtel de ville de Rennes.

3. Le roi, ayant égard à ladite requête, a permis et permet aux

subsista pleine et entière jusque dans le siècle dernier, et, selon toute apparence, il en fut de même à Vannes et à Saint-Brieuc.

Quand on passe de la Bretagne au Poitou, l'aspect du régime municipal change totalement, et l'on retrouve la Commune jurée, sous sa forme non-seulement la plus libre, mais, pour ainsi dire, la plus savante. Ce fut de la Normandie qu'au xiie siècle les villes de Poitiers et de Niort, sujettes de la couronne anglo-normande, prirent l'exemple de leur constitution communale. Elles imitèrent, comme je l'ai dit, Rouen et Falaise, et ce régime, adopté par elles sous le règne des fils de Henri II, elles se le firent concéder et assurer par Philippe-Auguste, après sa conquête judiciaire de la Normandie, de l'Anjou, du Poitou et de la Saintonge. Tel est le sens des deux chartes données par ce roi en 1204 [1], et auxquelles fut joint l'envoi

---

dits habitans de nommer et eslire pour la conduite et gouvernement de ladite ville (Quimper-Corentin), quatre eschevins à l'instar des eschevins des villes de Nantes et de Rennes. (Arrêt du conseil du 31 août 1634. Archives nationales, section administrative, E, 449.)

1. Noverint universi..... quod nos concedimus burgensibus nostris de Niorto..... ut communiam suam habeant ad puncta et consuetudines communiæ rotomagensis..... (*Rec. des ordonn. des rois de France*, t. XI, p. 287.) La charte donnée aux habitants de Poitiers confirme simplement l'octroi d'une *commune jurée* fait par la reine Aliénor, sans spécifier la forme de cette commune : « Concessit universis hominibus de Pictavia et eorum hæredibus in perpetuum communiam juratam apud Pictaviam. (Ibid., p. 290.) Ce qui prouve qu'en désignant d'une façon expresse la constitution communale des

d'une copie du règlement constitutionnel des communes de Rouen et de Falaise [1]. Les communes de Poitiers et de Niort suivirent à la lettre ce règlement dans l'organisation de leur corps politique; elles eurent un collége municipal de cent membres, savoir : un Maire, deux Échevins, douze Conseillers et soixante-quinze Pairs [2]; mais, soit tout d'un coup, soit graduellement, elles dépassèrent sans opposition la mesure de droits et de pouvoir accordée aux municipalités normandes. Tandis qu'à Rouen et à Falaise le maire était nommé par le roi sur une liste de trois candidats, et la juridiction urbaine limitée par des réserves [3], à Poitiers et à

---

bourgeois de Niort, Philippe-Auguste ne leur accordait rien de nouveau, c'st que, dans les lettres de confirmation des priviléges de la ville, données après lui, son nom ne se trouve pas joint à ceux des princes d'Angleterre. Voyez ibid., p. 327.

1. Cette pièce adressée aux habitants de Poitiers sur leur demande, existe encore dans les archives de la ville. On la trouve imprimée deux fois dans le *Recueil des ordonnances des rois de France*, au t. I, p. 306, note *b*, et au t. V, p. 674. Sa rédaction prouve qu'elle fut l'œuvre des magistrats municipaux des deux villes : *Si quis juratorum nostrorum communiœ sit in misericordia positus... si quis dixerit se esse nostrum juratum, et nos exinde minimè certi sumus.*

2. Le nom de *pairs* se donnait en général aux cent membres du collége, et en particulier à ceux que l'élection n'avait point élevés aux diverses magistratures, c'est-à-dire aux charges de maire, d'échevins et de conseillers.

3. Si oporteat majorem in Rothomagensi sive in Falesia fieri, illi centum qui pares constituti sunt eligent tres proborum hominum civitatis, quos domino regi presentabunt, ut de quo illi placuerit majorem faciat. (*Rec. des ordonn. des rois de France*, t. I, p. 306 note *b*.) — Volumus et concedimus quod dicti major et illi de com-

Niort la juridiction était absolue et le maire élu directement. Il y avait dans ces villes deux sortes d'assemblées municipales : l'une convoquée chaque semaine, et formée du maire, des douze échevins et des douze conseillers; l'autre mensuelle, où siégeaient en outre les soixante-quinze pairs, et qui portait le nom d'*assemblée des mois et des cent*[1]. Le maire, choisi annuellement par les cent membres du collége et parmi eux, était capitaine général de la ville et juge, avec les échevins, dans toute cause civile ou criminelle. Le collége, sorte de patriciat bourgeois, nommait tous les magistrats et se recrutait lui-même par élection. A Niort, l'ensemble de ces priviléges répondant à la plus grande somme d'indépendance municipale, avait, comme à Périgueux, revêtu la forme de seigneurie sous le vasselage immédiat de la couronne. Selon d'anciens actes, les officiers de la commune de Niort tenaient du roi *à droit de baronie, à foi et homage*

---

munia et eorum successores habeant, teneant et exerceant omnimodam juridictionem ad nos pertinentem..... retenta nobis justitia mortis, mehagnii et vadiorum belli quum secuta fuerint. (Lettres de Philippe III, portant confirmation de la justice du maire et des bourgeois de Rouen. Ibid.)

1. Le statut constitutionnel de Rouen et de Falaise porte qu'il y aura deux assemblées par semaine, tenues par le maire et les douze échevins; qu'à la seconde, celle du samedi, assisteront les douze conseillers ; et que tous les quinze jours, un samedi, se fera la réunion des cent pairs. Voy. *Rec. des ordonn. des rois de France*, t. I, p. 306, note *b*.

*lige, au devoir d'un gant ou cinq sols tournois, pour tous devoirs, payables à chaque mutation de seigneur,* la mairie et capitainerie de la ville, et la juridiction haute, moyenne et basse, tant en matière civile que criminelle [1]. Les autres villes du Poitou, Châtellerault, Loudun et Montmorillon, furent loin d'avoir de pareilles franchises, et leurs municipalités, d'une date comparativement récente, ne méritent aucune mention.

Dans la Saintonge et l'Aunis on voit reparaître la constitution des villes normandes avec les mêmes priviléges qu'à Niort et à Poitiers, sauf la juridiction sans réserve et l'élection directe du maire par le collége municipal [2]. La charte donnée par Philippe-Auguste aux bourgeois de Saint-Jean-d'Angely, comme *garantie perpétuelle* de leur commune, porte que cette commune sera gouvernée selon la forme de celle de Rouen [3], et à leur requête une copie authentique du

1. Aveu rendu au roi, le 13 juillet 1579; archives de la ville de Poitiers. — Un pareil acte de foi et hommage fut fait par le corps de ville de Niort, le 2 juillet 1611.

2. Le jugement des crimes de lèse-majesté appartenait aux officiers royaux, et le maire était nommé par le sénéchal de la province, sur une liste de trois candidats élus.

3. Noverint universi..... quod nos concedimus in perpetuum dilectis et fidelibus nostris universis juratis communiæ sancti Johannis Angeliacensis et eorum hæredibus perpetuam stabilitatem et inviolatam firmitatem communiæ suæ juratæ apud sanctum Johannem Angeliacensem. Præcipimus autem ad ultimum ut communiam suam teneant secundum formam et modum communiæ rotomagensis. (*Rec. des ordonn. des rois de France*, t. V, p. 671.) — Noveritis

statut constitutionnel de Rouen et de Falaise leur fut expédiée par la chancellerie royale. Aucune trace d'une pareille demande n'existe pour la Rochelle, et l'acte qui lui garantit sa commune sous la royauté française ne mentionne pas celle de Rouen [1], omission qu'on trouve aussi dans la charte de Poitiers, et qui n'a pas plus de valeur d'une part que de l'autre. Le régime communal de la Normandie était, pour ces deux villes, une partie de leurs coutumes que toute charte de confirmation donnée en termes généraux comprenait implicitement. La Rochelle se rendit célèbre entre toutes les communes régies par la même constitution, et devint, pour les villes du centre de la France, le type de la liberté municipale. Sous le gouvernement de son collége de cent membres, Maire, Échevins, Conseillers et Pairs, ayant toute juridiction, cette ville de commerce et de guerre s'éleva au plus haut point de puissance et de prospérité. On sait à quelle audace de projets l'entraîna au xvie et au xviie siècles une existence presque républicaine mise au service de la cause protestante, et comment il fallut, pour la réduire, un long siége conduit par Richelieu. Durement châtiée de sa révolte, la Rochelle perdit,

---

quod nos, ad petitionem vestram, mittimus rescriptum communiæ rotomagensis in hunc modum. (Ibid.)

1. Voyez les lettres données par Louis VIII en 1224, *Rec. des ordonn. des rois de France*, t. XI, p. 318.

en 1628, sa constitution et ses priviléges municipaux; Saint-Jean-d'Angely, où la même constitution subsistait avec moins d'éclat, perdit les siens pour la même cause. A Saintes, on trouve le régime communal du Poitou et de la Normandie modifié par une organisation antérieure à l'établissement de la commune. Au lieu d'un maire, il y a deux *Jurés* investis conjointement de la principale autorité; le corps de ville n'a que vingt-cinq membres, dont une partie a le titre d'Échevins et l'autre celui de Pairs. Au xiii$^e$ siècle, une sorte de lutte commence avec des chances diverses, entre le principe de l'unité de pouvoir exécutif et les anciens usages municipaux, l'office de maire est institué à la place de la double magistrature des jurés; mais celle-ci reparaît bientôt, ramenée par la puissance de l'habitude. Ce ne fut que vers la fin du xv$^e$ siècle que l'institution de la mairie, demandée à Charles VIII par la ville de Saintes, s'y établit définitivement [1].

La capitale de l'Angoumois était l'une des villes qui, avec Reims, Bourges, Toulouse et Marseille, se vantaient d'être en possession d'un droit de justice antérieur à l'établissement de la monarchie. Au xiii$^e$ siècle,

---

1. Et à ceste cause nous ont lesdits supplians humblement supplié et requis et fait supplier et requérir, que nostre plaisir soit leur muer et changer lesdits deux jurés en l'estat et office de maire, et que chacun an ils le puissent eslire à tel jour que bon leur semblera. ( *Lettres* données par Charles VIII en mai 1492, *Rec. des ordonn. des rois de France*, t. XX, p. 330.)

sa vieille constitution reçut un accroissement de liberté et des réformes inspirées par le droit municipal de la Rochelle, et dans la dernière moitié du xiv° elle fut renouvelée entièrement par l'adoption du régime communal tel qu'il existait alors à Saint-Jean-d'Angely [1]. Angoulême conserva jusqu'au siècle dernier toutes les formes constitutionnelles de ce régime, et la haute juridiction dans tous les cas, sauf le crime de lèse-majesté. Cognac, seconde ville de la même province, n'eut que la justice moyenne et basse, et, du système d'institutions artistement complexes qui florissait dans les grandes municipalités d'alentour, elle ne s'appropria que deux choses, la mairie et l'échevinage.

## V.

J'arrive à la dernière des cinq régions de l'ancienne France municipale, à celle de l'est, dans laquelle je range l'Alsace, la Franche-Comté, le Lyonnais, la Bresse et le Dauphiné. Ce que ces provinces ont de commun, outre leur situation géographique, c'est d'avoir appartenu à l'empire d'Allemagne [2], fait en

---

1. Voyez, dans le t. V des *Ordonn. des rois de France*, p. 581 et 670, les lettres données par Charles V aux bourgeois d'Angoulême en janvier 1372 et mars 1373. La seconde de ces pièces contient, avec l'ordonnance royale, une expédition des chartes de la ville de Saint-Jean-d'Angely, parmi lesquelles se trouve le statut communal de Rouen et de Falaise.

2. Les quatre dernières furent annexées à l'Empire en 1032, par

apparence étranger à la question du régime municipal, mais qui a, de diverses manières, influé sur les conditions de ce régime[1]. A la différence des rois de France et des comtes de Flandre, les empereurs se sont montrés systématiquement ennemis des municipalités créées par les moyens révolutionnaires de l'insurrection et de l'assurance mutuelle sous la foi du serment[2]. Sur leurs terres du nord, ils ont combattu et interdit la Commune jurée, et, sur leurs terres du midi, toute ligue populaire tendant soit à l'érection, soit au développement normal du Consulat. En outre,

---

la donation que Rodolphe III, roi de Bourgogne, fit de ses États à l'empereur Conrad le Salique.

1. On pourrait, comme je l'ai dit plus haut, comprendre ici la Lorraine, en la détachant de la région du nord où ses trois villes épiscopales, Metz, Toul et Verdun forment, par le caractère de leurs institutions et de leur histoire, une sorte d'enclave disparate. Voyez, ci-dessus, p. 241, note 2.

2. Voyez les *Considérations sur l'histoire de France*, chap. VI. — Conventiculas quoque omnes et conjurationes in civitatibus et extra, etiam occasione parentele et inter civitatem et civitatem et inter personam et personam seu inter civitatem et personam, omnibus modis fieri prohibemus. (Constitutio pacis Frederici I, apud Pertz, Monumenta Germaniæ historica, Leg., t. II, p. 112.) — Quod nulla civitas, nullum oppidum, communiones, constitutiones, colligationes, confederationes vel conjurationes aliquas, quocumque nomine censeantur, facere possent; et quod nos, sine domini sui assensu, civitatibus seu oppidis in regno nostro constitutis auctoritatem faciendi communiones, constitutiones, colligationes vel conjurationes aliquas, quæcumque nomina imponantur eisdem, non poteramus nec debebamus impertiri. (Henrici regis sententia contra communiones civitatum, ibid., Leg., t. II, p 279.)

dans les provinces éloignées du centre de l'Empire et étrangères à la nationalité germanique, ils ont, par tous les moyens possibles, fortifié le pouvoir des seigneurs ecclésiastiques et diminué celui des seigneurs laïques dont ils se défiaient davantage. Ils ont, en conséquence, protégé l'autocratie municipale des évêques contre toute révolution même consentie par les comtes souverains du pays [1]. C'est à la faiblesse toujours croissante des liens de vasselage qui l'attachaient à l'Empire que la Provence dut l'établissement de ses grandes municipalités et l'essor, libre et complet, chez elle de la constitution consulaire. Mais le Dauphiné moins heureux, parce que sa sujétion à l'Empire était plus réelle, se vit arrêté dans cette carrière de rénovation municipale, par l'appui effectif que reçurent les évêques des principales villes contre l'esprit d'indépen-

---

[1]. Une curieuse charte de l'empereur Frédéric II est celle qui, en 1226, déclare nuls et non avenus tous les consulats et autres gouvernements libres des villes de Provence. « Pervenit nuper ad noti« tiam nostram quod quarumdam civitatum, villarum et aliorum « locorum universitates in comitatibus ipsis degentes proprio motu « et voluntate constituerunt juridictiones, potestates, consulatus, re« gimina et alia quædam statuta, quæ ad suæ arbitrium voluntatis « exercent; et cum jam apud quasdam... in abusum et pravam con« suetudinem inoleverunt... nos ex imperiali auctoritate tam juri« dictiones, consulatus, regimina, potestates et statuta cætera per « universitates civitatum inventa, atque concessiones super his, per « comites Provinciæ et Forcalquerii ab eis obtentas, ex certa scien« cia revocamus, et inania esse censemus. » ( Papon, *Histoire de Provence*, t. II, preuves, p. L.)

dance et les entreprises de la bourgeoisie. Dans cette province, et par suite du fait que je signale, si le Consulat se montre quelque part, c'est comme un nouveau titre et non comme un pouvoir nouveau; on le trouve réduit à quelque chose de médiocre et de subalterne, dépourvu de juridiction, n'ayant rien de cette demi-souveraineté qui, dans les villes de la Provence et du Languedoc, est son attribut essentiel. Une partie de la remarque faite ici pour le Dauphiné s'applique au Lyonnais et à la Bresse; et voilà par quel motif j'ai détaché ces trois provinces méridionales de la région des municipalités libres sous le régime consulaire.

Le mouvement de la révolution communale, née au nord de la France et propagée de là sur les terres de l'Empire, fut étouffé à Trèves[1], en 1161, par l'empereur Frédéric I$^{er}$; rien ne prouve qu'il ait pénétré dans les villes de l'Alsace. Ces villes, dont la plupart ne remontent guère au delà du xii$^e$ siècle, ont acquis leur constitution libre pièce à pièce, par des concessions du souverain, et suivant une loi de progrès commune à toutes les cités de l'Allemagne. Leur indépendance quasi-républicaine eut pour principe, non, comme

---

1. Communio quoque civium trevirensium, quæ et conjuratio dicitur, quam nos in civitate destruximus.... quæ et postea, sicut audivimus, reiterata est, cassetur et in irritum revocetur, statuentes ae deinceps, studio archiepiscopi vel industria comitis palatini reiteretur. (Hontheim, Hist. trevir. diplomat., t. I, p. 594.)

ailleurs, un élan de l'esprit de rénovation, une lutte violente et heureuse contre le pouvoir seigneurial, mais l'exemption légalement obtenue de toute juridiction autre que celle d'un délégué de l'Empereur, et le changement graduel des offices impériaux en magistratures municipales. C'est de cette manière que des villes peu considérables, telles que Haguenau, Colmar, Mulhouse, Schelestadt, Wissembourg, Seltz, et d'autres de moindre importance, arrivèrent à posséder le droit de milice et celui de justice au plus haut degré, le droit de lever des impôts, de créer des magistrats, de faire des statuts d'organisation politique, de donner asile aux proscrits, de déclarer la guerre et la paix et de conclure des alliances même en dehors de l'Empire. De pareils droits municipaux s'accordaient, pour les villes impériales, avec la présence continue d'un représentant du souverain sous les titres de Comte, de Préteur, de Prévôt, d'Avoué [1], association étrange qu'on ne rencontre que là et qui provenait de la nature toute fédérative de l'empire germanique [2]. Une autre particularité du régime municipal de l'Alsace, c'est que, parmi les magistratures urbaines, plusieurs sont des fiefs héréditaires, et que la bourgeoisie des villes

---

[1]. C'est du latin *advocatus*, que s'est formé par contraction le mot allemand *Vogt*.

[2]. Les villes libres et immédiates avaient, comme États de l'Empire, séance et voix délibérative à la diète.

se compose de nobles et de non-nobles, entre lesquels l'administration se partage assez également jusqu'au milieu du xiv° siècle ; plus tard les classes plébéiennes se rendent prépondérantes et la démocratie domine. Ce changement, opéré plus ou moins complétement à la suite de luttes plus ou moins vives, est, dans l'histoire des villes d'Alsace, à l'exception de celle de Strasbourg, l'unique fait révolutionnaire.

Strasbourg, la plus ancienne de ces villes, la seule dont l'existence remontât jusqu'aux temps romains, avait une municipalité immémoriale dont les éléments s'étaient absorbés dans la seigneurie temporelle de l'évêque. Jusque vers la fin du xii° siècle, on trouve le corps de ville borné aux officiers et aux vassaux nobles de la maison épiscopale, qui formaient une classe de patriciens et un sénat héréditaire. Au siècle suivant il se fit une première révolution ; la municipalité reçut une organisation distincte, sinon entièrement indépendante de la cour seigneuriale ; il y eut un sénat annuel et électif, se renouvelant lui-même, et choisissant, selon des proportions qui varièrent, en partie parmi les vassaux nobles de l'évêque et en partie dans la plus haute classe des bourgeois proprement dits[1]. Après un siècle et demi environ, cette

---

[1]. Statutum est ut duodecim vel plures, si necesse fuerit..... tam inter ministeriales quam inter cives ponantur annuantim consules civitatis, inter quos unus magister vel duo, si necesse fuerit, eligan-

municipalité aristocratique fut renversée par un soulèvement des classes moyenne et inférieure de la bourgeoisie; une seconde révolution eut lieu, et il en sortit une nouvelle constitution municipale, fondée sur l'existence politique des corporations d'arts et métiers qu'on appelait Tribus [1], et dont le nombre, d'abord variable, fut fixé à vingt par le statut définitif. Pour l'exercice du droit de cité, il n'y eut plus dans la ville que deux classes légalement reconnues, celle des nobles et celle des artisans; les bourgeois exerçant le négoce et les professions libérales durent se fondre dans la dernière, en se faisant agréger à quelqu'une des tribus. Le Sénat ou Grand conseil était formé de trente et un membres, dix nobles, vingt plébéiens représentant les vingt tribus, et un chef du gouvernement *Ammeister* [2], qui devait toujours être plébéien. Trois colléges inférieurs, ayant des attributions spéciales, et nommés chambre des treize, des quinze et des vingt et un, étaient composés pareillement de nobles pour un tiers et de plébéiens pour les deux

---

tur. (Statut épiscopal des premières années du xii<sup>e</sup> siècle, Grandidier, *Hist. de l'église de Strasbourg*, t. II, p. 37, note 1.) — Le mot *consules*, dans les actes latins des munipalités allemandes, ne dénote aucune imitation du consulat des villes italiennes; il est la simple traduction du mot *Rathen*, conseillers. Le titre du magistrat municipal était *Meister*, dont on faisait *Stettmeister*, *Burgmeister*, etc. Sénat et conseil sont la même chose.

1. En allemand *Zünfte*.
2. Par contraction, pour *Amman-meister*.

autres tiers[1]. Enfin, au-dessus de tous les pouvoirs, dominait, comme investi de la souveraineté municipale, le conseil des trois cents échevins[2], résultant de l'élection de quinze de ses membres par chacune des vingt tribus ou sections plébéiennes de la communauté. Cette curieuse constitution municipale, dont les bases furent posées en 1334, et qui ne reçut sa dernière forme qu'en 1482, subsista jusqu'à la révolution de 1789[3]; l'annexion de Strasbourg à la France n'y changea rien de fondamental.

La capitale du comté de Bourgogne ou de la Franche-Comté, Besançon, ville de l'Empire en dehors des pays de langue allemande, présente un premier exemple des effets souvent bizarres de cette situation politique sur le plus ou le moins de développement de l'existence municipale. Quand les empereurs succédèrent aux États des rois de Bourgogne[4], ils crurent

---

1. On les appelait les trois chambres intimes, *die drey geheimen Stuben*.

2. En allemand, *Schœffen*.

3. Avant la charte constitutionnelle définitive de 1482, il n'y eut pas moins de seize statuts organiques successivement promulgués. Bodin dans son livre *de Republica* mentionne plusieurs fois la constitution de Strasbourg, notamment livre VI, chap. IV; mais il se trompe en disant que pour être magistrat plébéien il fallait absolument exercer un métier. Il a confondu l'inscription obligée sur les rôles d'une tribu avec l'exercice réel du métier dont cette tribu portait le nom.

4. Par donation de Rodolphe III, en faveur de Conrad le Salique, mari de sa nièce Gisèle.

que le meilleur moyen de s'assurer cette possession
étrangère pour eux était de donner les grandes
villes du pays en fief aux évêques, devenus par là
princes de l'Empire, investis des droits régaliens et
de l'autocratie municipale dans chaque cité. C'est ainsi
qu'à Besançon le pouvoir temporel de l'archevêque fut
absolu de droit et de fait jusqu'aux dernières années
du xiie siècle. Alors les plaintes des citoyens contre les
abus de ce pouvoir frappèrent l'empereur Henri VI
qui, pour assurer le bon ordre et régler la seigneurie
de l'archevêque, autorisa l'institution d'une sorte de
jury auprès de la justice seigneuriale ; et la création
d'une municipalité élective ayant la police et la garde
de la ville [1]. Mise en possession de ce premier degré

---

[1]. Si vero cives prædicti vel aliquis ipsorum civium coram archiepiscopo seu coram vicecomite seu majore fuerint accusati vel accusatus, vel quoquumque alio modo in judicio coacti vel coactus, capti vel captus..... et in causa fuerit conclusum, ex tunc vocatis aliis civibus dictæ civitatis, dicti cives vel civis, per cives non inimicos et minus favorabiles, sed communes ad hoc specialiter electos, de prædictis civibus vel cive judicabunt, et quod judicatum fuerit per judicem coram quo fuerint convicti vel convictus, mandabitur executioni... Volumus et concedimus ut custodia nostræ civitatis bisuntinæ penes cives remaneat, ut eam custodiant et defendant pro nobis...... Liceat ipsis civibus de seipsis eligere meliores et discretiores, qui jurati regant et procurent negotia civitatis, prout faciunt cives et burgenses per regnum nostrum constituti. (Diploma Henrici VI, 1190. *Hist. de la ville, église et diocèse de Besançon*, par Dunod, t. I, Preuves, p. LIII et suiv.) — On voit qu'à Besançon le titre de *Maire* n'avait rien de municipal, il appartenait comme celui de vicomte à un officier feudataire de l'archevêque ; il y avait dans la ville trois justices sei-

d'indépendance, la bourgeoisie de Besançon ne s'y arrêta pas, elle partit de là pour attaquer tout ce qui restait de l'ancienne autocratie de l'archevêque et elle y réussit. Elle s'attribua, par empiétements successifs, la juridiction civile et criminelle, le gouvernement politique à l'intérieur et le droit de guerre et de paix au dehors. Tout le xiii<sup>e</sup> siècle fut employé à cette révolution opérée à l'aide d'une volonté persévérante, de soulèvements nombreux, et d'alliances défensives avec l'un ou l'autre des grands seigneurs du pays [1]. Dans ces confédérations était le péril pour la souveraineté impériale; les empereurs crurent y voir la main du roi de France, ils tentèrent de les dissoudre et de maintenir par des édits menaçants le pouvoir de l'archevêque [2]; mais la ville n'obéit pas, elle se mit sous la garde des comtes de Bourgogne, et elle osa même soutenir un siége contre le souverain qui refusait de

gneuriales, deux de première instance et une d'appel : la vicomté, la mairie et la régalie.

1. La ville conclut des traités d'alliance avec Jean, comte de Châlons, et Guillaume, sire d'Apremont, en 1224 et 1225; avec Hugues IV, duc de Bourgogne, et son fils Eudes, comte de Nevers, en 1264; avec Othon, comte Palatin de Bourgogne, en 1279; et avec son frère Hugues de Bourgogne, en 1290.

2. Une lettre adressée, en 1277, par Rodolphe I<sup>er</sup> aux citoyens de Besançon, renferme le passage suivant : « Sicut ad culminis nostri pervenit notitiam, rex Franciæ, fermento persuasionis suæ, sinceritatem fidei vestræ molitur corrumpere, vos a fidei nostræ et imperii debito avertendo, et servitium sui secularis dominii accrescendo. » (Chiffletii *Vesontio civitas imperialis libera*, t. I, p. 229.)

l'admettre comme ville libre et immédiate¹. A de tels signes de la puissance des faits accomplis, la politique des empereurs changea ; ils ne s'obstinèrent plus à défendre la cause de l'archevêque, ils laissèrent les droits seigneuriaux passer du prélat au corps de ville et se consolider par prescription dans les mains de la bourgeoisie². Depuis le xiv° siècle jusqu'à la seconde moitié du xvii°, si l'archevêque de Besançon resta nominalement prince de l'Empire, ce fut la cité qui exerça tous les pouvoirs attachés primitivement à ce titre.

Une chose singulière, c'est qu'à Besançon, durant près de cinq siècles, il ne se fit aucun changement dans l'organisation du pouvoir municipal. Une même forme constitutionnelle suffit aux premiers commencements et à tous les progrès de la liberté politique, et

1. En 1288, à l'occasion d'une ligue formée entre la ville de Besançon, le comte de Montbelliard, le sire de Ferrette, et d'autres seigneurs, contre l'évêque de Bâle que soutenait l'empereur Rodolphe. — On peut voir dans la collection Droz, cabinet des manuscrits de la Bibliothèque nationale, *Franche-Comté, archives et franchises des communes*, un grand nombre d'actes impériaux du xiii° siècle, pour la défense du pouvoir temporel des archevêques.

2. Voyez dans la collection Droz, *Franche-Comté, archives et franchises des communes*, une suite d'actes des empereurs reconnaissant dans toute leur étendue les droits conquis par la ville, et déclarant que c'est *induement* que les archevêques prétendent en avoir la seigneurie. Le premier de ces actes est d'Adolphe, roi des Romains, en 1296 ; le dernier de l'empereur Maximilien, en 1503. En 1435, sous le poids d'un interdit lancé par l'archevêque, les citoyens entrèrent en composition avec lui, mais ils reprirent toute leur liberté peu de temps après.

le gouvernement établi par concession de l'empereur Henri VI subsista jusqu'à la conquête de la Franche-Comté par Louis XIV. Dans les sept quartiers de la ville nommés *Bannières*, parce que chacun avait son drapeau et ses couleurs, les citoyens choisissaient tous les ans vingt-huit notables qui, à leur tour, nommaient quatorze personnes, deux par bannière, pour former la magistrature de l'année. Ces quatorze élus, que d'abord on appela *Prud'hommes*, ensuite *Recteurs*, et en dernier lieu *Gouverneurs*, étaient le conseil ordinaire exerçant la police et la justice municipales; aucun d'eux n'avait de supériorité sur les autres, tous présidaient à tour de rôle. Les quatorze magistrats en exercice, réunis aux quatorze nouvellement sortis de charge, et aux vingt-huit notables de l'année composaient le *Conseil d'État* représentant le peuple et investi de la souveraine autorité. Les réunions de ce grand conseil, qui n'avaient lieu que pour les affaires les plus importantes, étaient annoncées publiquement plusieurs jours d'avance, avec les choses qui devaient y être discutées. On regardait ses actes comme l'expression de la volonté générale[1]. Sous cette forme

---

1. Voyez Dunod, *Hist. de la ville, église et dioc. de Besançon*, t. Ier, p. 170. — On trouve dans la collection Droz un statut organique décrété en 1544 par les vingt-huit notables, au moment de leur élection et avant qu'ils eussent procédé à celle des quatorze gouverneurs de l'année ; voici le préambule de cet acte qui règle les attributions des magistrats municipaux : « Nous, vingt-huit des sept ban-

sobre et contenue de gouvernement démocratique, il se développa dans la cité devenue de plus en plus libre, sans être pour cela moins unie, des mœurs fortes et un esprit de dévouement calme à l'intérêt de tous, qui semble avoir laissé son empreinte sur des inscriptions tumulaires tracées au xiiie siècle pour deux bourgeois morts en combattant [1].

La ville de Poligny, à laquelle une charte du xiiie siècle garantit les droits de franchise et de communauté [2], fut d'abord gouvernée par quatre *Prud'hommes* élus

---

« nières de la cité impériale de Besançon, élus par le commun « d'icelle et ayant présentement administration totale de ladite « cité....., avons, du consentement dudit commun et à la réquisition « d'icelui..... statué et ordonné, statuons et ordonnons perpétuelle- « ment les articles suivants..... » (Biblioth. imp., collect. Droz, *Archiv. et franch. des communes*, t. II, fol. 283.)—Par l'annexion au royaume de France, la ville de Besançon perdit tous ses priviléges politiques, la haute juridiction municipale fut transportée au parlement.

1. Anno Domini M CC LXXIII VI kal. maii, interfectus fuit Johannes Gravius, civis bisuntinus, pro libertate civitatis bisuntinæ, gerendo ipsius civitatis negotia. Anima ejus requiescat in pace. (Chifflet, *Vesontio civitas imperialis*, etc., t. Ier, p. 227.) — La seconde épitaphe, rédigée dans les mêmes termes, et placée dans la même église, portait le nom d'Othon de Berne, ibid. p. 226.

2. Cette charte fut donnée en 1288, par Othon V, comte de Bourgogne. — Je mets ici le mot *communauté* à la place du mot *commun*, qui est celui des chartes franc-comtoises : *Et, pour tel commun gouverner..... prædicti communis et franchisiæ.....* Ce genre de municipalité, qui n'était point la commune jurée des villes du nord, et qu'on doit se garder de confondre avec elle, ne peut être indifféremment appelée du même nom. Au moyen âge, le mot *commune* n'avait point, comme je l'ai déjà dit, la généralité de sens qu'il a reçue depuis le xve siècle, et qui lui appartient maintenant.

annuellement et n'ayant d'autre juridiction que la simple police. Au xv⁰ siècle, elle obtint la faculté d'adjoindre douze Conseillers à ses quatre magistrats primitifs et le droit de justice moyenne et basse. Enfin, par une charte donnée en 1525 [1], toute justice lui fut accordée, et à la tête du corps de ville, composé de deux conseils, fut placé un maire qui prit le titre de *Vicomte* comme à Dijon. Dôle et Salins eurent la même suite de progrès dans leur constitution municipale. A Monbelliard, le Conseil commun se composait de neuf *Maîtres-bourgeois* et d'un maître-bourgeois en chef, élu pour le présider. Le Maire était un officier du comte, nommé par lui, accrédité auprès des magistrats municipaux et n'ayant que voix consultative dans les délibérations du conseil. Un singulier exemple de communauté immémoriale est celui qu'offrait la ville de Pontarlier, unie de toute ancienneté en un même corps politique avec vingt villages situés autour d'elle ; ces villages participaient aux droits de la ville pour l'élection des magistrats et à ses charges pour les dépenses de l'administration commune [2]. Tous les habitants de cette circonscription territoriale étaient bourgeois de Pontarlier ; ils prenaient le titre de *Barons*,

---

1. Par Marguerite, archiduchesse d'Autriche et comtesse de Bourgogne.

2. Cette administration, au xvi⁰ siècle, se composait d'un maire, de quatre échevins et de huit conseillers.

et leur communauté se nommait le *Baroichage*, c'est-à-dire le baronnage de Pontarlier¹. Ce nom joint, pour la population de tout un territoire, au droit de s'administrer elle-même et d'avoir des juges nommés par elle signale un fait, sinon unique du moins très-rare dans l'étendue de la France actuelle, celui de la conservation à travers les siècles d'un débris des institutions mérovingiennes, d'une *Centaine* avec ses hommes libres, telle que nous la présentent les monuments législatifs de la première et de la seconde race². En général, dans les villes du second ordre et les bourgs de la Franche-Comté, les chartes de priviléges ne remontent pas au delà de la seconde moitié du xiiie siècle ; le titre d'Échevins, étranger à la province, n'apparaît que tard, et l'office de maire encore plus tard ;

1. On disait *barois* pour *barons*, dans le dialecte du pays. Les chartes du xiiie siècle portent indifféremment *bourgeois* ou *barons* de Pontarlier ; on y trouve aussi la formule *chevaliers et barons de Pontarlier*, et alors le mot *barons* signifie moins que *chevaliers* ; il désigne les simples bourgeois. L'union du *baroichage* de Pontarlier fut dissoute vers le milieu du xvie siècle ; en 1537, les villages refusèrent d'acquitter leur quote-part des dépenses de la ville, et plaidèrent devant le parlement de Dôle pour obtenir leur séparation d'intérêts et leur indépendance respective d'administration.

2. Quelque chose de parfaitement analogue se rencontre dans la Flandre belge, où l'on trouve le *Franc de Bruges* et d'autres territoires constitués de même en communauté immémoriale. Les communes formées de plusieurs villages en vertu d'une charte datée, comme il en existait notamment dans la Picardie, sont d'une tout autre nature. — Voyez l'*Histoire de Pontarlier*, par Droz, et du Cange, *Glossar.*, au mot *Centena*.

le pouvoir municipal ne s'étend guère au delà des bornes que lui assignaient les lois romaines ; enfin, le nombre de quatre magistrats qui domine presque universellement, semble, comme je l'ai déjà remarqué, un type venu par tradition de la municipalité des temps romains.

J'arrive à des provinces où le droit municipal tenait beaucoup plus des époques antérieures au xii<sup>e</sup> siècle que de la rénovation opérée dans ce siècle et continuée au xiii<sup>e</sup>. Le mouvement révolutionnaire dont la tendance fut partout de donner à la bourgeoisie une part de la souveraineté urbaine n'a produit dans les grandes villes du Lyonnais et du Dauphiné que des commotions passagères ; il n'y a point changé les bases de la constitution traditionnelle, ni établi de nouveaux pouvoirs et de nouvelles libertés politiques. Après la période de litige et de lutte armée entre les bourgeois et le seigneur, la somme de ces libertés demeure la même que dans les temps anciens ; seulement, comme on le voit surtout pour Lyon, elle se trouve alors garantie d'une manière plus forte et plus expresse par un pacte mutuel et par des conventions écrites.

Lyon est la ville de France où le fait de la durée non interrompue du droit municipal romain se montre le plus clairement, et où la tradition de sa persistance à travers les siècles du moyen âge paraît le plus fortement empreinte dans les mœurs, les actes publics et les documents de toute espèce. Investie à son origine des priviléges dont l'ensemble se désignait par le nom de *droit italique*, cette grande cité les a conservés avec une pieuse et courageuse obstination ; à toutes les époques de son existence, elle en a voulu le maintien, et, chose digne de remarque, elle n'a jamais demandé rien de plus [1]. La franchise la plus complète pour les personnes et pour les biens, l'exemption de tout impôt direct en dehors des charges municipales, le droit de former un corps qui se taxe lui-même et administre ses deniers communs par des mandataires élus, qui veille à sa propre sûreté au moyen d'une milice urbaine, qui exerce la police des rues et la surveillance des métiers, mais sans aucune juridiction criminelle ou civile : telles sont les libertés que la bourgeoisie de Lyon appelait ses coutumes héréditaires, et qu'elle défendit énergiquement contre le pouvoir temporel des archevêques, sans empiéter sur la souveraineté seigneuriale, sans se laisser entraîner par l'exemple des villes qui, sous l'influence du grand mouvement de la révolution communale, avaient assuré leur liberté civile par des garanties politiques, et con-

---

[1]. Voyez, sur les cités des provinces qui avaient part au *jus italicum*, c'est-à-dire au droit qui, selon la règle, ne devait appartenir qu'à l'Italie, l'*Histoire du droit romain*, par Savigny (traduction française), t. Ier, p. 49 ; l'*Essai sur l'histoire du droit français au moyen âge*, par M. Charles Giraud, t. Ier, p. 94 et suiv. ; et les *Recherches sur le droit de propriété*, par le même, t. Ier, p. 299 et suiv.

9.

quis, soit la totalité, soit une part du droit de juridiction[1]. Après une lutte violente qui dura plus d'un siècle entre la bourgeoisie et l'église de Lyon, quand vint la pacification définitive, la charte qui scella cette paix ne stipula rien autre chose que le respect et le perpétuel maintien d'usages qu'on disait remonter bien au delà de toute mémoire d'homme[2]. Les termes de cette charte, donnée en 1320 par l'archevêque Pierre de Savoie, sont curieux et méritent d'être cités :

« Considérant qu'il est écrit dans la vieille loi des
« philosophes que les Lyonnais sont de ceux qui, en
« Gaule, jouissent du droit italique, nous désirons par
« affection de cœur maintenir amiablement notre illus-
« tre ville de Lyon et ses citoyens dans leurs libertés,
« usages et coutumes, et leur témoigner de plus en
« plus faveur et grâces, à l'honneur de Dieu, pour le

1. Une transaction de l'année 1208, entre les citoyens de Lyon et l'archevêque, porte ce qui suit : *Juraverunt cives nullam conspirationem vel juramentum communitatis vel consulatus ullo unquam tempore se facturos*, formule remarquable en ce qu'elle a trait aux deux formes constitutionnelles de la révolution du XIIe siècle, celle du nord et celle du midi, la Commune et le Consulat.

2. On peut objecter l'apparition du titre de Consul durant cette guerre civile; mais tout semble prouver qu'à Lyon le régime révolutionnaire du Consulat ne fut embrassé que par désespoir, et non par une passion réelle pour les droits politiques inhérents à ce régime. La ville insurgée le prit comme l'expression la plus énergique de sa révolte, et elle le quitta dès qu'elle eut obtenu des garanties suffisantes pour sa constitution immémoriale. Alors, du régime consulaire, il ne resta plus qu'un nom, et la chose elle-même disparut sans laisser de regrets.

« bien de la paix et la tranquillité de l'Église, de la
« ville et de tout le pays [1]....

« Voici les libertés, immunités, coutumes, franchises
« et usages longtemps approuvés de la ville et des ci-
« toyens de Lyon [2]....

« Que les citoyens de Lyon puissent se réunir en
« assemblée et élire des conseillers ou consuls pour
« l'expédition des affaires de la ville, faire des syndics
« ou procureurs [3], et avoir un coffre commun pour
« la conservation de leurs lettres, priviléges et autres
« objets d'utilité publique.

« Item, lesdits citoyens de Lyon peuvent s'imposer
« des tailles pour les nécessités de la ville....

« Item, lesdits citoyens peuvent se contraindre mu-
« tuellement à des prises d'armes, chaque fois qu'il en
« sera besoin....

« Item, les citoyens ont la garde des portes et des
« clefs de la ville depuis le temps de sa fondation, et
« ils l'auront [4].

1. Considerantes etiam in lege philosophorum veteri scriptum quod Lugdunenses Galli juris italici sunt...... (Charte de l'archevêque Pierre de Savoie, *Hist. de Lyon*, par le P. Ménestrier, Preuves, p. 94.)

2. Hæ sunt libertates, immunitates, consuetudines, franchisiæ, et usus diutius approbati civitatis et civium Lugduni..... (Ibid., p. 95.)

3. Voici la formule de procuration usitée dans ce cas : « Nos cives et populus civitatis Lugduni, more solito congregati, facimus et constituimus atque creamus nostros syndicos, procuratores et actores..... » (*Hist. de Lyon*, par le P. Ménestrier, Preuves, p. 100.)

4. Custodiam portarum et clavium civitatis habent cives a tempore creationis civitatis et habebunt. (Ibid., p. 95.)

« Item, les citoyens ne peuvent être taillés ni impo-
« sés, et jamais ils n'ont été imposés par le sei-
« gneur [1].... »

Ces droits violés et contestés au xiii<sup>e</sup> siècle, ne triomphèrent qu'à l'aide d'un grand secours, celui des rois de France qui s'en firent les protecteurs et les gardiens, et ce fut par la volonté libre de ses habitants que Lyon devint partie du royaume [2]. La souveraineté de l'archevêque resserrée dans ses anciennes limites, et sa juridiction soumise en appel à celle du roi, tel est dans l'histoire municipale de Lyon le dernier terme et le résultat d'une lutte qui eut l'aspect et la violence des soulèvements les plus révolutionnaires [3]. C'est durant cette lutte que le gouvernement traditionnel des intérêts municipaux, le conseil de la *Cinquantaine,* ombre de la curie des temps romains, se concentra, pour être plus actif, dans un petit conseil de douze personnes, qui, après la pacification, subsista seul, et dont les

---

1. Cives non possunt talliari, vel collectari, nec unquam fuerunt collectati per dominum. (*Hist. de Lyon,* par le P. Ménestrier.) — Le revenu seigneurial de l'archevêque consistait dans les péages, les droits de mutation, les frais de justice et les amendes.

2. Nos, supplicationibus civium Lugduni civitatis de regno nostro existentis favorabiliter annuentes, eosdem cives et eorum singulos sub nostra speciali gardia et protectione suscipimus..... (Charte de Philippe le Bel de l'année 1292; *Hist. de Lyon,* par le P. Ménestrier, Preuves, p. 99.)

3. Voyez, avec l'*Histoire de Lyon,* du P. Ménestrier, les deux publications intitulées : *De la commune lyonnaise,* par M. Auguste Bernard, et *L'hôtel de ville de Lyon,* par M. Jules Morin.

membres, par une sorte d'éclectisme entre le midi et le nord, reçurent, outre le nom de Conseillers, celui de *Consuls* ou d'*Échevins* indifféremment [1]. Mais ce consulat sans justice haute, moyenne ou basse, n'était point comparable à celui des cités de la Provence et du Languedoc. La juridiction demeurait tout entière à l'archevêque; la ville n'en prétendit jamais rien, seulement elle voulait que le droit de justice restât un dans les mains du prélat, sans aucun partage avec son chapitre. Sur ce point, l'esprit public des habitants de Lyon, fidèle à l'esprit du droit romain, se montra énergiquement hostile aux usages du morcellement féodal [2].

A cette constitution dérivée par évolutions successives de ce qu'il y avait de plus antique dans le régime municipal, et où rien de vraiment nouveau ne s'était introduit, si ce n'est l'attribution du droit électoral aux corps d'arts et métiers, succéda vers la fin du xvie siècle une constitution étrangère, celle de Paris,

---

[1]. Dans toutes les chartes confirmatives de celle de 1320, et notamment dans la charte de Pierre de Villars, donnée en 1347, la municipalité de Lyon est désignée par ce seul mot : les Conseillers, *consiliarii*. La série des actes publics, depuis le xive siècle, présente les titres suivants : *consuls, recteurs et gouverneurs de l'université de Lyon; conseillers pour gouverner la police et faits communs de la ville, et conseillers échevins.*

[2]. Item, juridictio temporalis Lugduni omnino dicta pertinebit semper et in omni tempore ad archiepiscopum Lugduni, et capitulum nullam jurisdictionem habebit. (Charte de Pierre de Savoie, *Hist. de Lyon*, Preuves, p. 95.)

imposée par lettres patentes de Henri IV[1]. Le collège de douze Conseillers, égaux en pouvoir et présidés par l'un d'entre eux, fut aboli ; à sa place, il y eut un *Prévôt des marchands* et quatre Échevins, auxquels resta donné par habitude le titre collectif de Consuls[2]. Quant à la milice urbaine que formaient, sous le nom de *pennonage*, des compagnies appartenant chacune à l'un des quartiers de la ville, et ayant chacune son étendard qui était celui du quartier, elle dura jusqu'à la révolution de 1789. De là, en remontant de siècle en siècle par les souvenirs, on aurait pu suivre son existence non interrompue jusqu'aux temps de la municipalité gallo-romaine.

La ville de Lyon fut en quelque sorte le miroir du droit municipal pour tous les pays situés entre la Bourgogne, l'Auvergne et le Dauphiné. Cette grande communauté, jouissant de tous les droits civils et bornée dans ses droits politiques à celui de s'administrer elle-même sans aucune juridiction, devint le modèle qu'aspirèrent à imiter, selon la mesure de leur importance, la plupart des villes et jusqu'aux bourgs du Lyonnais, du Forez et de la Bresse. Leurs chartes de franchises, obtenues, soit par concession gratuite soit à

---

1. Données au mois de décembre 1594.
2. En 1764, douze conseillers municipaux furent adjoints aux quatre échevins et au prévôt des marchands ; à Paris, il y en avait vingt-quatre.

prix d'argent, aux xiii° et xiv° siècles, sont remarquables par la netteté et la libéralité des garanties qu'elles contiennent pour les personnes et pour les biens. Le nombre de quatre, les fonctions annuelles et l'élection directe par le corps entier des bourgeois sont de règle générale pour les magistrats municipaux, qui se désignent par tous les titres successivement ou simultanément usités à Lyon : Syndics, Procureurs, Conseillers, Consuls, Échevins [1]. Une autre particularité, due au voisinage de la grande ville où se formaient, par la pratique légale, de nombreux jurisconsultes, est le souffle de droit romain qui respire, qu'on me passe l'expression, dans les chartes de franchises et de coutumes, surtout dans celles de la Bresse. Plusieurs de ces dernières portent que, s'il survient quelque cas non prévu dans la charte, il sera décidé par l'usage des villes libres voisines, ou, si les bourgeois l'aiment mieux, par le droit écrit. Entre les nombreuses chartes d'affranchissement des bourgs de la Bresse, on trouve une sorte de filiation qui remonte jusqu'à deux

---

[1]. A Montbrison, le corps municipal était formé de six personnes. Bourg en Bresse eut primitivement deux syndics, deux procureurs et douze conseillers de ville. En 1447, une assemblée générale des habitants décida que chaque année on élirait vingt-quatre bourgeois chargés de donner une liste de candidats pour douze places de conseillers, deux de syndics et quatre d'auditeurs des comptes ; ces vingt-quatre notables devaient en outre, sur l'appel des syndics, être adjoints au conseil dans les occasions importantes.

ou trois modèles reproduits de proche en proche, soit sans aucune variante soit avec des additions plus ou moins considérables [1]. La rédaction de ces actes dressés pour de simples villages est très-supérieure à ce que présentent d'analogue les pays voisins du côté du nord, et les formules du droit romain s'y rencontrent avec une fréquence et une exactitude qu'on ne voit au même degré que dans les chartes et les coutumes écrites de la Provence et du Dauphiné [2].

Vienne, la métropole de cette dernière province, l'antique cité rivale de Lyon, présente un second exemple de la même destinée municipale. On y voit la constitution gallo-romaine, où la basse justice appartient aux magistrats de la ville, et la haute justice aux officiers impériaux, se transformer, sous l'influence du privilége de souveraineté urbaine obtenu par les archevêques, et s'arrêter là, sans laisser plus tard aucune prise au mouvement démocratique du XIIe siècle. A Vienne, comme à Lyon, la charte de franchises qui marqua définitivement les bornes du pouvoir temporel de l'archevêque ne fut point un acte de concession, mais la reconnaissance formelle de libertés immémoriales ; seulement, cette reconnais-

---

1. Voyez les *Recherches historiques sur le département de l'Ain*, par M. de la Teissonnière, t. II, p. 228 et suiv.
2. Voyez le t. II de l'*Essai sur l'histoire du droit français au moyen âge*, par M. Ch. Giraud.

sance eut lieu, non à la suite de longs troubles, mais avant toute guerre civile [1]. Dans le règlement des droits respectifs de l'archevêque et de la communauté des citoyens, il y eut à Vienne, pour ces derniers, quelque chose de moins et quelque chose de plus qu'à Lyon : il y eut de moins la garde des clefs de la ville, et de plus, avec la franchise d'impôts directs, l'exemption d'impôts indirects [2]. La ville de Vienne pouvait, comme celle de Lyon, s'imposer elle-même en toute liberté; mais, étant comme celle-ci sans juridiction, elle n'avait aucun moyen de contrainte à l'égard de ses contribuables, et il fallait que l'archevêque lui prêtât dans cette occasion le concours de ses officiers et des agents de sa justice [3]. Enfin l'autorité municipale à Vienne se composait de huit magistrats élus annuellement par le corps entier des citoyens; leur

1. Sous l'archevêque Jean de Bournin, entre les années 1221 et 1266.
2. In primis, quòd quicumque habens Vienne domum non solvat leydam vendendo vel emendo. — Item, habitatores Viennenses non solvant pedagium. (Confirmation des priviléges de la ville de Vienne, *Ordonnances des rois de France*, t. VII, p. 430.)
3. Item, quòd cives et habitatores Vienne predicti si facere voluerint collectam ad opus ville et pro necessariis ejusdem, hoc facere possint et valeant, et dictus dominus archiepiscopus consentire debeat et ibi illos qui solvere noluerint compellere teneatur. (Ibid., p. 434.) — Et, collectà impositâ, ad requisitionem dictorum civium, dominus archiepiscopus administrabit duos badellos pro dictà collectà levandà et executioni demandandà. (Coutumes, franchises et priviléges de la ville de Lyon, *Hist. de Lyon*, par le P. Ménestrier, Preuves, p. 95.)

titre officiel était *Syndics* et *Procureurs*, mais ils prenaient facultativement celui de Consuls, devenu, au xiv° siècle, dans le midi de la France, l'appellation générique des magistratures urbaines, comme le titre d'Échevin dans le nord.

La ville de Valence fut l'une des plus agitées, et des plus stérilement agitées, par le souffle de la révolution municipale du xii° siècle. Dès le milieu de ce siècle, on voit se former entre ses habitants des associations jurées contre le pouvoir temporel de l'évêque, associations qui, à deux reprises, furent dissoutes et prohibées par décret des empereurs d'Allemagne [1]. En dépit de cette intervention menaçante, une révolte des citoyens contre le gouvernement autocratique de leur évêque eut lieu dans les premières années du xiii° siècle [2]. Apaisées par un compromis, elle fut, après moins de vingt ans, suivie d'une insurrection

---

1. Cives communitatis nullum faciant juramentum, nec aliquam jurent societatem, sine arbitrio et consensu episcopi; et si fecerint, componant pro penâ centum libras auri, medietatem imperiali fisco, medietatem episcopo. (Charte de l'empereur Frédéric Ier, de l'année 1178; *Essais historiques sur la ville de Valence*, par M. Ollivier, p. 242.) — Prohibemus ne aliquâ occasione civibus Valentinis licitum sit inter se aliquam communem jurare societatem, vel aliquando contra aliquem vel aliquos ordinare conspirationem, nisi id specialiter de arbitrio et consensu ipsius episcopi. (Charte de l'empereur Philippe II de l'année 1204; ibid., p. 243.)

2. Sous l'épiscopat d'Humbert de Miribel, qui commence à l'année 1199.

plus violente qui contraignit l'évêque [1] à sortir de la ville, et donna naissance à une curieuse forme de gouvernement révolutionnaire. Deux magistrats furent créés, un *Recteur*, investi de tous les pouvoirs, sauf la juridiction, et un Juge, strictement borné à la compétence judiciaire; ils avaient pour assesseurs des conseillers élus, et à leurs ordres un crieur public. Un vaste bâtiment servait aux assemblées des magistrats municipaux et du peuple; on l'appelait *maison de la Confrérie*, du nom que portait l'association jurée entre les citoyens, qui tous avaient droit de suffrage [2]. Ce régime dura peu, et, pendant que l'évêque, sorti de la ville, rassemblait des troupes pour l'assiéger, des personnes puissantes s'interposèrent; le jugement de la querelle fut remis à un arbitrage, qui décida que la maison de la Confrérie serait rasée, qu'aucune assemblée municipale n'aurait lieu sans l'autorisation de l'évêque, et que les citoyens lui paieraient une amende de six mille marcs d'argent [3].

Ce traité de paix fut conclu en 1229, et alors les habitants de Valence se retrouvèrent sous l'autocratie

---

[1]. Guillaume de Savoie, dont l'épiscopat commença en 1226.
[2]. *Histoire générale de Dauphiné*, par Chorier, t. II, p. 107. — Dans une charte, donnée en 1212 à la ville de Sisteron, par le comte de Forcalquier, on trouve : *Consulatum confirmo vobis et ratum facio in perpetuum..... Item confratriam vestram confirmo.* Voyez l'*Histoire de Sisteron*, par M. de Laplane, appendice.
[3]. *Histoire générale de Dauphiné*, par Chorier, t. II, p. 108.

épiscopale tempérée par leurs franchises traditionnelles. Au xiv⁰ siècle, ils obtinrent pour celles-ci une rédaction écrite et des promesses de maintien, mais sans garanties politiques, et presque sans organisation municipale [1]. Ces franchises, purement civiles, étaient les mêmes que celles de Vienne ; c'était, avec la liberté des personnes et des biens, l'exemption non-seulement de tout impôt direct, mais encore de toute taxe indirecte [2]. Pourtant Valence continua de penser que de pareils droits ne lui suffisaient pas, ou qu'ils étaient précaires pour elle, sans un pouvoir municipal capable de les défendre. Elle n'eut de repos qu'après avoir, grâce à la protection du roi de France devenu dauphin du Viennois, obtenu quelque ombre de ce pouvoir, exemple qui montre de la manière la plus frappante quelle part on doit faire au désir de liberté politique dans les révolutions des villes du moyen âge. Ce fut en

---

[1]. Voyez les *Essais historiques sur la ville de Valence*, par M. Ollivier, p. 62 et suiv.

[2]. Item, plus ultra hec consuetudo est in civitate Valencie, burgo et suburbiis ejusdem, et usus longevus à tanto tempore observatus quòd in contrarium memoria hominum non existit, quòd nullus burgensium, civium, incolarum et habitantium ejusdem, tenetur ad solucionem alicujus layde, emendo, vendendo, neque alicujus vectigalis sive pedagii, in civitate Valencie. — Item, quòd nulla taillia, angarum, proangarum, seu aliud tributum vel subsidium, quandocumque eis imponi potest neque debet vel alia quævis collecta seu exactio. (Confirmation des priviléges de Valence, *Ordonn. des rois de France*, t. XIX, p. 193.)

l'année 1425 [1] que les citoyens de Valence acquirent, à cet égard, des droits fort modérés qu'ils ne perdirent plus. Il leur fut permis de rebâtir leur maison commune, et de s'assembler jusqu'au nombre de quatre-vingts personnes, sans la permission de l'évêque et la présence de ses officiers [2]. La garde des clefs de la ville fut déclarée leur appartenir lorsque l'évêque n'y résidait pas. Celui-ci, à son avénement, et tous ses officiers à leur entrée en charge, durent jurer, sur les saints Évangiles, de garder et faire garder les *franchises, libertés, usages et coutumes de la cité, du bourg et des faubourgs* [3]. Enfin le corps municipal, peu nombreux et sans aucune juridiction, se composa de Syndics et Conseillers communément appelés Consuls, d'un secrétaire et d'un *Mandeur*, officier chargé de faire les commandements de service pour la garde urbaine, et d'avertir les magistrats du jour où ils auraient à tenir conseil [4].

[1]. Par une transaction avec l'évêque Jean de Poitiers.
[2]. Item, quòd, quocienscumque de negociis communibus ejusdem civitatis est tractandum, congregari et convenire possint licitè in domo communi ejusdem civitatis vel alibi, de burgensibus, civibus et habitatoribus ejusdem, usque ad numerum quater vigenti, etiam si pluribus vicibus et frequenter ac diverse persone eorumdem in diversis congregacionibus hujusmodi successivè conveniant, et ibidem de eisdem negociis liberè tractare et disponere prout eis videtur opportunum. (*Ordonn. des rois de France*, t. XIX, p. 194.)
[3]. Ibid., p. 193.
[4]. Syndicos et consiliarios, secretarios, et mandatores nominare. Ibid., p. 194.)

## VI.

C'est dans la série des chartes municipales de Die que se présentent avec le plus d'abondance les notions capables de fixer l'étendue des libertés immémoriales qui, pour les villes du midi de la France, dérivaient d'une double tradition, celle de la municipalité gallo-romaine et celle de la municipalité gallo-franke des temps de la seconde race [1]. A en juger par les chartes de Lyon, de Vienne et de Valence, ce régime municipal semble réduit aux seuls droits d'administrer et de garder la ville, sans aucun droit de juridiction contentieuse ni volontaire ; mais, ou il n'y a là qu'une apparence produite par la rareté des documents, ou la règle n'est pas générale. A Die, ancien municipe et seigneurie épiscopale, un droit immémorial de juridiction est reconnu à la ville, non-seulement pour le cas de non-paiement des contributions municipales et le refus ou la négligence de service dans la garde urbaine, mais encore pour tout crime et délit commis par un citoyen de garde pendant ses heures de service, sauf l'homicide et l'adultère [2]. Les preuves authentiques de ce fait

---

[1]. Voyez sur le privilége d'*immunité*, c'est-à-dire de souveraineté urbaine accordée par les rois et les empereurs franks aux évêques, les *Considérations sur l'histoire de France*, chap. v.

[2]. Si vero contingat quod aliquis seu aliqui civium diensium, tam de majoribus quam de minoribus, nollet seu nollent solvere, aut

sont précieuses, parce qu'on peut en induire le fait lui-même pour d'autres villes des provinces méridionales où il est impossible de l'établir, soit faute de documents originaux, soit parce que l'avénement de la constitution consulaire, avec sa pleine juridiction ou tout

occasionem aliquam inveniret seu invenirent quod non persolveret seu non persolverent pecuniam taxatam seu levatam, vel talliam aut taxationem quæcumque facta seu taxata fuerit, possunt et debent sine injuria aliqua, absque licencia alicujus domini..... Alterum concivem suum seu concives suos, tam meliores quam minores, quam etiam mediocres, auctoritate propria pignorare et pignus seu vadium vendere, alienare, aut pignori obligare, usque quo persolverit seu persolverint.

Et similiter si aliquis seu aliqui civium diensium non voluerit seu noluerint esse vigil sive serchia, vigiles sive serchie, arcubius sive arcubii, gachia seu gachie, vel non vult seu nolunt facere, possunt et debent dicti cives..... quemlibet auctoritate propria pignorare, et penam quam voluerint eisdem ponere, et pro pena pignus suum ponere et retinere vel vendere aut pignori obligare, usque quo satisfecerit et persolverit, vel satisfecerint et persolverint perfecte.

Si autem aliquiis vigil seu serchia, aut aliqui vigiles seu serchie, vigilando aut eundo per civitatem, custodiendo vel serchiando civitatem, aut aliquis gachia, aut arcubius, seu aliqui gachie vel arcubii faciendo gachiam, vel aliquis civis diensis predicta faciendo seu exercendo, vel aliqui de predictis aliquid forefecerint, seu in aliquo deliquerint, seu delictum aliquod, seu forefactum fecerint, non potest nec debet propter hoc per nos vel per nostram curiam puniri in aliquo, nec etiam condemnari, nec aliquid inquirere, nec aliquam inquisitionem facere contra eum possumus nec debemus, sed in juridictione sui prefecti sive mandatoris, seu mandatorum suorum debet esse, nisi homicidium seu adulterium fecerit, in quo casu secundum consuetudinem nostre curie punietur. (Charte donnée par l'évêque Didier en 1218; copie faite dans les archives du département de la Drôme, pour le Recueil des monuments inédits de l'histoire du tiers état.)

au moins avec sa justice moyenne et basse, jette des doutes sur l'antiquité des droits partiels qu'elle absorbait en les agrandissant, et induit à penser que tous les degrés de la juridiction municipale datent du même temps et proviennent de la même origine. Il est curieux de suivre dans les nombreux statuts fondamentaux de la ville de Die, comme dans l'histoire municipale de Lyon, la destinée d'une constitution traditionnelle qui se maintient quoique violemment pressée, dans un sens par l'ambition ou les ombrages du pouvoir seigneurial, et dans l'autre par la passion d'autonomie que propageait de ville en ville, aux XIIe et XIIIe siècle, l'exemple des révolutions faites pour l'établissement du Consulat.

Une circonstance singulière, c'est que dans la première charte d'aveu et de confirmation des franchises immémoriales de Die, charte donnée en 1218, et qui fut un compromis entre les citoyens et leur évêque après une querelle dont il ne reste aucun détail historique, le titre de Consul se rencontre joint à ceux de Syndics et de Procureurs [1]. Est-ce un signe de tolérance

---

1. **Confitemur** etiam et in veritate recognoscimus, nos predictus **Desiderius episcopus**, nomine nostro et successorum nostrorum, de voluntate predicti capituli quod cives dienses vel saltem major pars civium diensium, usi sunt et consueti fuerunt, per magnum tempus ita quod non extat memoria, eligere, facere, creare, constituere, seu ordinare et per se ipsos confirmare, consules, syndicos, vel actores, seu procuratores, quandocumque eis placet vel placue-

pour une formule qui, d'abord introduite avec les changements révolutionnaires qu'elle exprimait au xiiᵉ siècle, avait, par l'abandon de ces réformes constitutionnelles, perdu toute signification offensive pour le pouvoir, ou bien cette promiscuité du nouveau titre et des anciens noms de magistrature municipale, qu'on remarque dans les villes du Lyonnais et du Dauphiné passé le milieu du xiiiᵉ siècle, existait-elle à Die avant 1218 [1] ? Quoi qu'il en soit, la discorde apaisée alors entre l'évêque et les citoyens se renouvela plus violente vers l'année 1245; il en résulta un soulèvement dont le but était peut-être de transporter au corps de ville une partie de la juridiction temporelle de l'évêque. Un nouveau compromis par arbitrage termina la guerre civile en prononçant la rémission de tout méfait commis durant les troubles, et en replaçant les choses dans l'état où elles se trouvaient auparavant [2]. A la suite de cette paix, en 1246, une

---

rit, et quandocumque eis necesse est vel fuerit. ( Charte de l'évêque Didier, art. 10.)

1. La première supposition semble confirmée par un article de la même charte qui reconnaît aux habitants de Die le droit de bâtir non-seulement des fours et des moulins, mais encore des tours sur leurs propriétés : *Et etiam quilibet habitat in dicta civitate et suburbiis ejusdem potest et debet turres, furna et molendina facere, seu edificare et reparare..... quotiescumque ei placuerit et quandocumque et placuerit, dum in suo faciat seu edificet.* (Ibid., art. 7.) — L'usage de bâtir dans les villes des maisons flanquées de tours était venu d'Italie avec la constitution consulaire.

2. Item mandaverunt quod de omnibus malefactis que facta sunt

rédaction générale des libertés et priviléges de la ville de Die fut dressée d'un commun accord pour servir de loi à la ville. Suivant les dispositions de ce code compilé sur les anciennes chartes et sur les coutumes non écrites, l'autorité municipale resta bornée à ses attributions traditionnelles, la police des rues, la voirie, la garde et les fortifications de la ville. Mais un droit sinon nouveau, du moins énoncé pour la première fois dans toute sa plénitude, lui fut reconnu, celui de modifier le présent statut, et d'en faire d'autres, non-seulement relatifs à l'administration urbaine, mais encore à la procédure et à la constitution de la cour temporelle de l'évêque [1]. Ainsi le corps de ville, presque entièrement dépourvu de juridiction, jouissait du pouvoir législatif concurremment avec la cour seigneuriale, fait qui, malgré sa bizarrerie, n'est pas sans analogues dans les municipalités du moyen âge. On ne peut dire si les troubles qui survinrent postérieurement

---

a tempore cœpte guerre sit pax et finis inter utramque partem et valitores et adjutores eorum. (Paix conclue par sentence arbitrale entre l'évêque Humbert IV et les citoyens de Die, 1245, art. 20; copie faite dans les archives du département de la Drôme.)

1. Item, statuerunt quod ipsi syndici, seu actores, vel procuratores, vel quicumque syndici, consules vel actores, vel procuratores electi fuerint in diensi civitate in futurum, possint et debeant statuta nova facere et ordinare, corrigere et emendare ista statuta presentia pro libito voluntatis, tam super factis et ordinationibus curie diensis quam super factis et ordinationibus diensis civitatis, quandocumque eis placuerit faciendum, retinuerunt sibi plenariam potestatem. (Statuta civitatis diensis, art. 20; archiv. de la Drôme.)

résultèrent des conflits d'autorité produits par cette distribution de pouvoir; mais, avant la fin du xiii° siècle, une nouvelle guerre civile éclata et fut suivie d'un nouvel accord, d'amnistie pour les violences commises par les citoyens, et d'engagements plus solennels de la part de l'évêque pour le maintien des priviléges municipaux [1].

Si l'établissement effectif du consulat est un fait obscur et douteux pour la ville de Die, il est certain que celle de Gap, placée anciennement sous le même droit municipal que Die, Valence et Vienne [2], fut dans le premier quart du xiii° siècle, gagnée par le grand mouvement révolutionnaire qui s'était alors étendu à toutes les villes de la Provence. Profitant, pour s'insurger contre son évêque, des embarras que suscitaient à celui-ci la querelle de Frédéric II avec le Saint-Siége et le ressentiment de cet empereur contre une grande partie du clergé, elle inaugura dans ses murs la nou-

[1]. Item, omnes offensas factas per cives et clericos tempore guerre facte per predecessorem nostrum, vel ante guerram vel post, exceptis homicidiis commissis, nec non et damna infra civitatem diensem predictam vel in territorio nostro ejusdem per predictos nostros cives et clericos, predicto predecessori nostro et terre episcopatuum nostrorum illatos et illate. (Charte de l'évêque Guillaume de Roussillon, 1298, art. 9; copie faite dans les archives du département de la Drôme. — Ibid., art. 7, 8 et 15.)

[2]. Un diplôme de l'empereur Frédéric Barberousse, daté de l'an 1180, confirma le don fait autrefois par les empereurs aux évêques de Gap des régales et du domaine supérieur de la ville. Voyez l'*Histoire de Dauphiné*, par Valbonnais, t. I, p. 251.

velle réforme constitutionnelle, c'est-à-dire que les magistrats élus sous le titre de Consuls furent investis de l'universalité des pouvoirs politiques, du droit d'impôt direct et indirect, du commandement militaire absolu, de la possession d'un territoire municipal formé ou agrandi aux dépens des propriétés de l'évêque, enfin, de la juridiction pleine et entière dans la ville et sur les terres de sa banlieue[1]. Par suite de cette

---

[1]. Les droits du consulat de Gap se trouvent énumérés dans un acte qui accompagna son abolition, et par lequel ces droits, enlevés à la ville, furent partagés entre l'évêque et le comte de Gapençois, fils du dauphin Humbert Ier :

« Imprimis super consolatu prædicto et ejus jurisdictione ordina-
« mus, quod dictus consolatus et jus civaeri, bladorum, leguminum
« et aliorum, prout et de quibus soliti sunt præstari, libragium her-
« bæ, ac salinagium, quod olim dicebatur esse de juribus consolatus
« prædicti et percipiebatur ac tenebatur a consulibus, dum ipse con-
« solatus per consules regebatur, necnon et medietas territorii Montis
« Alquerii, jurium et pertinentiarum ejusdem, cum mero et mixto
« imperio jurisdictione omnimoda, pertineant et pertinere debeant
« ad præfatum dominum comitem, et ejus in perpetuum successo-
« res..... — Claves vero portarum civitatis Vapinci, quarum custodia
« sub certa forma olim erat consulum prædictorum, omnino perti-
« neant et pertinere debeant ad dictum dominum episcopum et suc-
« cessores ejusdem..... — Præconisationes vero quælibet fiant solum
« in civitate prædicta nomine ipsius domini episcopi et successorum
« suorum, et de cætero in solidum pertineant ad eosdem. — Cos-
« tellus etiam qui similiter pertinere olim ad dictos consules dice-
« batur, sit ipsius episcopi et ad ipsum solum pertineat et pertinere
« debeat in futurum..... — Mandatarii quoque in civitate prædicta,
« qui olim a dictis consulibus ponebantur, per eundem dominum
« episcopum solummodo eligantur de cætero et ponantur... — Banna
« vero civitatis et territorii Vapinci ad eosdem dominum episcopum
» et comitem similiter pertineant, et inter ipsos communiter dividan-

constitution, œuvre de la volonté populaire, qui remplaça l'ancien régime traditionnel, les droits immémoriaux du corps de ville vinrent s'absorber dans les nouvelles prérogatives qu'il reçut par usurpation sur l'autorité seigneuriale. Toute intervention de l'évêque dans le gouvernement municipal devint nulle de droit comme de fait, et cela put paraître un bien; mais, en revanche, les titres de la ville à sa vieille part de franchises et de priviléges se trouvèrent périmés de la même manière; et ce fut un mal qu'on eut à regretter dans la suite. Lorsque, après la défaite et la ruine du gouvernement consulaire, on voulut se rabattre sur l'ancien droit et le réclamer comme tel, on ne le retrouva plus; il avait péri dans le même naufrage que l'institution révolutionnaire qui était venue l'agrandir en le recouvrant. La partie victorieuse ne voulait pas le reconnaître, aimant mieux que tout restât sans règle, et

« tur, et bannerii sive custodes ab ipsis vel eorum locum tenente
« communiter deputentur..... — Super cognitione quidem ac defini-
« tione realium questionum, quas moveri contingeret de cætero su-
« per domibus et possessionibus quæ in dicta civitate Vapinci vel ejus
« territorio tenentur sub dominio seu seignioria domini comitis su-
« pradicti, ordinamus, præcipimus et mandamus in posterum obser-
« vari, quod jurisdictio, cognitio, ac deffinitio quæstionum hujus-
« modi, et latæ, ac quidquid emolumenti ex eisdem quæstionibus,
« vel ipsarum occasione provenerit, ad præfatos dominos episcopum
« et comitem debeant communiter pertinere. » (Sentence arbitrale
« rendue en l'année 1300; Valbonnais, *Histoire de Dauphiné*, Preuves,
t. I$^{er}$, p. 54 et 55.)

se ménageant ainsi de meilleures chances pour le cas d'une transaction ultérieure.

Les premiers temps du consulat de Gap furent prospères, et l'autorité absolue qu'il exerçait dans la ville fut sanctionnée, en 1240, par une charte de l'empereur Frédéric II, qui lui confirma ses libertés, sa juridiction et ses terres[1]. Cette sanction souveraine du régime qu'une révolution avait créé était pour les habitants de Gap le prix de la promesse qu'ils firent de rendre par eux-mêmes à l'Empire tous les devoirs d'hommage et de service ; leur cité se trouvait ainsi érigée en ville libre immédiate selon le droit germanique. Mais, moins de dix ans après, cette indépendance n'étant plus appuyée de la tutelle du pouvoir impérial, devint peu sûre et difficile à conserver[2]. L'évêque dépossédé par la ville de sa seigneurie temporelle, négociait au dehors et cherchait un secours capable de l'aider au rétablissement de son pouvoir. En l'année 1257, il conclut avec le dauphin, comte de Vienne et d'Albon, un traité d'alliance offensive et défensive, dans lequel les deux contractants se partagèrent d'avance tous les

---

1. Ce sont les termes du diplôme impérial aujourd'hui perdu, mais dont il reste un extrait dans le cartulaire de l'hôtel de ville de Gap, intitulé *Livre rouge*. Voyez l'*Hist. de Dauphiné*, par Valbonnais, t. I<sup>er</sup>, p. 251.

2. La querelle de la papauté et de l'empire, avec tous ses effets politiques, avait cessé en 1247 par la mort de Conrad IV, fils et successeur de Frédéric II.

droits du consulat et le domaine supérieur de la ville [1].
Ce traité, dont l'exécution resta suspendue, on ne sait
pourquoi, durant la vie du dauphin Guigues XII, pesait
comme une menace perpétuelle sur la tête des citoyens.
Pour s'en délivrer et prévenir le renouvellement d'un
accord pareil entre les héritiers de Guigues XII et
l'évêque, ils prirent une résolution, étrange en apparence, mais qui ne manquait pas d'habileté. Ce fut de
renoncer d'eux-mêmes à tous les droits du régime consulaire, et de les transporter par donation authentique
à la veuve du dauphin, comme tutrice de ses enfants
mineurs. Ils comptaient, non sans fondement, que
cette aliénation ne serait pas prise à la lettre; qu'elle
n'aurait d'effet que pour les droits utiles et le ressort
supérieur, en laissant subsister la magistrature des
consuls et les garanties essentielles de la liberté municipale. L'acte de cette donation fut dressé le 11 décembre 1271, dans une assemblée générale des habitants de Gap [2]. Elle eut tous les effets qu'ils s'en étaient

[1]. Voyez l'*Histoire générale de Dauphiné*, par Chorier, t. II, p. 186
et suiv.

[2]. Notum sit omnibus præsentibus et futuris, quod dominus Hugo
Macea miles, et Jacobus Martis consules universitatis hominum de
Vapinco, et ipsa universitas ibidem præsens ad parlamentum per so-
num campanæ more solito ad infra scripta specialiter prædicti homines et consules convocati..... Prædicti quidem consules nomine suo
et universitatis prædictæ, et ipsa universitas ibidem præsens, et motu
proprio et spontanea voluntate, et ex certa scientia donaverunt dona-

promis; rien ne fut changé, si ce n'est que la ville passa nominalement sous la seigneurie des héritiers du comte de Vienne. L'évêque Eudes II, trompé dans ses projets politiques, se mit en quête d'un autre secours, et, en attendant l'effet de cette nouvelle négociation, il s'accommoda aux circonstances, et reconnut tous les pouvoirs du consulat sous cette condition que le nombre des consuls, qui était de quatre, serait porté à cinq, et que chaque année l'un d'entre eux serait élu parmi les membres du chapitre de la cathédrale [1].

C'était au comte de Provence et de Forcalquier, ancien suzerain de la ville de Gap sous la souveraineté de l'Empire, que l'évêque Eudes avait eu recours, promettant de lui faire hommage de sa seigneurie temporelle, s'il l'aidait à la rétablir. Le sénéchal de Provence, au nom du comte Charles d'Anjou qui venait de passer en Italie, accepta l'offre de l'évêque, et promit de lui prêter secours contre les citoyens

tione simplici et irrevocabili domino Alamando de Condriaco et Johanni de Goncelino judici comitatus Viennæ et Albonis præsentibus et recipientibus nomine dictæ comitissæ, pro dictis liberis suis, et ipsorum liberorum nomine et ipsis liberis, consulatum civitatis Vapinci, cum omnibus juribus et rationibus et pertinentiis ad ipsum consulatum spectantibus, sive illa jura consistant in bannis, justitiis, censibus, civacyriis seu in quibuslibet aliis rebus et bonis. (*Histoire de Dauphiné*, par Valbonnais, Preuves, t. II, p. 92.)

1. Traité de paix conclu le 19 janvier 1274, entre l'évêque Eudes II et la ville; archives de l'hôtel de ville de Gap, original en parchemin dans le coffre coté A, et copie dans le sac coté B.

rebelles à son autorité [1]. Ce pacte de vasselage d'une part et de protection de l'autre dormit jusqu'à l'année 1281, où une querelle, plus violente que jamais, entre la ville de Gap et son évêque, détermina ce dernier, mis en prison par les citoyens, à réclamer du comte de Provence, devenu roi des Deux-Siciles, une assistance prompte et effective. Pour l'intéresser plus vivement à sa cause, l'évêque fit avec lui le même traité de partage, qu'il avait fait en 1257 avec le dauphin comte de Vienne. Le prince de Salerne, fils du roi des Deux-Siciles, parti de Provence avec des troupes, marcha sur Gap et s'en rendit maître par capitulation en 1282. La seigneurie qui était sa conquête fut, suivant le traité antérieur, partagée entre l'évêque et lui, révolution qui, cette fois, entraînait de force l'abaissement politique du pouvoir municipal, et devait le réduire aux plus strictes limites de l'admi-

---

[1]. Notum sit præsentibus et futuris, quod venerabilis pater dominus Oddo episcopus vapincensis requisivit nobilem virum Guillelmum de la Gonessa senescallum regium in comitatibus Provinciæ et Forcalquerii, quod cum terra ecclesiæ vapincensis sit in comitatu Forcalquerii, quod deberet eum et ecclesiam vapincensem juvare et deffendere contra homines Vapinci, qui contra ipsum et ecclesiam memoratam rebellaverunt, nolentes ei ut consueverant obedire. Et aliqui ex eis donaverunt et concesserunt de facto, cum de jure non possent, nobili dominæ Beatrici comitissæ Viennæ et Albonis, et filiis ejus, consulatum vapincensem qui consulatus ab ipso episcopo et ecclesia tenebatur... (Charte du 19 décembre 1271, *Histoire de Dauphiné*, par Valbonnais, t. II, Preuves, p. 93.)

nistration urbaine [1]. Mais après le départ du prince, le traité de partage devint une lettre morte pour l'évêque de Gap, qui s'empara de la totalité des droits jadis inhérents à son pouvoir seigneurial. Une longue querelle s'éleva à ce sujet entre lui et le comte de Provence, querelle où l'autorité papale intervint sans pouvoir la terminer, et qui se compliquait d'un différend non moins grave avec la famille des comtes de Vienne. En effet, cette famille ne renonçait pas aux droits que lui avait créés la donation des citoyens de Gap, et prétendait qu'à défaut de la ville elle-même, personne autre qu'un de ses membres ne pouvait posséder la juridiction et les revenus du consulat. Il paraît que de ce côté le péril devint plus pressant que du côté de la Provence, car à la fin du xiii<sup>e</sup> siècle l'évêque Geoffroi de Lansel céda, et, sous la médiation d'arbitres, conclut avec Jean, comte de Gapençois, fils du dauphin Humbert I<sup>er</sup>, un nouveau traité de partage du domaine supérieur de la ville. Tous les droits de péage et de marché, perçus autrefois par les consuls, la juridiction à tous ses degrés sur une partie de la banlieue, et, au dedans des murs, une moitié de la juridiction civile, furent donnés au comte; l'évêque eut pour lui la haute justice criminelle, le droit d'ordonnance et de proclamation, la garde des

---

[1]. Traité de capitulation entre la ville de Gap et le prince de Salerne; Archives de l'hôtel de ville de Gap, *Livre rouge*, p. 175.

clefs et toute la police de la ville [1]. Dans cet acte qui mettait fin aux derniers restes subsistants du régime consulaire, une indemnité fut stipulée pour le chapitre de l'église cathédrale, en compensation des avantages qu'il avait retirés de l'élection d'un de ses membres, comme consul, à chaque renouvellement du consulat [2].

Toute seigneurie partagée tendait, par le cours naturel des choses, à se concentrer dans les mains de celui des deux seigneurs qui était présent, et à devenir purement nominale pour l'autre, quelle que fût sa puissance ailleurs. Ce changement eut lieu en moins

[1]. Dudum inter venerabilem patrem dominum Gauffredum, Dei gratia episcopum, et capitulum Vapinci ac universitatem hominum de Vapinco ex parte una, et egregium virum dominum Joannem magnifici viri Humberti Dalphini Viennensis, comitis Albonis, dominique de Turre primogenitum, vapincesii comitem ex altera; super consolatu civitatis vapincensis et ejus jurisdictione, necnon et super medietate territorii Montis-Alquerii olim ad consolatum ipsum, sicut dicitur, pertinente... suscitatis quæstionibus variis et diversis... (Sentence arbitrale rendue le 5 septembre 1300, *Hist. de Dauphiné*, par Valbonnais, t. I, Preuves, p. 53.) — Voyez plus haut, p. 293, note 1.

2. Ad hæc, cum de capitulo ecclesiæ vapincensis semper unus canonicus eligeretur in consulem annis singulis ab antiquo, ne ipsum capitulum, quod absque sua culpa ex ipsius consulatus depressione suum perdit honorem, commodo privetur omnino, mandamus, ut in hujusmodi recompensationem honoris, prædictus dominus episcopus triginta solidos turonenses in annuis redditibus, et præfatus dominus comes totidem eidem capitulo in sufficientibus et idoneis possessionibus sive feudis assignent. (Sentence arbitrale rendue le 5 septembre 1300, *Hist. de Dauphiné*, par Valbonnais, t. I, Preuves, p. 54.)

d'un demi-siècle pour le domaine supérieur de Gap, et la ville se retrouva, comme anciennement, sous une seule domination effective, celle de son évêque. Mais le droit municipal des anciens temps n'était plus là pour servir de limite à l'autorité seigneuriale ; la ville y avait renoncé d'elle-même en se donnant le régime consulaire, et maintenant qu'elle réclamait le bénéfice du régime traditionnel, on le lui refusait obstinément. Ce fut le sujet de nouveaux troubles ; mais avant que la guerre éclatât entre les citoyens et l'évêque, des médiateurs intervinrent et donnèrent gain de cause à la revendication des franchises immémoriales. En 1378, l'évêque Jacques Artaud se vit contraint d'accepter, bon gré mal gré, un jugement d'arbitres qui l'obligea de faire mettre par écrit les anciennes coutumes de la ville, et d'en promettre l'observation, à titre de loi, pour lui et pour ses successeurs [1]. L'acte

---

[1]. Parmi ces arbitres, choisis au nombre de quatre, il y eut trois ecclésiastiques et un jurisconsulte : *Videlicet in reverendum patrem in Christo fratrem Borelli, inquisitorem, ac venerabiles viros dominos Stephanum de Gimonte canonicum vapincensem, Petrum Torchati, capellanum domini nostri Pape canonicum sistaricensem officialem vapincensem et nobilem Jacobum de Sancto-Germano jurisperitum.....* (Transaction du 7 mai 1378, entre l'évêque Jacques Artaud de Montauban et la ville de Gap ; archives de l'hôtel de ville, original sur parchemin, et copie au livre rouge.) — *Inter alia sententialiter ordinaverunt, pronuntiaverunt et arbitrati fuerunt quod dictus dominus episcopus ante omnia super libertatibus, immunitatibus, privilegiis, exemptionibus, franchesiis atque consuetudinibus quantum cum Deo sibi esset possibile recognosceret bonam fidem..... Quas*

qui fut dressé solennellement, devint la grande charte de la ville de Gap; mais, à la différence des statuts cités plus haut, de Vienne, de Valence et de Die, cette charte eut moins le caractère d'un aveu pur et simple du droit ancien, que celui d'une transaction entre partis. Antérieurement au xii<sup>e</sup> siècle, le droit municipal de Gap était, sans aucun doute, identique à celui des cités voisines; mais, dans la rédaction de 1378, on le trouve dissemblable et inférieur sur deux points fondamentaux : les élections faites par la ville doivent être confirmées par le juge épiscopal, et le commandement de service pour la garde urbaine appartient aux officiers de l'évêque [1]. En tout le reste,

quidem libertates, exemptiones, immunitates atque franchesias sic exacto multo tempore recollectas, examinatas et discussas et in scriptis redactas dictus dominus episcopus ibidem obtulit dicens, asserens suo medio juramento secundum Deum et conscienciam suam fideliter et integraliter eas et ea recollexisse et examinasse et in scriptis nunc per eum oblatis redigi fecisse..... Volentes et decernentes sub pena centum marcharum in compromisso et sententia compromissi contenta quod inter partes prædictas et eorum quoscumque in perpetuum successores de cetero vim, robur, auctoritatem efficacissimam habeant et deinceps habeant vim et nomen statuti intransgressibilis. (Ibid.)

1. Quod dicti cives possunt et consueverunt se in unum, tempore et locis idoneis, congregare et ibidem facere, creare et constituere procuratores et sindicos pro eorum negociis exercendis..... nec non operarios pro fortificatione civitatis consiliarios et prosequtores suarum libertatum, concilia facere, et tallias facere, et indicere pro suis negociis utiliter procurandis et exercendis..... dum tamen in confirmatione sindicorum interveniat judicis decretum. (Transaction du 7 mai 1378, entre l'évêque Jacques Artaud de Montauban et la

la charte de Gap est à peu près conforme aux statuts dont il s'agit. Quant aux titres des magistrats municipaux, cette charte ne donne que ceux de Procureurs, Syndics et Conseillers; le titre de Consul semble omis à dessein, comme entaché par son origine, et exprimant des droits et des pouvoirs qui ne sont plus; mais il se conserva dans l'usage, et reparut même, au xv° siècle, dans la teneur des actes officiels.

A Embrun comme à Gap, le régime consulaire s'établit dans toute sa plénitude au commencement du xiii° siècle. Les citoyens, pour défendre cette révolution, soutinrent, contre leurs deux seigneurs, le dauphin et l'archevêque, des guerres malheureuses dont ils n'achetèrent la fin que par l'abandon de toutes leurs libertés récemment acquises [1]. Le consulat d'Embrun, pareil, à ce qu'il semble, au consulat de Gap, en prérogatives constitutionnelles, eut une moins longue durée; il fut aboli en 1257, et, depuis cette époque, on ne voit plus à sa place qu'un corps de ville sans juridiction, et soumis dans tous ses actes au contrôle des officiers seigneuriaux. Si le titre de Consuls se montre

---

ville de Gap, art. 31 et 32.) — Item, quandoquidem cives vel incolæ dictæ civitatis per conrearium vel quoscumque domini mandantur pro faciendis excubiis quæ vulgariter nuncupantur sercha et non veniunt seu deficiunt quod non possit ab ipsis exigi nisi una parperholla loco pene. (Ibid., art. 12.)

1. Voyez l'*Hist. générale de Dauphiné*, par Chorier, t. II, p. 114, 115, 116, 137 et 138.

encore, ce n'est qu'une formule sans valeur, consacrée par les regrets populaires. Du reste, comme on l'a déjà vu, la vanité municipale suffisait pour introduire ce titre dans des villes où le consulat proprement dit n'exista pas même un seul jour [1]. On le trouve ainsi à Grenoble, qu'on peut nommer la moins libre des vieilles cités du Dauphiné, qui, placée de bonne heure sous la double seigneurie du dauphin et de son évêque, fut mieux contenue ou plus résignée que les autres villes, et se contenta, pour unique statut, de la reconnaissance de ses immunités traditionnelles, sans garanties données à une forme précise d'organisation municipale [2].

J'ai traité avec plus de développement ce qui regarde les villes du Lyonnais et du Dauphiné, parce que leur

[1]. Les bourgs de la Provence et du Languedoc tenaient à honneur d'être autorisés légalement à changer le nom de leurs Syndics en celui de Consuls; des demandes à cet effet eurent lieu jusqu'au xviiie siècle.

[2]. Quod omnes homines nunc et in posterum in civitate Gratianopoli habitantes, vel in suburbiis ejusdem civitatis; videlicet in burgo ultra pontem sito in parochia sancti Laurentii, plena gaudeant libertate, quantum ad tallias, exactiones et complaintas, salvis nobis et retentis bannis et justitiis nostris et censibus..... (*Libertates concessæ civibus Gratianopolitanis per episcopum et Guigonem Dalphinum dominos ejusdem civitatis*, 1244; *Hist. de Dauphiné*, par Valbonnais, t. I, Preuves, p. 22.) — La seule mention de la municipalité de Grenoble qui se trouve dans cette charte est celle-ci : *Ea vero quæ concessimus rectoribus et universitati ejusdem civitatis, sicut continetur in litteris quas eis tradidimus nostrorum sigillorum impressione sigillatis, in sua permaneant firmitate.* (Ibid., p. 23.)

histoire peut éclairer celle des anciennes villes, non-seulement du midi, mais encore du centre et du nord de la France. Leurs statuts et leurs chartes de priviléges sont les seules preuves authentiques, les seuls monuments qui nous restent d'un droit municipal antérieur à la grande rénovation du xii$^e$ siècle. Pour d'autres villes, on entrevoit bien la persistance depuis les temps romains de l'administration urbaine, soit que ces villes, en se régénérant à l'époque du xii$^e$ ou du xiii$^e$ siècle, aient adopté le régime du Consulat ou celui de la commune jurée, soit qu'elles aient échappé alors à toute réforme constitutionnelle; mais c'est un fait qui n'a rien de précis et ne se prouve que par induction. On aperçoit la trace d'un gouvernement immémorial, mais il est impossible de découvrir ni la mesure des pouvoirs de ce gouvernement, ni la mesure des droits civils ou politiques des citoyens. En un mot, ce qui est évident pour Lyon, Vienne, Valence et Die, est d'une obscurité plus ou moins complète pour Marseille, Arles, Nîmes, Toulouse, Limoges, Tours, Angers, Chartres, Paris, Reims, Amiens, Beauvais et toutes les cités de même origine. Je ne veux pas dire qu'on puisse appliquer ici l'induction d'une manière absolue, et conclure, par exemple, que la franchise d'impôts envers le seigneur, dont jouissaient la ville de Lyon et presque toutes celles du Dauphiné, ait été commune aux municipes des autres parties de la Gaule; mais, quant à la liberté des personnes et des biens, on peut affirmer, à moins de preuve du contraire, qu'elle était, avant la révolution municipale du xiie siècle, le droit des cités métropolitaines ou épiscopales de la France. Cette révolution, qui leur donna d'une part le Consulat, et de l'autre la Commune jurée, les prit, sous le rapport des droits civils, au même point où, un quart de siècle auparavant, la réforme consulaire née, en Italie, avait pris les cités de la Toscane, de la Lombardie et du Piémont [1].

L'établissement de magistrats nommés Consuls et investis de l'universalité des pouvoirs publics mit fin, dans les villes italiennes, à la seigneurie exercée par les évêques à titre de feudataires impériaux [2]. Tel était le caractère simple et un de cette révolution, lorsqu'elle déborda sur la Gaule. En se propageant de ce côté des Alpes, elle eut des conséquences nouvelles et diverses, parce que l'état des villes où son action se fit sentir n'était point le même qu'en Italie, et qu'il variait d'une contrée à l'autre. La féodalité régnant alors sur le

---

1. Voyez, le recueil publié par le comte César Balbo, et intitulé : *Opuscoli per servire alla storia delle città e dei communi d'Italia*; Turin, 1838.

2. Voyez, dans le recueil du comte César Balbo, le remarquable mémoire composé par lui, sous le titre d'*Appunti per la storia delle città italiane fino all' istituzione de'communi e de' consoli*, p. 82 et suiv. — Il ne s'agit ici que des premiers temps du consulat italien, je n'ai point à m'occuper de ses luttes postérieures contre la noblesse militaire.

territoire gaulois dans toute sa force et avec tout son développement, les anciens municipes se trouvaient soumis à différentes sortes de seigneurie, les uns à celle de leur évêque, d'autres à celle de familles plus ou moins puissantes, d'autres enfin à une domination partagée entre deux ou même trois seigneurs. De là vint que, transportée dans la Gaule méridionale, la révolution consulaire fut aux prises, non pas simplement, comme dans les cités italiennes, avec le pouvoir temporel de l'évêque, mais tantôt avec ce pouvoir, et tantôt avec des seigneurs laïques; il y eut des cas où l'évêque, loin de lui résister, la favorisa de sa connivence ou de son appui. En second lieu, dans les provinces du nord, où la population urbaine avait moins généralement conservé sa liberté des temps romains, la renaissance municipale, s'opérant, non plus sous la forme italienne du Consulat, mais sous la forme indigène des Communes jurées, eut un double caractère, celui de fondation de libertés politiques pour des hommes déjà civilement libres, et celui d'affranchissement pour des hommes à demi serfs ou en plein servage.

Ainsi la révolution communale, l'un des résultats de l'ébranlement produit par la lutte de la papauté contre l'Empire, fut toute politique en Italie; en France, elle fut à la fois politique et civile, ou, pour parler plus exactement, politique par son principe et par le mouvement d'opinion qui la propageait, elle eut de soudaines conséquences dans l'ordre purement civil. Voilà ce qui ressort des faits eux-mêmes, et ce que ne peut ébranler aucune objection tirée de la nature de tel ou tel sentiment qu'ils impliquent, et qu'on refuse d'admettre parce qu'on le juge trop ancien ou trop moderne pour les hommes du XIIe siècle. Quant à ceux qui soutiennent que l'idée d'indépendance et de dévouement civique est un pur anachronisme dans l'histoire des communes françaises, je leur demande à quelle catégorie de sentiments et d'idées ils rapporteront ces formules du droit municipal de Saint-Quentin :

« Eux jurèrent ensement chescun quemune ayde à
« son juré et quemun conseil et quemune détenanche
« et quemune deffense.

« Ensement nous avons establi que quiconque en
« notre quemune entrera et ayde du sien nous donra,
« soit pour cause de fuite ou de paour des anemis ou
« de autre forfait, mais qu'il ne soit acoustumé, à mau-
« vestiés en le quemune entrer porra, car la porte est
« ouverte à tous; et se son seigneur à tort ses choses
« aura détenu, et ne le voudra détenir à droit, nous
« en exécuterons justice.

« Et se il estoit ainsi que le seigneur de le quemune
« eust dedens le bourc ou dedens la ville aucune for-
« teresche, et voulist mettre wardes dedens, il y met-
« troit wardes qui seroient de le quemune par la vo-

« lenté et par l'otroy du maire et des eskevins, car
« autres pour la destruction des bourgois mettre ne
« porroit.

« Les bourgois de Saint-Quantin ne doivent nulle
« ayde en nulle manière à leur seigneur, ne ne se as-
« semblent pour faire li taille, mais se aucun li veult
« donner de son gré comme requis du seigneur, selon
« son plaisir il li donra[1]. »

---

[1]. Note des *establissements* de la commune de Saint-Quentin, rédigée pour servir à la commune d'Eu ; archives de la mairie d'Eu, *Livre rouge.*

# SECOND FRAGMENT

MONOGRAPHIE DE LA CONSTITUTION COMMUNALE D'AMIENS.

## SECTION I.

#### PROLÉGOMÈNES; TEMPS ANTÉRIEURS AU XII<sup>e</sup> SIÈCLE [1].

La ville d'Amiens, à l'époque où César fit la conquête de la Gaule, portait le nom de *Samarobriva*, c'est-à-dire, pont sur la Somme [2]. Elle était la capitale des *Ambiani*, l'une des tribus de la grande famille des peuples gaulois qui, sous le nom de Belges, habitaient le nord du pays, depuis le Rhin jusqu'à la Marne et à la Seine. Quand il fallut repousser l'invasion romaine, les *Ambiani* s'unirent aux peuples qui avaient avec eux une origine commune, et ils fournirent, en l'année 57 avant notre ère, à l'armée qu'a-

---

1. Recueil des monuments inédits de l'histoire du tiers état, t. I, de la page 1 à la page 25.
2. L'ancien nom du fleuve, *Samarus* ou *Samara*, s'est changé, vers le VI<sup>e</sup> siècle, en celui de *Sumina* ou *Somena*, plus tard, par contraction, *Sumna* ou *Somma*, d'où vient le nom actuel *Somme*. Voyez Hadriani Valesii Notit. Galliar., p. 15 et 539.

vait levée la confédération des Belges, un contingent de dix mille hommes. Mais César triompha de cette ligue puissante; il dissémina ses troupes dans les villes et sur le territoire des Belges, et, à plusieurs reprises, des légions furent cantonnées à *Samarobriva*. Tels sont les premiers souvenirs historiques qui se rapportent à la cité d'Amiens.

On sait comment fut achevée en dix ans la conquête de la Gaule par les Romains. Le pays resta tellement soumis et pacifié, qu'un demi-siècle à peine après la mort de César, l'empereur Auguste put le comprendre dans ses divisions administratives. Ce fut alors que les *Ambiani* et leur capitale furent rangés dans la province qui porta le nom de seconde Belgique. Dès lors *Samarobriva* demeura soumise au système d'administration et aux lois qui régissaient d'une manière uniforme les diverses parties de l'Empire. Placée sous la dépendance et la juridiction d'un fonctionnaire impérial, elle avait cependant une assez large part d'action dans les affaires de son propre gouvernement, et, comme toutes les villes où fut importé le régime municipal romain, elle possédait un corps de magistrature et d'administration urbaine, une *Curie* chargée du soin de la police et des affaires locales, et investie, dans certains cas prévus et déterminés par l'autorité souveraine, du droit de justice et de l'application des lois.

*Samarobriva Ambianorum*, comme on disait en joignant au nom propre de la ville celui du peuple dont elle était l'ancien chef-lieu, atteignit, sous la domination romaine, un haut degré de prospérité; elle s'accrut alors et s'embellit de telle sorte, que déjà, vers la fin du ive siècle de notre ère, l'historien Ammien Marcellin l'appelait une ville éminente entre les autres villes [1]. Située sur l'une des grandes voies romaines qui traversaient la Gaule dans toute sa longueur, elle était en outre, comme semble l'indiquer l'Itinéraire d'Antonin, le point de jonction de plusieurs routes d'une importance secondaire qui menaient à Beauvais, à Noyon, à Soissons et à d'autres villes avoisinantes [2]. Elle devait sans doute à cette position favorable au commerce une part de son importance. Depuis le règne d'Auguste jusqu'à la chute de l'empire, elle vit s'élever dans son enceinte de nombreux édifices; elle avait un palais où résidait le magistrat impérial, un amphithéâtre, des temples et une grande manufacture d'armes [3]. On sait par la statistique officielle qui fut dressée vers l'an 437, que les empereurs avaient établi dans la Gaule huit ateliers où l'on fabriquait des armes de toute espèce, et que l'atelier d'Amiens devait

1. Ambiani urbs, inter alias eminens. (Ammiani Marcell. lib. xv, apud Script. rer. gallic. et francic., t. I, p. 546.)

2. Voy. Itinerarium Antonini Augusti, apud Script. rer. gallic. et francic., t. I, p. 406 et 407.

3. Hadr. Vales. Notit. Galliar., p. 539.

fournir aux soldats romains des épées et des boucliers[1]. Le nom de *Samarobriva* cessa d'être en usage dans les bas temps de l'Empire, et celui d'*Ambiani* resta seul pour désigner la ville; plus tard il fut remplacé, à tous les cas, par le barbarisme *Ambianus*, qui, contracté et adouci dans la langue romane, a produit le nom moderne d'Amiens[2].

L'établissement du christianisme et d'un siége épiscopal à Amiens date de la fin du IIIe siècle de notre ère. Ce fut entre les années 260 et 303 que *Firminus*, saint Firmin, originaire de Pampelune, enseigna dans la ville la nouvelle foi religieuse et y souffrit le martyre[3]. Il est inscrit le premier par l'Église sur la liste des évêques d'Amiens. On voit par cette date qu'au temps même où saint Firmin fut condamné au dernier supplice, en vertu des lois impériales, le christianisme était sur le point de triompher et de devenir la religion de l'Empire.

En l'année 406, où les Alains, les Suèves, les Vandales et les Burgondes, forçant la limite du Rhin, envahirent la Gaule et la parcoururent du nord au sud, la ville d'Amiens eut sa part des misères qui vinrent fondre sur le pays, et ne put échapper aux

---

1. Ambianensis (fabrica) spataria et scutaria. (Notitia imperii dignitatum per Gallias, apud Script. rer. gallic. et francic., t. I, p. 126.)
2. V. Hadr. Vales. Notit. Galliarum, p. 15.
3. Gallia christiana, t. X, col. 1150.

dévastations des Barbares. Elle est comprise par saint Jérôme au nombre des cités qui eurent à subir les désastres de cette grande invasion [1]. Toutefois, il paraît qu'elle répara promptement ses pertes, car, vers 437, comme l'indique la *Notice de l'empire*, elle tenait encore un rang distingué parmi les villes soumises à la domination romaine.

Amiens allait bientôt ressentir les effets d'une invasion, non point rapide et passagère comme la première, mais durable et qui devait exercer sur son état intérieur une longue influence. Dès l'année 428, les Franks, dont quelques tribus s'étaient fixées en deçà du Rhin, sur le territoire de l'Empire, avaient fait, sous la conduite de Chlodio, l'un de leurs chefs ou rois, des incursions jusqu'à la Somme, mais ils avaient été repoussés par Aétius. Il ne paraît pas que les rois Mérowig et Hilderik, dont le dernier fut maître de Tournai et de Cambrai, aient renouvelé les tentatives de Chlodio. Ce ne fut qu'à la fin du v<sup>e</sup> siècle que la ville d'Amiens fut soumise aux Franks. On peut donner ici, comme date précise, l'année 486 où Chlodowig, roi des Franks Saliens, défit, dans une bataille livrée sous les murs de Soissons, Siagrius, le dernier Romain

---

[1]. Remorum urbs præpotens, Ambiani, Atrebatæ, extremique hominum Morini, Tornacus, Nemetæ, Argentoratus translati in Germaniam. (Hieronymi epist., apud Script. rer. gallic. et franck., t. I, p. 741.)

qui ait gouverné une portion du territoire gaulois. Ce fut après cette victoire que les Franks s'avancèrent jusqu'à la Seine, et un peu plus tard jusqu'à la Loire, et qu'ils prirent, pour ne plus les abandonner, les pays de la Gaule situés au nord de ces deux fleuves.

Amiens participa, comme toutes les cités gauloises, à la grande révolution qui s'opéra dans le régime municipal romain après la chute de l'Empire. Le gouvernement des villes sous la domination romaine se composait, comme on le sait, de trois choses bien distinctes. Il y avait :

1° L'administration intérieure et locale de la cité ;

2° La juridiction contentieuse ou des tribunaux civils, et la juridiction criminelle ;

3° La juridiction volontaire, analogue à celle qu'exercent en France, de nos jours, les notaires, et en certains cas les juges de paix [1].

Le pouvoir central avait laissé aux villes l'administration intérieure, la juridiction volontaire et ce que nous appelons aujourd'hui la police correctionnelle ; il s'était réservé la juridiction criminelle et la juridiction contentieuse. Par le seul fait de la dissolution de l'Empire, les magistrats municipaux d'Amiens et des autres villes de la Gaule se virent subitement investis d'une

---

1. Voyez, dans le Journal des Savants (année 1840, p. 105), le compte rendu, par M. Pardessus, de l'*Histoire du droit romain au moyen âge*, de M. de Savigny.

autorité qu'ils n'avaient jamais eue jusqu'alors. Les membres de la Curie gardèrent leurs anciennes attributions, mais en même temps ils remplirent certaines fonctions que la retraite des officiers impériaux laissait vacantes, et ils exercèrent dans une étendue plus ou moins grande, selon les cas de nécessité, la juridiction criminelle et la juridiction contentieuse.

Il se fit à la même époque de graves changements dans le personnel de la magistrature urbaine. Les cadres de l'ancienne Curie furent brisés, le corps municipal se forma de tous les citoyens notables, à quelque titre que ce fût, et les membres du clergé y entrèrent comme les laïques. L'évêque intervint directement, légalement, si nous pouvons nous exprimer ainsi, dans le gouvernement et l'administration de la ville. Jusque-là, il n'avait eu sur ses concitoyens qu'un ascendant purement moral, qu'il devait tout entier à ses fonctions épiscopales et au caractère sacré dont il était revêtu. La loi romaine lui accordait à ce titre une sorte de justice de paix : le droit d'arranger les différends et de terminer les procès qui lui étaient soumis[1]. Après la dissolution du régime romain, il devint, par sa promotion religieuse fondée sur l'élec-

---

[1]. Si qui, ex consensu, apud sacræ legis antistitem litigare voluerint, non vetabuntur, sed experientur illius, in civili duntaxat negocio more arbitri sponte residenti judicium. (Cod. lib. I, tit. IV, *de episcopali audientia*, const. Arcad. et Honor. impp. [398].)

tion populaire, membre et président du corps municipal. Investi à la fois d'une double autorité, spirituelle et temporelle, il se trouva dès lors placé, comme évêque et comme magistrat, au premier rang dans la ville, et il eut dans toutes les affaires la plus large part d'influence. Ici nous ne sommes point réduits à de simples conjectures, nous avons un texte positif, qui, pour la seconde moitié du vii° siècle, confirme ce que nous venons d'avancer.

« Salvius, dit un hagiographe, fut porté par le choix
« du peuple d'Amiens et donné de Dieu sur le siège
« épiscopal ; il fut appelé par le peuple dans l'ordre
« des magistrats, et couronné par Dieu dans l'honneur
« de l'apostolat [1]. » De ce passage si bref, on peut tirer une triple conclusion :

1° Au vii° siècle, le peuple intervenait dans l'élection de l'évêque ;

2° Il nommait les magistrats municipaux ;

3° L'évêque faisait partie du corps de la magistrature urbaine qui administrait et jugeait dans la ville.

Tels furent les changements nécessaires et en quelque sorte spontanés que subit le régime municipal d'Amiens, comme celui des autres villes de la Gaule,

[1] Fuit quidem electus a plebe Ambianensium et, a Deo donatus in sede sacerdotum, fuit vocatus a populo in ordine magistratus et coronatus a Deo in honore apostolatus. (Vita S. Salvii Ambian. episc. [anno 686], apud Bolland. acta SS. januarii, t. I, p. 706.) — Gall. christ., t. X, col. 1453 et seq.

après la ruine de l'Empire et l'établissement des dominations germaniques; maintenant, il s'agit d'examiner quelle influence l'organisation politique des conquérants germains, et en particulier des Franks, exerça sur ce régime.

Les rois mérovingiens établirent dans chaque ville importante, sur tout le territoire conquis par eux, des hommes auxquels ils déléguèrent leur autorité, et qui, sous le titre de comtes, exercèrent les hautes fonctions de juges et d'administrateurs civils et militaires. Il est difficile de marquer, d'une manière précise, la limite qui, dans le gouvernement intérieur des villes, séparait l'action et le pouvoir du comte de l'action et du pouvoir attribués par la loi, ou dévolus par la nécessité des circonstances, à la Curie, au Défenseur[1], à l'évêque. Toutefois on peut dire que la présence et l'établissement de ces officiers royaux ne firent nullement disparaître les institutions municipales. Les comtes, ainsi que le témoignent les documents contemporains, avaient pour charge de lever les impôts et de présider les assemblées, où, selon la coutume germanique, les principaux hommes libres du canton siégeaient comme juges au criminel, et

---

[1]. Defensor civitatis, plebis, loci. — Voyez, pour ce qui regarde les attributions de ce magistrat municipal, dans les temps romains et sous la domination franke, Cod. Theod., lib. I, *de defensoribus*, § 1, 55 — Novel. Majorian. 5. — Marculfi formul. et var. formul., apud Script. rer. gallic. et francic., t. IV, p. 465 et seq.

exerçaient la juridiction contentieuse et la juridiction volontaire. Dans le canton rural, ces principaux hommes libres, ces fortes cautions, *Rekin-burghe* comme on disait en langue teutonique[1], étaient des hommes de race franke; mais dans la cité, séjour des familles gallo-romaines, et où les riches Franks n'habitaient guère, les notables convoqués par le comte pour juger sous sa présidence au civil et au criminel, c'était la Curie elle-même, sauf sa constitution héréditaire et le nombre fixe de ses membres.

Ainsi l'agrandissement de la juridiction municipale qu'avait amené de force la dissolution du gouvernement romain, se trouvait sanctionné et régularisé sous de nouvelles formes par l'institution germanique du *Mâl* ou de l'assemblée judiciaire[2]. Une foule d'actes et de formules prouve d'ailleurs que la magistrature urbaine ne cessa point pendant la période mérovingienne, et même plus tard, d'user dans toute leur plénitude des pouvoirs dont elle avait joui dans les temps ro-

[1]. *Rek*, *rik*, fort, puissant; *burg*, *borg*, caution, répondant. — Ce titre joue un grand rôle dans les actes de la Gaule franke, où l'on trouve les mots *rachimburgii*, *regimburgii*, *recineburgi*. V. Script. rer. gallic. et francic., t. IV, passim.

[2]. On lit, dans la Vie de saint Valery, le passage suivant : *Advenientes vero ad quemdam locum Ambianensem perveniunt Gualintago, ubi quidam comes nomine Sigobardus, juxta morem seculi, concioni præsidebat, quod rustici* MALLUM *vocant.* (Vita S. Walarici, apud Script. rer. gallic. et francic., t. III, p. 496.) — V. Pactum legis salicæ et legem Ripuariorum, ibid., t. IV, p. 120 et seq.

mains. Elle conservait l'administration intérieure et locale, elle exerçait la juridiction volontaire, et les actes de cette juridiction, affranchissements, adoptions, légitimations, donations, traditions de biens vendus, réceptions de testaments, etc., lorsqu'ils étaient faits et passés en l'absence des officiers royaux, ne perdaient ni leur valeur ni leur authenticité. Enfin, lorsque le comte venait en qualité de président prendre place dans les assemblées de justice où l'on avait à prononcer sur un crime ou sur un procès, il n'enlevait rien, par sa présence, aux pouvoirs des notables *Rachimburgii*, qui siégeaient au tribunal; ces notables jugeaient sur le fait et sur le droit; le comte ne faisait que recueillir les opinions et sanctionner le jugement. Et quand le Mâl se tenait dans une ville, malgré ce nom nouveau, qui de la langue des lois barbares passa dans le style des actes rédigés selon le droit romain, c'était le corps municipal qui, toujours subsistant quoique recouvert en quelque sorte par l'institution germanique, exerçait, en présence et sous la sanction du comte, la juridiction criminelle et la juridiction contentieuse [1].

---

[1]. Curia : *Mahal* (Rhabani Mauri glossarium apud Eckhart de Rebus Franciæ oriental, t. II, p. 956). — Il existe un acte de juridiction volontaire, passé vers l'an 850, devant l'assemblée des notables de la ville d'Amiens; c'est une donation faite par un certain Angilguin à l'église cathédrale de Saint-Firmin ; l'acte se termine par ces mots : *Actum Ambianis civitate in mallo publico.* (Voyez du Cange, His-

Il arriva maintes fois, on le sait, que les comtes franks entravèrent par des actes d'une brutale violence l'action légale de la justice qu'ils avaient mission de maintenir et de surveiller; il arriva aussi que les rois franks imposèrent aux villes des évêques nommés par eux, ou intervinrent dans les élections épiscopales en dépit des protestations du clergé et des citoyens. Mais on peut dire qu'en général, dans la ville d'Amiens et dans les autres villes, sous la dynastie mérovingienne, les rois et les comtes laissèrent subsister dans toute leur plénitude les diverses prérogatives de l'ancien droit municipal.

Un fait qui mérite d'être noté ici, c'est que dans les temps mérovingiens et carolingiens, Amiens fut une des villes les plus riches et les plus florissantes de la Gaule. Elle devait au commerce qui se faisait sur la Somme, et dont elle était l'entrepôt, une grande partie de son importance et de sa prospérité. En 779, Charlemagne accorda à l'abbaye de Saint-Germain-des-Prés une exemption de tous les droits qu'on levait à Amiens et dans plusieurs ports et places de commerce sur les marchandises de toute sorte. Les villes et les lieux nommés dans le diplôme, sont ceux-là mêmes où se faisait à cette époque, où plus tard se fit encore presque tout le commerce d'importation dans les con-

*toire des comtes d'Amiens*, édit. de M. Hardouin, p. 28 et suiv., aux notes.)

trées nord-ouest de la Gaule. Ce sont Rouen, le port d'Étaples en Boulonnais (l'ancien *Portus Icius*), Utrecht, Pont-Sainte-Maxence, Paris, Troyes et Sens [1]. Le diplôme de Charlemagne, rapproché d'autres documents d'une date postérieure, acquiert une grande importance pour l'histoire d'Amiens. Il sert à établir que sous les rois des deux premières races, comme aux époques suivantes du moyen âge, cette ville était au nord de la France un de ces grands centres commerciaux où venaient affluer les marchandises de tous les pays [2].

1. Propterea per presentem preceptum decernimus, quod perpetualiter mansurum esse jubemus, ut per ullos portos neque per civitates tam in Rodomo quam et in Wicus, neque in Ambianis, neque in Trejecto, neque in Dorstadæ, neque per omnes portos ad sanctam Maxantiam, neque alicubi, neque in Parisiaco, neque in Ambianis, neque in Burgundia, in pago Trigasino neque in Senonico, per omnes civitates similiter, ubicumque in regna, proposito Christo, nostra, aut pagis vel territoriis theloneus exigatur..... Data vi kal. aprilis, anno xi et v regni nostri. Actum Haristalio palacio publico. (Præceptum Caroli magni apud Script. rer. gallic. et francic., t. V, p. 742.) — V. Hadr. Vales. Notit. Galliar., p. 249 et 256.

2 Sous les deux premières races, comme à l'époque de la domination romaine, il y eut à Amiens un atelier de monnayage. Des tiers de sols d'or y furent frappés dans les temps mérovingiens, avec les noms de différents monétaires. Des deniers du temps de Charlemagne portent d'un côté ces mots : *Karol. rex*, et au revers *S. Firmini*. Cette dernière légende s'explique par le culte que les habitants d'Amiens rendaient à la mémoire de leur premier évêque. D'autres monnaies de Charlemagne, roi, conservées dans la collection de M. le docteur Rigollot, portent d'un côté *Carlus* et de l'autre *Ambianis*. Une pièce frappée sous le règne de Charles le Chauve porte : *Ambianis*

Du vii$^e$ siècle jusqu'au milieu du x$^e$, on ne trouve aucun document qui fournisse le moindre détail relatif à l'organisation municipale d'Amiens. Toutefois, parmi les faits généraux qui se sont accomplis pendant cette période, il en est un que nous devons signaler, car il amena une modification importante dans la constitution municipale, non point d'Amiens en particulier mais de toutes les villes de la Gaule : nous voulons parler de l'institution du Scabinat. Charlemagne, s'appuyant sur les souvenirs et sur les débris de l'ancienne civilisation, avait tenté de faire de ses vastes États un nouvel empire romain. Le principal moyen d'arriver à l'accomplissement d'un pareil projet devait être d'établir, autant que le permettait le désordre des éléments sociaux à cette époque, la régularité et l'unité d'administration; c'est ce que le premier empereur frank entreprit avec génie par des réformes originales dans toutes les branches du gouvernement. L'une de ses grandes mesures d'ordre public fut de modeler sur un plan nouveau les institutions judiciaires, et de pourvoir à l'administration régulière de la justice, que la loi et l'usage laissaient à la merci du zèle des hommes libres convoqués par le comte au Mâl ou plaid du canton. Il créa, sous le nom germanique de *Skapene* ou *Skafene*, dans les actes latins *Scabini, Scabinei,*

*civitas* et le monogramme de ce prince. — Voyez du Cange, *Histoire des comtes d'Amiens,* éd. de M. Hardouin, p. 24, 25 et 361.

un véritable corps de juges. Ces juges devaient être choisis, soit dans les cités, soit dans les districts du plat pays, par le comte du lieu, les commissaires impériaux ou *missi dominici* et le peuple[1]. Sous ce dernier nom était comprise dans les cantons ruraux la généralité des hommes libres selon le droit germanique, et dans les villes, la généralité des citoyens selon le droit municipal romain.

Ainsi la révolution judiciaire opérée par Charlemagne donna aux habitants des villes un droit tout nouveau, celui d'instituer des juges conjointement avec le comte, qui jusque-là avait été seul juge reconnu et qualifié tel par les lois de la monarchie franke. Cet ordre de choses qui substituait les *Scabins* où juges élus par le comte et le peuple aux anciens magistrats de la Curie, produisit par le fait une révolution dans le régime municipal; mais le changement porta moins sur le fond que sur la forme des constitutions urbaines. Les nouveaux magistrats furent pris parmi ceux qui avaient le droit de siéger comme juges dans

---

[1]. Les mots *skapene, skafene,* alias *skepene, skefene,* viennent du verbe théotisque *skapan* ou *skafan,* qui signifie disposer, ordonner, juger. Voyez Grimm, *Antiquités du droit germanique,* § 7, p. 778. — Ut judices..... scabinei boni et veraces et mansueti, cum comite et populo, eligantur et constituantur. (Capitular. I, an. 809, art. 22, apud Script. rer. gallic. et francic., t. V, p. 680.) — Ut missi nostri ubicumque malos scabineos inveniunt, ejiciant et, totius populi consensu, in loco eorum bonos eligant. (Capitular. Wormatiense, an. 829, art. 11, ibid., t. VI, p. 441.)

les tribunaux de l'époque précédente, parmi les membres du corps qui de temps immémorial gérait toutes les affaires de la cité, et c'est de là que vint dans les temps postérieurs la tradition qui attacha au titre romain d'*Eskevins* ou *Eschevins* le double sens d'administrateurs et de juges.

Nous le répétons, les faits qui nous ont été transmis comme arrivés dans la ville d'Amiens pendant la période qui s'étend du VII<sup>e</sup> siècle jusqu'au milieu du X<sup>e</sup>, appartiennent tous à l'histoire générale. Les chroniqueurs ne racontent avec quelque étendue que les malheurs qui vinrent fondre sur cette ville, à l'époque de la dissolution de l'Empire carolingien ; ce sont, d'une part, les invasions des *Nordmans*, qui se succèdent à Amiens, d'année en année sans interruption, depuis 859 jusqu'en 926 ; d'autre part les guerres des seigneurs, qui, affranchis de toute autorité supérieure par la ruine de l'Empire et l'affaiblissement du pouvoir royal, se disputent ses murailles et son territoire. Mais il est un épisode de ces guerres dont il faut tenir compte, car il montre que, pour les citoyens, le droit de prendre part aux élections épiscopales, l'un des priviléges dérivant de leur vieille constitution romaine, subsistait au milieu du X<sup>e</sup> siècle, comme trois cents ans plus tôt, au temps de l'évêque Salvius.

En 946, mourut l'évêque Derold ; les habitants d'Amiens lui choisirent un successeur et nommèrent au siége vacant un moine de Saint-Waast, appelé Raimbaud. L'élection avait été régulière ; elle fut annulée par la violence. En 947, Hugues, comte de Paris, se rendit à Amiens, chassa Raimbaud et installa comme évêque à sa place Tetbaud, clerc de l'église de Soissons. Mais l'intrus ne resta pas longtemps paisible possesseur du siége épiscopal ; il fut chassé à son tour et excommunié. En 949, Arnulf, comte de Flandre, marcha sur Amiens, et avec l'aide des habitants, se rendit maître de la ville ; il y ramena l'évêque élu, Raimbaud, et lui fit rendre la dignité qu'il tenait du choix populaire [1]. Ainsi, au milieu du x$^e$ siècle, les habitants d'Amiens prenaient part avec le clergé à l'élection de leurs évêques. Ce droit ne leur fut jamais contesté ; des documents de nature diverse prouvent qu'ils en usèrent durant tout le cours du xi$^e$ siècle, et qu'ils l'exerçaient encore, dans le siècle suivant, à l'époque où leur existence municipale se reconstitua par une révolution, et prit une forme entièrement neuve, sous le célèbre nom de Commune [2].

---

[1]. Ambianenses Tetbaldum, quem eis Hugo constituerat, episcopum, exosi, castrum Arnulfo comiti produnt, qui advocans regem Ludovicum, opidum ipsum cepit, Tetbaldum expulit, Regembaldum illuc Atrebatensem quemdam monachum quem iidem Ambianenses prius sibi delegerant, introduxit : quique Remos a rege perductus, ordinatur episcopus ab Artaldo archiepiscopo. (Chron. Frodoardi, apud Script. rer. gallic. et francic., t. VIII, p. 205.)—Ibid., p. 175, 201.

[2]. Epistola Urbani papæ II ad clerum et populum Ambianensem, apud Script. rer. gallic. et francic., t. XIV, p. 700.— Concilium ipsum

Le droit d'instituer des Scabins ou juges élus, droit que les lois de l'Empire carolingien avaient attribué conjointement au comte et aux hommes libres dans chaque circonscription administrative, fut, durant le long désordre qui accompagna la dissolution de cet Empire, usurpé tout entier par les comtes, et devint l'une des bases de la souveraineté locale qu'ils s'arrogèrent. Il ne paraît pas que, dans les circonscriptions rurales où tout s'était organisé d'après les mœurs et les coutumes germaniques, l'envahissement du droit des hommes libres ait été l'objet d'une vive résistance; mais dans les cités il fit naître une longue lutte où furent engagées, d'une part, la puissance seigneuriale, de l'autre, la corporation urbaine, qui, sous différents noms et avec différents degrés de pouvoir administratif et judiciaire, avait succédé à la Curie des temps romains. Cette lutte, où les villes de la Gaule succombèrent toutes, quoique d'une façon très-inégale, occupe dans leur histoire le cours du x$^e$ siècle et celui du xi$^e$. C'est la période de décadence et de ruine pour les institutions municipales; son caractère dominant con-

---

Trecense, anno 1104, electionem olim confirmaverat viri sanctissimi Goffridi episcopi Ambianensis quod *unanimiter a clero et populo electus fuisset, rege quoque assentiente.* (Thomassin, Vetus ecclesiæ disciplina, t. II, p. 91.) — Clerus autem et populus..... eo absente [Godefrido], super altero eligendo, non sine magna ipsius aspernatione, non sategit. (Guiberti abbat. de Novigento, de Vita sua, lib. III, sub an. 1115, inter opera ejus omnia, p. 516, ed. Dachery.)

siste dans la dissolution du corps des juges qu'on peut déjà nommer Échevins, dans le remplacement de ces juges par les vassaux du comte, pairs de la cour seigneuriale, dans l'inféodation des offices soit judiciaires, soit administratifs. Avec ces changements coïncidèrent partout, mais à différents degrés, l'oubli des traditions de la vie civile, l'invasion des mœurs et des coutumes barbares, l'abandon de la discipline sociale qu'avaient transmise les mœurs romaines, et qui, bien qu'affaiblie sous la domination franke, s'était maintenue au sein des villes par la durée de leurs gouvernements municipaux.

Au $xi^e$ siècle, s'offre le point extrême de ce mouvement de dissolution de tout ordre civil; on voit régner les guerres privées de famille à famille et d'homme à homme, entre les bourgeois des villes comme entre les châtelains et les vassaux; mais à la même époque, par une soudaine réaction du bon sens humain, de l'équité naturelle et des souvenirs d'un temps meilleur, apparaissent les premiers symptômes d'un nouveau besoin d'ordre, de justice et de paix. Les volontés et les efforts s'unissent sous l'autorité religieuse pour substituer à la vengeance brutale les transactions pacifiques et la soumission à des sentences soit arbitrales, soit judiciaires. On connaît les célèbres institutions de la Trêve et de la Paix de Dieu qui furent promulguées, à plusieurs reprises dans le cours du siècle, par les évêques assemblés en conciles nationaux et provinciaux. Il est certain que des tentatives semblables et toutes spontanées eurent lieu sur une moindre échelle, et que des associations sous le serment pour le maintien de la paix publique se formèrent dans de petits pays ou de simples villes. Vers l'année 1025, les habitants d'Amiens s'unirent avec ceux de Corbie par un pacte de paix réciproque, non-seulement entre les deux villes, mais entre toutes les personnes domiciliées dans leur enceinte et sur leur territoire. Cette confédération, comme toutes celles du même genre, eut pour principe la vieille pratique d'association jurée, qui, sous le nom de *Ghilde*, avait été apportée en Gaule par les populations germaniques, et qui, après le mélange des races et des mœurs, s'était conservée, surtout dans les provinces du nord [1]. Voici les curieux détails que donne sur l'alliance d'Amiens et de Corbie, sur son caractère et sur son objet, un hagiographe du xi<sup>e</sup> siècle :

Les habitants des deux villes s'associèrent sous l'invocation des saints dont ils possédaient les reliques. Ils décrétèrent entre eux la paix entière, c'est-à-dire

---

1. *Gilde* ou *Gelde* (prononcez *Ghilde*, *Ghelde*) signifient, dans la langue théotisque, *banquet à frais communs*, association, confrérie. Voyez sur l'étymologie de ce mot les Glossaires d'Ihre, de Schertz et de Wachter. — Voyez, sur l'origine de la Ghilde et sur ses diverses applications au moyen âge, les *Considérations sur l'histoire de France*, placées en tête des *Récits des temps mérovingiens*, chap. vi.

pour tous les jours de la semaine, et ayant fait vœu de
se réunir chaque année à Amiens un jour de grande
fête, ils joignirent à ce vœu le lien du serment. Tous
jurèrent qu'à l'avenir, si la discorde éclatait entre
deux hommes, ni l'un ni l'autre n'aurait recours au
pillage ou à l'incendie, mais qu'ils s'ajourneraient à un
terme fixe, et viendraient alors devant l'église, en
présence de l'évêque et du comte, plaider leur cause et
terminer leurs querelles d'une manière pacifique [1]. Le
narrateur contemporain ajoute que ces résolutions
donnèrent naissance à une coutume observée longtemps par les habitants des deux villes associées.
C'était à l'octave des Rogations qu'avait lieu leur
grande assemblée annuelle; on y portait procession-
nellement les reliques des saints, on terminait les
procès, on pacifiait les haines et les différends, on
lisait en public les statuts de l'association, et on les
confirmait par un nouveau serment; des orateurs par-
laient au peuple, puis on se séparait. Le caractère

---

[1]. Ambianenses et Corbeienses cum suis patronis conveniunt integram pacem, id est totius hebdomadæ, decernunt; et ut per singulos annos ad id confirmandum Ambianis in die festivitatis sancti Firmini redeant, unanimiter Deo repromittunt. Ligant se hujus promissionis voto, votumque religant sacramento. Fuit autem hæc repromissio, ut si qui disceptarent inter se aliquo discidio, non se vindicarent præda aut incendio, donec statuta die ante ecclesiam, coram pontifice et comite, fieret pacificalis declamatio. (Miracula S. Adalhardi abbat. Corbeiensis, auctore S. Gerardo abbat. monast. Silvæ majoris, apud Script. rer. gallic et francic, t. X, p. 378.)

religieux de cette institution s'effaça par degrés, et, après un temps plus ou moins long, elle devint purement politique, les reliques des saints furent négligées, et au lieu de processions et de prières, quand vint le jour de la grande assemblée, il y eut des divertissements et des danses. Les moines de Corbie et d'Amiens cessèrent de prendre part à ces fêtes; mais il est probable que le pacte de paix entre les deux villes fut maintenu par elles, jusqu'à l'époque où une application bien autrement énergique de l'association sous le serment, fit renaître au nord de la France, par l'institution des Communes jurées, tous les droits et toutes les garanties du régime municipal [1].

L'établissement de la féodalité avait en quelque sorte matérialisé toutes les fonctions politiques et civiles. Le partage des pouvoirs sociaux et des attributions administratives avait été transformé par elle en un partage de domaines territoriaux de toute nature et de

---

[1]. Adoleverat inter Ambianenses et Corbeienses nova quædam religio, et ex religione pullulaverat consuetudo, quæ etiam reciprocabatur omni anno. Octavis denique Rogationum ab utrisque partibus conveniebatur in unum; ibique conferebantur corpora sanctorum solvebantur lites, ad pacem revocabantur discordes, mutabantur a populo orandi vices. Decreta utriusque loci renovabantur, populo perorabatur, sicque redibatur. Sed procedente tempore cœpit aliquando res ipsa usu vilescere, et inreverentia fieri ex multa veneratione. Uterque si quidem sexus cachinnis et lusibus intendere, ordiri choreas, et inreverenter agere; et sic pene omnes corpora sanctorum negligere. Displicuit res illa bonis et maxime monachis. (Script. rer. gallic. et franc., t. X, p. 378.)

toute dimension, à chacun desquels un lot plus ou moins grand de souveraineté et de juridiction se trouvait inséparablement lié. Dans la ville d'Amiens, la division du territoire, et par suite celle de la puissance politique et judiciaire, s'étaient opérées d'une manière fort inégale entre les deux anciens chefs de la cité, le comte et l'évêque. La seigneurie du comte s'étendait sur la ville et sa banlieue; celle de l'évêque, bien qu'il fût seigneur dominant, se trouvait restreinte aux domaines propres de son église, soit dans la ville, soit au dehors. La juridiction du comte était réputée générale; celle de l'évêque portait un caractère de spécialité, et formait dans l'autre une sorte d'enclave. Les documents du xi° siècle nous montrent l'évêque d'Amiens cantonné féodalement dans ces étroites limites; mais son autorité conserve encore, à ce qu'il semble, quelque lien avec l'ancienne tradition civile et les intérêts généraux de la cité. De temps en temps on voit paraître dans les chartes épiscopales le titre d'Administrateur de la chose publique d'Amiens, *Procurator rei publice Ambianensis*, titre qui dérivait des souvenirs de la constitution municipale antérieure au x° siècle[1].

1. Gui presul et procurator rei publice Ambianensis, universis filiis adoptionis presentibus et futuris...... (Charte de consécration et de dotation du monastère de Saint-Martin-aux-Jumeaux, sous la date de 1073. Archives départementales de la Somme, cartulaire du

Les souvenirs du temps où la royauté était seule souveraine se trouvaient de même attachés à une portion de la ville, mais à la plus petite de toutes, aux bâtiments et dépendances de l'ancienne citadelle, haute et forte tour nommée le *Castillon*, et construite, à ce que disent les antiquaires, sur l'emplacement d'un palais romain [1]. La cour du Castillon et les terrains qui l'avoisinaient depuis le mur de la ville jusqu'à la Somme, étaient du domaine du roi et non de celui du comte; ils étaient tenus héréditairement, sous condition de foi et d'hommage, par un châtelain qui exerçait dans ces limites une certaine juridiction, et que les droits attachés à sa tenure plaçaient après le comte, l'évêque et le vidame ou lieutenant civil de l'évêque, au rang de seigneur, ou, comme parlent d'anciens documents, de *prince de la cité* [2].

---

chapitre de Notre-Dame d'Amiens, n° 1, f° 195 r° et v°.) — On trouve dans une charte de l'année 1139 les mots *presul et procurator totius rei publice Ambianensis*. (Voyez du Cange, Gloss., verbo *procuratores*.)

1. Pro muro Castellionis, sic enim vocatur. (Guiberti abbat. de Novigent., de Vita sua, lib. III, inter ejus opera omnia, p. 516.) — Antiquités de la ville d'Amiens, par de la Morlière, liv. I, p. 66. — Histoire d'Amiens, par M. Dusevel, t. 1, p. 46.

2. Secum duxit Adamum ejus civitatis principem. (Vita S. Godefridi episc. Ambian. sæc. XII, apud Surium, mens. novemb., p. 220.) — Et certe Adam regi hominium fecerat. (Guiberti abbat. de Novigent., de Vita sua, lib. III, sub anno 1113, inter ejus opera omnia, p. 516.) — Il y avait ainsi quatre co-seigneurs; dans une charte de l'année 1151, l'héritier des anciens châtelains s'intitule: *Ambianis civitatis princeps*

En dehors de ce partage territorial, restait-il au xi⁰ siècle quelque chose qui fût possédé en propre par le corps des citoyens ; retrouvait-on alors quelques débris des biens communaux, en édifices et en terrains, qu'Amiens, comme toutes les cités de la Gaule, avait possédés à l'époque romaine, et dont la propriété s'était maintenue sous la domination franke ? Il est difficile de répondre à cette question d'une manière positive ; mais des actes officiels témoignent que, dans le xi⁰ siècle, il existait encore à Amiens une sorte de conseil municipal, organe des intérêts et des doléances de la cité. On trouve mentionnés, soit comme réclamant contre les vexations des officiers du comte, soit comme validant par leur présence les donations et les contrats, des *Principaux de la ville* (Primores urbis), *des Hommes d'autorité ayant parmi le peuple prépondérance de témoignage* (Viri authentici habentes in plebe pondus testimonii [1]).

Une charte de l'an 1091 fournit de précieux renseignements sur l'état de la ville d'Amiens au xi⁰ siècle. Elle constate d'abord que la cour féodale du comte remplaçait, pour l'administration de la justice, dans la ville comme au dehors, le Scabinat carolingien,

*quartus* (Cartul. de Saint-Jean-lez-Amiens, ms. du xiii⁰ siècle, communiqué par M. le docteur Rigollot, col. 407.)

1. Voyez la charte donnée par Gui, évêque d'Amiens, entre les années 1058 et 1076, et celle des comtes Gui et Ives, donnée vers l'an 1091, *Rec. des monum. inéd. de l'hist. du tiers état*, t. I, p. 18 et 22.

14.

dont le nom même avait disparu ; en second lieu, que le clergé et le peuple d'Amiens s'unissaient pour réclamer et protester contre les abus de pouvoir, les fraudes et les extorsions des juges seigneuriaux. La juridiction du comte s'exerçait alors par un certain nombre de chevaliers ses vassaux, qui à titre d'hommage lui devaient, pour leurs fiefs, le service judiciaire en même temps que le service militaire. Ils tenaient les plaids seigneuriaux tant dans la ville que sur les terres du comté d'Amiens, et la qualification de Vicomtes leur était donnée à tous, soit comme exprimant leurs fonctions déléguées, soit comme titre de quelque fief attaché à ces fonctions.

Deux frères, Gui et Ives, conjointement comtes d'Amiens[1], firent la charte dont il s'agit, sur les plaintes réitérées des églises et des fidèles, et après avoir consulté préalablement avec l'évêque d'Amiens Gervin, avec les archidiacres Ansel et Foulques, et avec les principaux de la ville. L'objet de cette charte fut de remédier aux abus les plus criants de l'instruction judiciaire, et de mettre fin aux prévarications que les vicomtes ou juges commettaient dans leur office. En voici les principales dispositions :

Soit dans la ville, soit hors de la ville, dans tout

---

1. Ils étaient fils de Raoul Ier, comte d'Amiens, de Mantes et de Pontoise, et tenaient le comté par la retraite de leur frère aîné Simon, qui prit l'habit de religieux au monastère de Saint-Claude, en 1076.

le comté d'Amiens, nul vicomte n'obligera personne à répondre sur une accusation de vol, à moins qu'il n'ait reçu plainte de quelqu'un. S'il se présente un accusateur, l'accusé recevra du vicomte la permission de consulter; et, après avoir pris conseil, il répondra sur l'imputation dirigée contre lui.

Si l'accusé est convaincu de vol, il restituera au plaignant l'argent volé, et paiera au vicomte trois livres seulement; il sera dès lors libre de cette affaire, et ne sera point tenu de rendre raison là-dessus aux autres vicomtes.

Si un vicomte prétend qu'une chose a été trouvée par quelqu'un, et qu'il réclame à cet égard, on ne sera point tenu de lui répondre, à moins qu'il n'y ait un témoin qui déclare avoir assisté à la trouvaille ou reçu quelque aveu de l'accusé. S'il y a un témoin, l'accusé ayant pris conseil se disculpera légalement; s'il ne le peut, il rendra au comte la chose trouvée, et au vicomte trois livres seulement; dès lors il ne sera plus tenu de répondre sur le fait devant les autres vicomtes.

Si l'un des vicomtes accuse quelqu'un d'avoir *fait accord* avec un autre vicomte sur un fait de vol ou de trouvaille, on ne sera pas tenu de lui répondre, à moins qu'il n'y ait un témoin qui déclare avoir été présent à la transaction. S'il y a un témoin, l'accusé se disculpera légalement, ou il restituera au vicomte la chose volée ou trouvée, et il lui paiera trois livre au plus.

A cet acte de réforme judiciaire se trouve jointe une donation faite par les deux comtes à l'église cathédrale d'Amiens; il fut promulgué dans cette église par une lecture publique et sous la menace d'anathème[1].

Le dispositif et le préambule de cette curieuse charte sont un témoignage frappant du déplorable état de la société, surtout de la société urbaine, vers la fin du xi<sup>e</sup> siècle. Rien de plus intolérable pour les villes, de plus contraire à leurs traditions municipales, de plus répugnant à toutes leurs conditions d'existence, qu'un ordre de choses où la justice, à ses différents degrés, constituait une propriété privée et des revenus patrimoniaux. Les abus signalés ici en supposent d'autres encore plus graves dont, malheureusement, aucun acte authentique conservé jusqu'à nous ne nous a transmis le souvenir. L'action de vol intentée sans partie plaignante, et l'accusation sans témoin pour une prétendue trouvaille de choses enfouies ou sans maître, choses qui, selon le droit féodal, appartenaient au seigneur, tels étaient dans la ville et le comté d'Amiens les moyens journaliers d'extorsion mis en usage par les vicomtes. Le prévenu que l'un des vicomtes avait renvoyé absous se voyait accusé

---

[1]. Voyez le texte de la pièce, *Rec. des monum. inéd. de l'hist. du tiers état*, t. I, p. 22.

par un autre vicomte d'avoir fait un pacte avec son juge, et l'action recommençait contre lui ; le condamné payait autant de fois l'amende qu'il y avait de vicomtes dans la ville ou dans le canton ; enfin, l'objet du vol réel ou prétendu était confisqué par les juges. Voilà ce que prohibe pour l'avenir l'ordonnance des comtes Gui et Ives, obtenue, comme une faveur, par les habitants d'Amiens, après de longues plaintes et des instances réitérées.

Les deux comtes qui font cet octroi semblent avoir le sentiment d'une profonde misère sociale que leur constitution, comme ils l'appellent, sera impuissante à guérir. Les paroles dont ils se servent sont graves et tristes : « Considérant, disent-ils, combien misérable« ment le peuple de Dieu, dans le comté d'Amiens,
« était affligé par les vicomtes de souffrances nouvelles
« et inouïes, comme le peuple d'Israël opprimé en
« Égypte par les exacteurs de Pharaon, nous avons
« été émus du zèle de la charité; le cri des églises et
« le gémissement des fidèles nous ont touchés doulou« reusement [1]. » Cette pitié mêlée de remords pouvait être sincère, mais elle ne pouvait porter aucun fruit durable; la volonté bienveillante d'un seigneur allé-

---

[1]. ...Attendentes quam miserabiliter plebs Dei, in comitatu Ambianensi, at vice comitibus novis et inauditis calamitatibus affligebatur, quasi populus Israel oppressus in Egypto ab exactoribus Pharaonis, zelo Caritatis permoti condoluimus... (*Rec. des monum. inéd. de l'hist. du tiers état*, t. I, p. 22.)

geait un moment le poids des tyrannies féodales; mais ce seigneur passait, et les institutions étaient là pour ramener tout en arrière. Une puissance violente et toute personnelle, née de l'invasion des mœurs barbares, s'était emparée de tous les débris de la vieille société civile; l'action du temps l'avait formée, une révolution seule pouvait la briser, et, pour la ville d'Amiens, cette révolution ne se fit pas attendre; elle arriva moins d'un quart de siècle après la charte des comtes Gui et Ives.

## SECTION II.

#### DOUZIÈME SIÈCLE, ÉTABLISSEMENT DE LA COMMUNE D'AMIENS [1].

La grande révolution municipale qui éclata dans les premières années du xiie siècle était depuis longtemps préparée; on a pu voir, par ce qui précède, quelles furent les causes de cette révolution, car les griefs de la ville d'Amiens contre le régime seigneurial étaient communs à toutes les villes. Dans les cités comme dans les campagnes, l'organisation féodale avait envahi et transformé les anciens pouvoirs sociaux de toute nature et de toute origine. Elle avait ruiné plus ou moins complétement les vieilles institutions ur-

---

[1]. Recueil des monuments inédits de l'histoire du tiers état, t. I, p. 25.

baines; et les villes, morcelées en seigneuries diverses, privées de l'unité politique et de la juridiction civile, se voyaient régies, à titre de domaines, par des feudataires grands ou petits. Rien, dans le cours du xi⁰ siècle, n'avait pu remédier aux désordres et aux souffrances de tout genre qui résultaient d'un pareil état de choses, ni les institutions de paix, ni les plaintes et les protestations des bourgeois unis au clergé, ni la royauté capétienne trop faible encore et trop indécise pour rendre efficaces et fécondes ses tentatives d'intervention.

Quand s'ouvrit le xii⁰ siècle, un besoin universel de réforme politique agitait, d'une manière diverse et à différents degrés, la population des villes dans toutes les parties de la France actuelle [1]. Le but de ce mouvement, quels qu'en fussent les symptômes, était partout le même, et sa tendance peut se définir ainsi : raviver les souvenirs de l'ancien ordre civil et rallier tous les débris épars de l'existence municipale, les compléter et les fixer par une nouvelle constitution; ressaisir, de gré ou de force, le droit de juridiction urbaine, et substituer aux offices féodaux des magistratures électives; reconquérir les droits utiles de l'ancienne municipalité, ses revenus, ses biens com-

---

[1]. Deux villes, Cambrai et le Mans, devancèrent toutes les autres; leurs tentatives de révolution datent du xi⁰ siècle. Voyez les *Lettres sur l'histoire de France*, lettres xiv et suiv.

muns, sa banlieue; enfin, ériger l'universalité des citoyens en corporation libre investie des droits politiques et ayant le pouvoir de déléguer les fonctions administratives et judiciaires. Quant au caractère extérieur de cette révolution, aux causes occasionnelles qui la firent éclater simultanément ou la propagèrent de proche en proche, aux instruments politiques dont elle s'aida, aux événements qui l'accompagnèrent et à ses conséquences sociales, il y eut de grandes différences, suivant la condition des villes, dans telle ou telle portion du pays; et, à cet égard, on peut distinguer deux grandes zones : celle du midi et celle du nord. Nous ne parlerons ici que de la dernière, dans laquelle se trouve Amiens.

Pour les villes du nord de la France, le moyen de renaissance civile, le ressort révolutionnaire, si l'on peut s'exprimer ainsi, fut l'association jurée, la *Ghilde* provenant des mœurs germaniques, et employée dans le cours du xi<sup>e</sup> siècle comme instrument de paix publique, sous l'inspiration religieuse et l'autorité de l'Église. L'application de cette pratique puissante à l'organisation municipale eut cela de nouveau, qu'elle fut toute politique. En outre, son objet fut non-seulement d'établir la paix dans les villes, mais d'y reconstituer la société par sa base, de fonder une assurance mutuelle pour tous les intérêts et tous les droits; de faire sortir de l'association des citoyens une puissance publique s'exerçant pour eux et par eux.

Telle est, dans les documents du xii° siècle, le sens des mots *Conjuration* et *Commune*[1] ; c'est la garantie réciproque organisée sous la foi du serment, pour un but de réforme sociale et de rénovation constitutionnelle. Les membres de la cité formée en Commune prenaient tous collectivement, et l'un à l'égard de l'autre, le nom de *Jurés*, et parfois ce nom s'appliquait aussi d'une manière spéciale aux magistrats municipaux, à cause du serment particulier qu'ils prêtaient après leur élection. La constitution communale renfermait et garantissait trois espèces de droits : 1° le droit politique, droit tout nouveau pour le fond et pour la forme, sauf d'anciens titres d'offices conservés ou rétablis, tels que ceux d'Échevins et de Maire[2] ;

---

[1]. Communio, novum ac pessimum nomen. (Guibert. abbat. de Novigento, de Vita sua, lib. III, apud. Script. rer. gallic. et francic., t. XII, p. 250.) — Communio quoque civium Trevirensium, quæ et conjuratio dicitur. (Hontheim, Hist. Trevir. diplomat., t. I, p. 594.) — Communiam juratam. (Charte d'Aliénor, reine d'Angleterre et duchesse d'Aquitaine; *Rec. des ordonn. des rois de France*, t. XI, p. 319, note *g*.) — Voyez les *Considérations sur l'Histoire de France*, placées en tête des *Récits des temps mérovingiens*, chap. VI.

[2]. On a vu plus haut l'origine du titre d'échevins; quant à celui de maire, l'époque de son introduction dans la nomenclature des offices municipaux est incertaine, et tout ce qu'on peut dire, c'est qu'il fut emprunté à l'organisation des grands domaines sous la première et la seconde race. Son usage dans plusieurs villes du nord et du centre de la Gaule remonte probablement jusqu'au temps où disparurent le nom et l'office du *défenseur*, par l'absorption de cet office dans la seigneurie de l'évêque; ce fut le premier point de décadence de l'an-

2° le droit civil, droit ancien fondé sur la coutume locale; 3° le droit criminel, en partie ancien et résultant de la coutume, en partie renouvelé dans la prévision de délits provenant du nouvel ordre de choses, tels que le crime de *lèse-commune*.

Il paraît que la révolution d'Amiens fut déterminée ou du moins accélérée par une impulsion venue du dehors, par l'exemple de plusieurs villes voisines. De l'année 1100 à l'année 1112, des Communes jurées s'établirent successivement, avec des circonstances et des résultats divers, à Noyon, à Beauvais, à Saint-Quentin et à Laon. Dans cette dernière ville, l'évêque était seul seigneur, et l'abolition graduelle des anciens pouvoirs municipaux avait eu lieu à son profit et sous son nom; ce fut contre ses droits que se fit la Commune, ou, en d'autres termes, que les bourgeois de Laon s'associèrent pour la défense mutuelle de leurs personnes et de leurs biens, et pour l'établissement d'une nouvelle constitution et d'une magistrature élective. La révolution, commencée paisiblement, éprouva des résistances qui amenèrent bientôt le déchaînement de toutes les passions populaires; il y eut guerre civile accompagnée de pillage et d'incen-

cien régime municipal. Adopté en dépit de cette origine par la révolution communale du XIIe siècle, le titre de maire reçut alors des prérogatives politiques bien plus hautes que celle des chefs de la curie romaine ou de la municipalité gallo-franke.

die ; l'évêque fut tué dans une émeute, et les bourgeois révoltés se défendirent contre le roi en personne. Ces événements, quelque tristes et violents qu'ils fussent, et par leur violence même, étaient bien propres à semer, dans le pays voisin de Laon, l'effervescence révolutionnaire. Nous savons par l'expérience contemporaine quel rôle ce genre d'excitation joue dans les mouvements politiques, et comment l'incendie s'allume de proche en proche, là où il trouve des aliments préparés. Ce fut en l'année 1113, au plus fort de la révolution de Laon, que les bourgeois d'Amiens entreprirent d'ériger leur cité en Commune.

Amiens, comme on l'a vu plus haut, n'était point, quant à la seigneurie de la ville, dans la même condition que Laon; non-seulement l'évêque n'y possédait pas toute l'autorité temporelle, mais sa puissance dans les affaires civiles était de beaucoup inférieure à celle du comte; son droit de juridiction ne s'étendait que sur les domaines propres de l'Église, soit dans la ville, soit au dehors, et, dans ces limites même, il était sans cesse envahi. Au contraire, la juridiction du comte d'Amiens embrassait, sauf de simples enclaves, toute l'étendue de la cité et de sa banlieue. C'était par le comte et au profit du comte qu'avait eu lieu la ruine graduelle de la juridiction municipale, l'abolition plus ou moins complète de l'ancienne administration urbaine, la transformation des emplois municipaux électifs et viagers en offices féodaux héréditaires, et la substitution des pairs de fief, appelés *Vicomtes*, aux juges élus ou *Scabins* de l'époque carolingienne. La seigneurie du comte ayant ainsi absorbé graduellement tous les pouvoirs politiques, civils et judiciaires, l'association, jurée sous le nom de Commune, par les habitants d'Amiens, ne fut autre chose, dans le fait, qu'une conjuration contre cette seigneurie.

En 1113, le comté d'Amiens était possédé, peu légitimement à ce qu'il semble, par Enguerrand de Boves, seigneur de Coucy ; et Geoffroy, que l'Église compte au nombre des saints, occupait le siége épiscopal. Cet homme, plein de zèle pour le bien général et aussi éclairé que le comportait l'esprit de son siècle, sentit ce qu'avait de légitime le désir d'indépendance et de garanties, pour les personnes et pour les biens, qui portait les bourgeois à s'unir en un corps politique se régissant lui-même, capable de résistance et d'action. Des motifs moins désintéressés contribuèrent à incliner l'évêque Geoffroy vers le parti de la bourgeoisie, car, comme nous l'avons déjà dit, l'entreprise révolutionnaire des habitants d'Amiens tendait à créer dans la ville une nouvelle puissance, ennemie avant tout de celle du comte.

Cette puissance, il est vrai, une fois constituée, pouvait et devait même se tourner contre la seigneurie épiscopale ; mais c'était un danger éloigné que l'évêque ne prévit pas ou jugea moindre que le danger présent. Selon les paroles d'un narrateur contemporain, il prêta faveur à la Commune sans que personne l'y contraignît, et quoiqu'il sût bien ce qui venait d'arriver à Laon, l'effroyable meurtre d'un de ses collègues, et tous les désastres de cette ville. Probablement par son entremise, les bourgeois d'Amiens négocièrent avec le pouvoir royal, et obtinrent de Louis le Gros, au prix d'une somme d'argent, l'approbation verbale ou écrite de ce qu'ils venaient d'instituer, c'est-à-dire, de l'association ou Commune, et des nouvelles magistratures qui, émanées d'elle, étaient destinées à la maintenir, à lui donner force de loi et forme de gouvernement[1].

Cette adhésion du roi fixa dans la ville d'Amiens l'état des partis, dont la lutte à main armée était inévitable. D'un côté, la Commune, l'évêque, les officiers royaux et le vidame de l'église épiscopale; de l'autre, le comte Enguerrand de Boves, d'abord seul, puis assisté du châtelain qui, bien qu'il ne fût pas son homme-lige, mais celui du roi, se joignit à sa cause et lui ouvrit la forteresse du Castillon[2]. Tels furent les

---

1. Post funestum excidii Laudunensis eventum, Ambiani, rege illecto pecuniis, fecere communiam, cui episcopus, nulla vi exactus, debuisset præstare favorem, præsertim cum et nemo eum urgeret, et coepiscopi sui eum miserabile exitium, et infaustorum civium confligium non lateret. (Guiberti abbat. de Novigento, de Vita sua, lib. III, inter ejus opera omnia, p. 515.)

2. Ipse autem in fidelitate Ingelranni huc usque contra burgenses

acteurs et les rôles dans la guerre civile qui résulta de l'érection de la cité d'Amiens en Commune, rôles dont la distribution s'accordait assez bien avec les vieux souvenirs de son histoire municipale. Les événements qui signalèrent la révolution d'Amiens ont été racontés avec prévention et avec un certain sentiment de haine par un contemporain, Guibert, abbé de Nogent. Toutefois, ce récit, rapproché d'autres documents originaux et dépouillé par la critique de son excessive partialité, donne sur la position des deux partis, sur leurs prétentions, leurs efforts et les divers incidents de la lutte, de précieux renseignements.

« Enguerrand, comte de la ville (dit le narrateur que
« nous venons de nommer), voyant que les anciens
« droits du comté se trouvaient supprimés pour lui par
« la conjuration des bourgeois, traita ceux-ci en re-
« belles et les attaqua par les armes avec tout ce qu'il
« avait de forces. De plus, il rencontra un auxiliaire
« dans le châtelain Adam, et un poste avantageux
« dans la tour où celui-ci commandait; chassé de la
« ville par les bourgeois, il se renferma dans la tour[1]. »

---

steterat... et certe Adam regi hominium fecerat, nec ab eo defecerat, rexque eum in sua fide susceperat. (Ibid., p. 516.)

1. Videns itaque Ingelrannus urbis comes, ex conjuratione burgensium, comitatus sibi jura vetusta recidi, prout poterat, jam rebelles armis aggreditur. Cui etiam non defuit Adam, sic enim vocatur, et suæ, cui præerat ipse, turris auxilium : a burgensibus ergo urbis pulsus, ab urbe in turrim se contulit. (Ibid., p. 515.)

Voilà par quelles hostilités s'ouvrit, dans Amiens, une guerre civile qui dura plus de trois ans. Les bourgeois, armés sous la conduite des chefs de leur commune, étaient soutenus par toutes les forces de l'évêque et par l'assistance personnelle de Guermond, seigneur de Picquigny, vidame ou avoué héréditaire de l'évêché. Durant tout le cours de la guerre, ce secours ne leur manqua point, et au commencement ils trouvèrent un auxiliaire inespéré dans le fils même d'Enguerrand de Boves, dans le fameux Thomas de Marle, le plus turbulent et le plus cruel peut-être des barons du xiie siècle. Il avait pris parti pour la commune de Laon, ce qui l'indiqua sans doute aux Amiénois comme un allié possible pour leur cause; sans doute aussi de grosses sommes d'argent furent le prix de cette alliance, en vertu de laquelle Thomas, adopté pour seigneur par les bourgeois d'Amiens, prêta le serment d'associé à la Commune, et se mit en campagne contre son père et contre le châtelain Adam[1].

Durant plusieurs mois, le comte et le châtelain, cantonnés dans la tour du Castillon, et serrés de près par les bourgeois et par Thomas de Marle, furent réduits à se tenir sur la défensive; mais Thomas ayant reçu de

---

1. Qui [burgenses], cum in comitem irremissis assultibus grassarentur, et Thomam, quasi amantiorem suum dominum, ad communiæ illius sacramenta vocantes, contra parentem, ut putatur, suum filium suscitarunt. (Guiberti abbat. de Novigento, de vitâ suâ, lib. III, p. 515.)

son père des propositions d'alliance et des offres d'argent, se réconcilia avec lui et s'engagea par serment à tourner ses forces contre les bourgeois, l'évêque et le vidame. Dès lors la face des affaires changea : les assiégés du Castillon reprirent l'offensive, et Thomas de Marle se mit à harceler la ville et à ravager les domaines de l'église épiscopale, joignant au pillage le massacre et l'incendie [1].

Il paraît que dans cette crise une partie des bourgeois, et surtout le clergé de la ville, qui adhérait à leur cause, furent saisis d'un grand découragement. Des voix de blâme s'élevèrent contre une révolution dont le triomphe semblait impossible; on reprochait amèrement à l'évêque d'y avoir pris part et d'avoir excité des troubles qu'il était incapable d'apaiser. Affligé par ces attaques, et doutant peut-être lui-même de la cause qu'il avait embrassée, Geoffroy prit la résolution de s'éloigner d'Amiens. Dans l'année 1114, il renvoya à l'archevêque de Reims les insignes de sa dignité épiscopale, et se rendit au monastère de Cluny, puis à la grande chartreuse près de Grenoble. Il revint

---

[1]. Exhausto denique Thomas plurimo quem habebat thesauri cumulo, opem quoque Ingelranno spopondit contra burgenses, quibus cum vicedomino adnitebatur episcopus. Thomas igitur et Adam, qui turri præsidebat, cœperunt acerrime insistere vicedomino atque burgensibus. Et quamprimum, quoniam episcopum et clericos facta cum burgensibus factionis arguebant, res pervasit Thomas ecclesiæ. (Ibid.)

de cet exil volontaire, sur l'injonction de son archevêque, vers le commencement de l'année 1115 [1].

A son retour, il vit à Beauvais le célèbre Ives de Chartres, auquel il fit part du déplorable état de la ville et de l'église d'Amiens. La ville était sans cesse attaquée par la garnison de la forteresse; on se battait de rue en rue, et les bourgeois, barricadant leurs maisons pour s'y défendre, transportaient dans les monastères du voisinage ce qu'ils avaient de plus précieux [2]. Toutes les terres de l'évêque et du chapitre avaient été envahies par Thomas de Marle et occupées par ses gens de guerre. Consulté par l'évêque d'Amiens sur ce qu'il y avait à faire dans de si tristes conjonctures,

---

[1]. Cum ergo vidisset [Godefridus] suam nec clero nec populo præsentiam esse gratam, quia neminem juvare poterat, assumpto quodam nostro monacho, inconsultis omnibus clero suo ac populo libellum, ut ita dicam, repudii dedit, et archiepiscopo remensi annulum, sandaliaque remisit, et se in exilium iturum, numquamque deinceps episcopum futurum, utrobique mandavit... Ipse enim turbam moverat quam sedare non poterat. (Guiberti abbat. de Novigento, de Vita sua, lib. III, inter ejus opera omnia, p. 516.)

[2]. Extra muros urbis Ambianensis est monasterium S. Dionisii. In illud ium cives Ambianenses aurum, argentum aliasque res comportarant, monachisque diligenter asservandas commendarant. Sæviebat enim per id tempus in urbe seditio et bellum intestinum, et sicarii passim toto oppido vagabantur magnum omnibus terrorem afferentes. (Vita S. Godefridi Ambian. episc., apud Surium, mens. novemb., p. 224.) — Referri non possunt ab aliquo, ne ab eis quidem quorum pars periclitabatur, factæ neces de burgensibus per turrenses, cum ante obsidionem, tum postea crebriores. Nullus enim apud urbanos actus erat, sed passio sola. (Guiberti abbat. de Novigento de Vita sua, lib. III, inter ejus opera omnia, p. 516.)

Ives de Chartres lui donna l'avis de s'adresser au roi et de réclamer aide et secours, au nom de la paix publique; lui-même écrivit à Louis le Gros une lettre qui s'est conservée jusqu'à nous [1].

Le roi, déjà sollicité contre Thomas de Marle, ami et fauteur des bourgeois de Laon, par la plupart des évêques de la province rémoise, marcha sur Laon, punit cette ville des excès qui avaient souillé sa révolution, et s'empara de plusieurs châteaux appartenant au fils d'Enguerrand de Boves; puis il se dirigea vers Amiens. En intervenant au milieu de la guerre à outrance que se faisaient les bourgeois de cette ville et leur comte, Louis le Gros n'eut point en vue la poursuite de projets politiques, l'exécution d'un plan conçu dans le double intérêt du peuple et de la royauté; au

[1]. Domnus Godefridus Ambianensis episcopus, vir religiosus et honestus, nuper Belvaci hospitatus, ad colloquium nostrum pro humilitate sua venit, importabiles miserias suas et angustias, quibus a violatoribus pacis vexatur, lachrymabiliter nobis aperuit, et consilium quomodo tanta mala mitigare posset, a me anxie quæsivit. Quod cum excederet vires meas, quia consilium sine fortitudine inutile esse solet, hoc unum mihi præ cæteris occurrit, quatinus eum monerem, ut regiam majestatem adiret, apud quam et consilium inveniri, et auxilii fortitudo valeat sociari. Ex jure ergo fidelitatis et dilectionis monemus et rogamus regiam majestatem vestram, quatinus lachrymabiles ejus questiones intenta aure perpendatis, et cor vestrum aculeis doloris ejus, suggerente pietate, compungatis. Decet enim regiam majestatem vestram ut pactum pacis, quod Deo inspirante in regno vestro confirmari fecistis, nulla lenocinante amicitia vel fallente desidia violari permittatis. (Ivonis Carnot. epist., apud Script. rer. gallic. et francic., t. XV, p. 104 et 105.)

bruit des violences et des profanations commises par les adversaires de la commune d'Amiens, il leva sa bannière et se présenta dans la lutte comme mainteneur de la paix publique, défenseur des faibles et protecteur des églises[1]. La royauté ne concevait pas alors d'autre rôle pour elle, et c'est la gloire de Louis VI d'avoir en toute occasion rempli ce rôle avec un courage admirable et une infatigable activité.

Sur ces entrefaites, Thomas de Marle reçut, dans une rencontre qu'il eut avec le vidame, des blessures qui le mirent hors d'état de continuer la guerre en personne; il se retira dans son château de Marle, laissant les plus braves de ses hommes de guerre dans la tour du Castillon, qui passait pour imprenable[2]. Ce fut vers la fête des Rameaux de l'année 1115, que l'armée du roi, peu nombreuse, mais composée de gens exercés aux travaux militaires, arriva aux portes

---

[1]. Mala autem ubique tanta egerat [Thomas] ut archiepiscopi et præsules pro ecclesiis quærimonia data ad regem dicerent, se in regno ejus Dei officia non facturos, nisi ulcisceretur in illum... de his ergo ac similibus cum maximis ecclesiarum doloribus, apud regias cum impeterentur aures... collecto rex adversus eum exercitu... (Guiberti abbat. de Novigento, de Vita sua, lib. III, inter ejus opera omnia, p. 517.)

[2]. Confossus membra vulneribus etiam in poplite lanceam hostis pedestris accepit. Qui cum alias, tunc in geniculo durissime læsus, vellet nollet, a cœpto desiit... Thomas igitur turri subvenire non potuit intra quam et filiam suam et militum suorum probiores dimiserat..... Thomas autem apud Marnam tuebatur se. (Ibid., p. 516 et 517.)

d'Amiens. La venue d'un pareil secours avait rendu à l'évêque Geoffroy toute son énergie politique; le dimanche des Rameaux, il prêcha devant le roi, l'armée et les citoyens, un sermon où il promettait le royaume du ciel à ceux qui périraient à l'attaque de la forteresse. Guibert de Nogent parle de ce discours avec une colère mêlée de réminiscences classiques, et dit que c'était, non la parole de Dieu, mais la harangue d'un Catilina [1].

Dès le lendemain, les machines de siége furent dressées contre la tour du Castillon, et l'évêque se rendit, nu-pieds, au tombeau de saint Acheul, pour implorer l'assistance divine en faveur des assiégeants [2]. Les troupes royales, réunies aux plus déterminés et aux mieux armés d'entre les bourgeois, et conduites par le roi en personne, livrèrent un assaut général; mais, malgré l'ardeur des assaillants et la puissance des machines employées à battre les murs du Castillon, cette

1. Igitur, Dominica Palmarum, reversus a Carthusia, Godefridus episcopus, longe alia quam ibi didicerat, incipit propagare. Regem ergo arcessit, et die celebri ac verendo, ipsum et astantem populum adversus Turrenses, sermone habito, non Dei, sed Catilinario, irritare intendit, spondens regna cælorum his qui turrim expugnando perierint. (Guibert. abbat. de Novigento, de Vita sua, lib. III, inter ejus opera omnia, p. 517.)

2. Postridie pro muro Castellionis (sic enim vocatur) ingentes machinæ porriguntur, eisque milites imponuntur. Turrenses ante cortinis sese protexerant, ne esse eorum proderetur... Episcopus vero nudipes ad Sanctum Accolum, non tunc pro hoc exaudiendus, abierat. (Ibid.)

forteresse, bien défendue, résista. Les machines d'attaque furent démontées par les pierres lancées du haut des murs; beaucoup de soldats et de bourgeois périrent, et le roi lui-même fut blessé à la poitrine d'une flèche qui traversa son haubert [1]. Jugeant la place trop forte pour être enlevée d'assaut, Louis VI résolut de ne point tenter sur elle un nouveau coup de main, et de tourner le siége en blocus; il partit d'Amiens, et y laissa des troupes, qui, avec la coopération des bourgeois et de leurs adhérents, devaient cerner le château jusqu'à ce que la famine contraignît ceux qui le défendaient, à se rendre [2].

Le blocus de la citadelle d'Amiens dura près de deux ans; ce ne fut qu'en 1117 qu'elle se rendit aux officiers royaux, et que sa reddition délivra la commune de toute hostilité à main armée. Par ordre du roi, la tour et tous les ouvrages de défense qui la protégeaient furent démolis [3]; mais, malgré la forfaiture du

[1]. Et fervescente jactu missilium... etiam regem jaculo in pectore loricato læserunt. (Guiberti abbat. de Novigento, de Vita sua, lib. III, p. 517.)

[2]. Videns igitur rex inexpugnabilem locum, cessit: obsideri jubens dum fame coacti se redderent. (Ibid.)

[3]. Regressus, turrim ejusdem civitatis, Adæ cujusdam tyranni, ecclesias et totam viciniam dilapidantis, obsedit: quam fere biennali coarctans obsidione, ad deditionem defensores cogens, expugnavit, expugnatam funditus subvertit, ejusque subversione pacem patriæ, regis fungens officio, qui non sine causa gladium portat, gratantissime reformavit. (Sugerii abbat., liber de Vita Ludovici Grossi regis, apud. Script. rer. gallic. et francic., t. XII, p. 42.)

châtelain Adam, qui, sans griefs personnels, avait guerroyé contre son seigneur immédiat, Louis le Gros, ne lui enleva point son fief ni ses droits seigneuriaux; seulement, ces droits ne furent plus attachés qu'à un amas de décombres et à une vaste étendue de terrain qui, dans la suite, réunie à la ville et comprise dans son enceinte, retint à travers les siècles et conserve encore aujourd'hui le vieux nom de Castillon [1]. Enguerrand de Boves et sa famille furent dépossédés du comté d'Amiens, et la famille des anciens comtes, celle de Raoul Ier, rentra dans ses droits [2].

Cette famille, étrangère à la lutte contre la commune, et devant, au contraire, sa restauration à l'affranchissement municipal, était disposée à reconnaître les faits accomplis, et à terminer la révolution par un accord pacifique, un règlement de droits, et un partage de pouvoir entre la seigneurie et la cité. Quant à l'évêque Geoffroy, il mourut dans l'année 1116 [3]; il ne

1. Une des paroisses d'Amiens se nomme Saint-Firmin en Castillon.

2. Et tam ipsum præfatum Thomam nequissimum, quam suos, dominio ejusdem civitatis perpetualiter exhæredavit. (Sugerii abbat., lib. de vita Ludov. Grossi, ap. Script. rer. gallic. et francic., t. XII, p. 42.) — Voy. plus haut, p. 321, note. Adèle, sœur des comtes Simon, Gui et Ives, et son mari Renaud, comte de Vermandois, prirent possession du comté d'Amiens en 1117; ils le transmirent, en 1118, à leur gendre Charles de Danemark.

3. Enguerrand, qui lui succéda, tint jusqu'à la fin de la guerre le parti de la commune; il est nommé une fois par Guibert de Nogent, dont le récit s'arrête avant la prise du Castillon : « Huc usque perse-

vit point s'organiser et prospérer, au sein de la paix, cette constitution libre qui était en partie son ouvrage. Sa mémoire, entourée d'hommages religieux, mériterait bien aussi des honneurs civils. Un jour peut-être (et nous voudrions que le présent travail pût hâter ce jour) on verra s'élever, au milieu d'une des places publiques d'Amiens, la statue de saint Geoffroy, tenant à la main le pacte d'association communale, et, sur le rouleau déployé, on lira ces mots expressifs qui formaient le premier article, et qui contenaient tout l'esprit de ce pacte civique : « Chacun gardera fidélité à « son juré, et lui prêtera secours et conseil en tout ce « qui est juste[1]. »

La loi de la commune, délibérée par les citoyens après leur association sous le serment, fut, selon toute probabilité, soumise en 1117 à l'acceptation de la famille qui recouvrait ses titres seigneuriaux, et alors sans doute elle devint l'objet d'un contrat formel entre le corps des bourgeois et le nouveau comte. Ce traité, dont aucune mention ne s'est conservée jusqu'à nous, mais dont il est impossible de ne pas con-

---

verat obsidio : et dici non potest quot de Burgensibus solis quotidie pene depereant. Adam vero extra positus, suburbia et Ingelrannum atque vicedominum crebris hostilitatibus urget. (Guiberti abbat. de Novigent., de Vita sua, lib. III, inter ejus opera omnia, p. 517.)

1. Unusquisque jurato suo fidem, auxilium, consiliumque per omnia juste observabit. (Charte de la commune d'Amiens). — Voyez ci-après le texte de cette charte.

jecturer l'existence, fut la première charte de la commune d'Amiens. La mesure des droits que la ville s'était créés par sa révolution, et la mesure de ceux qu'en vue d'une paix durable elle reconnaissait à ses anciens seigneurs, furent établies dans cette charte constitutionnelle, où la souveraineté urbaine était posée comme principe et comme règle, et le pouvoir seigneurial comme exception. Au moyen âge, l'attribut essentiel de la souveraineté, c'était la haute juridiction. Celle du comte passa tout entière à la commune, sauf réserve de l'assistance d'un prévôt, qui faisait les sommations, instruisait d'office, veillait aux jugements, mais ne jugeait pas [1], et sauf réserve d'une part dans le produit des amendes, saisies et confiscations judiciaires. La juridiction de l'évêque et celle du chapitre furent maintenues intactes dans leur ancien ressort ; celles du vidame et du châtelain semblent avoir été supprimées dans leur exercice et réservées quant aux droits utiles et aux profits pécuniaires [2]. Les

---

1. Cela était littéralement vrai pour les causes criminelles. Dans les causes civiles, surtout en matière de créances et d'obligations, le prévôt du comte pouvait juger, si les parties y consentaient ; sinon, l'affaire était portée devant les magistrats municipaux.

2. Le titre de vidame d'Amiens et les droits seigneuriaux attachés à ce titre se continuèrent dans la famille des sires de Picquigny. Le titre de châtelain et les droits conservés par Adam subsistèrent dans sa famille ; ils échurent par héritage aux sires de Vignacourt, qui, comme co-seigneurs avec l'évêque, le comte et le vidame, ajoutèrent à leurs prénoms le nom d'*Amiens*.

droits de cens, de tonlieu, de travers et autres, les moulins et les fours banaux restèrent en la possession du seigneur en titre sur chaque portion du territoire communal, et, plus tard, lorsque la Commune voulut réunir ces droits à son domaine propre, il fallut qu'elle les obtînt de chaque titulaire par cession ou par achat [1].

La Commune d'Amiens était souveraine, car elle avait le droit de se gouverner par ses propres lois, et le droit de vie et de mort sur tous ses membres; elle avait, suivant le langage de l'ancienne jurisprudence, haute, moyenne et basse justice. Son pouvoir législatif, administratif et judiciaire était délégué par elle à un corps de magistrats électifs renouvelé chaque année, et dont le chef portait le titre de *Mayeur* (maire), et les membres celui d'*Échevin* ou les titres réunis d'*Échevin et Prévôt* [2]. Ainsi le vieux nom des juges élus de la constitution carolingienne, qui avait disparu sous le régime féodal, reparaissait avec une signification bien plus étendue, et le titre de Maire, peut-être ancien dans la ville, prenait une valeur po-

---

[1]. La preuve de ce fait et l'explication des termes qui servaient à désigner les diverses catégories de redevances seigneuriales se trouvent dans une charte de Philippe d'Alsace, comte d'Amiens, donnée entre les années 1164 et 1185. Voy. cette pièce, texte et notes, dans le tome I du *Rec. des monum. inéd. de l'hist. du tiers état*, p. 74.

[2]. On trouve le titre de *prévôt* dans l'échevinage d'Amiens dès le XIIe siècle, c'est-à-dire deux siècles avant l'acquisition faite par cette ville de la prévôté du roi. Voyez ibid., p. 96, une charte de 1177.

litique dont rien jusque-là n'avait pu donner l'idée. L'élu aux fonctions de Maire ou d'Échevin était contraint d'accepter ces fonctions sous peine de bannissement, loi remarquable en ce qu'elle faisait revivre et sanctionnait par des garanties toutes nouvelles ce principe de la législation romaine, que les offices municipaux sont une charge obligatoire [1].

De même que la curie des temps romains, l'échevinage régissait les propriétés communes et gérait les finances de la cité ; il réglait et administrait la police urbaine ; il donnait l'authenticité aux actes de tout genre, et constituait dans son sein un tribunal chargé de réprimer les infractions aux ordonnances de police et aux règlements municipaux ; mais, nous l'avons déjà dit, ses attributions ne se bornaient pas là. A la simple police et à la police correctionnelle, il joignait la juridiction civile et la juridiction criminelle ; en toute matière, le droit commun pouvait être modifié

---

1. « ... Et convient que chis qui pris est faiche le serment de le mairie, et se il ne veult faire, on abatera se maison et demourra en le merchy du roy, au jugement des esquevins.

« De rekief, se li maires qui eslus seroit refusoit le mairie et vausist souffrir le damage, jà pour che ne demoureroit qu'il ne fesist l'office ; et se aucuns refusoit l'esquevinage, on abateroit se maison et l'amenderoit au jugement des esquevins, et pour chou ne demoureroit mie que il ne fesist l'office de l'esquevinage. » (Ancienne coutume d'Amiens.) Voyez le texte entier de cette coutume, ibid., p. 457 et suiv. ; voyez aussi Cod. theod., lib. XII, tit. I, *de decurionibus* et D. lib. I, tit. IV, *de muneribus et honoribus*.

par ses décrets ou par sa jurisprudence. Enfin, comme exerçant la souveraineté municipale au nom du corps des citoyens, il scellait ses actes du sceau de la Commune, sceau qui, durant plusieurs siècles, eut pour légende à son revers ces mots : Secretum meum mihi [1].

Bien que la charte de transaction, qui, pour la Commune d'Amiens, fit succéder au mouvement révolutionnaire le régime constitutionnel, ne subsiste plus dans sa teneur authentique, il nous serait possible d'en présenter, non-seulement le fond, mais la forme probable, d'après un acte postérieur où elle se trouve encadrée pour ainsi dire, et modifiée simplement dans quelques-unes de ses formules. Il s'agit des lettres accordées en 1190 par le roi Philippe-Auguste aux bourgeois d'Amiens, et portant *concession*, ou, pour parler plus exactement, confirmation de leur Commune [2]. Nous pourrions extraire de la charte royale, comme plus ancien qu'elle, tout ce qui s'y trouve depuis l'article premier, qui énonce les devoirs mutuels des Jurés ou membres de la Commune, jusqu'à l'article quarante-cinq, où on lit : « Tous ces droits n'existent

---

[1]. L'autre face, le scel proprement dit, portait : *Sigillum civium Ambianensium*. Quant à la monnaie d'Amiens, dont un échantillon célèbre est le denier d'argent qui a pour légende *Pax civibus tuis*, et qui semble appartenir à la seconde moitié du xie siècle, rien ne montre qu'à l'établissement de la commune, elle ait passé, de la dépendance du comte ou de l'évêque, sous celle des magistrats municipaux.

[2]. Voyez ci-après section iv.

que de juré à juré; il n'y a pas égalité en justice entre le juré et le non-juré[1]. » Il nous suffirait de supprimer dans ces quarante-cinq articles les mots *roi* et *royal*, qui, selon nous, y furent introduits en 1190 par la chancellerie de Philippe-Auguste. Le texte, ainsi dégagé des formules qui nous semblent provenir d'une révision faite après coup, prendrait place, par conjecture, à l'année 1117, comme étant la loi primitive de la Commune d'Amiens, loi délibérée et votée d'abord par les bourgeois, puis débattue sur certains points entre leurs chefs et le nouveau comte, enfin acceptée et ratifiée par ce dernier. Mais quelque légitime que, à notre avis, l'hypothèse eût été dans ce cas, nous n'y aurons point recours; nous en sommes dispensés par un document irrécusable, par un acte authentique d'une date antérieure à 1190, où figurent, avec quelques variantes, quinze des quarante-cinq premiers articles de la charte de Philippe-Auguste. C'est la charte de Commune d'Abbeville donnée par Jean comte de Ponthieu, en l'année 1184. En voici le préambule :

« Moi Jean, comte de Ponthieu, je fais savoir à tous
« présents et à venir que mon aïeul le comte Guillaume
« Talevas ayant vendu aux bourgeois d'Abbeville la
« faculté de faire une Commune, et que ces mêmes

[1]. Omnia ista jura et precepta que prediximus majoris et communie tantum sunt interjuratos, non est equum judicium inter juratum et non juratum.

« bourgeois n'ayant de cette vente aucun écrit authen-
« tique, je leur ai octroyé, sur leur requête, d'avoir
« une commune et de la tenir à perpétuité selon les
« droits et usages de la commune d'Amiens ou de
« celle de Corbie ou de celle de Saint-Quentin, sauf
« le droit de la sainte Église et le mien et celui de mes
« héritiers et de mes barons [1]. » Le dernier article de
la même charte est celui-ci : « Enfin, s'il s'élevait entre
« moi et les bourgeois d'Abbeville une contestation
« qui ne pût être terminée par cet écrit, elle sera
« décidée par la commune de Saint-Quentin ou celle
« de Corbie, ou celle d'Amiens [2]. »

1. Quoniam ea que litteris annotantur, melius memorie commendantur, ego Johannes comes Pontivi, tam presentibus quam futuris notum facio, quod cum avus meus comes Williermus Talevas, propter injurias et molestias a potentibus terre sue burgensibus de Abbatis Villa frequenter illatas, eisdem communiam vendidisset; et super illa vendicione, burgenses scriptum autenticum non haberent, ad petitionem eorumdem burgensium, de assensu uxoris mee Beatricis et fratris mei Guidonis, et consilio hominum meorum, concessi eis communiam habendam, et tanquam fidelibus meis, contra omnes homines in perpetuum tenendam, secundum jura et consuetudines communie Ambianis vel Corbeie vel Sancti Quintini, salvo jure sancte ecclesie et meo et heredum meorum et baronum meorum. (Rec. des Ordonn. des rois de France, t. IV, p. 55.) — La commune de Corbie s'établit sous le règne de Louis le Gros par concession de ce prince; celle de Saint-Quentin fut octroyée, au commencement du xiie siècle, par l'un des prédécesseurs de Raoul Ier, comte de Vermandois.

2. Ad hec si forte inter me et dictos burgenses meos, querela emerserit, que per hoc scriptum nequeat terminari, per communiam Sancti Quintini vel Corbeie, vel Ambianis terminata fuerit. (Ibid.,

En conférant le texte de la charte communale d'Abbeville avec les chartes des trois Communes qu'Abbeville prit pour modèle de sa constitution et pour règle de son droit pénal, on n'y reconnaît aucun article spécial des chartes de Saint-Quentin et de Corbie; mais il n'en est pas de même pour la charte d'Amiens. Quant à cette dernière, l'imitation est frappante non-seulement pour le fond, mais encore pour la forme; on a maintenu la distribution des matières sans chercher à y mettre plus d'ordre et de méthode; on a suivi la succession des articles qu'on adoptait, et leur texte a passé d'une charte dans l'autre avec de simples variantes. En un mot, il est évident que les rédacteurs de la charte d'Abbeville, donnée en 1184, ont eu sous les yeux, dans leur travail, au moins quinze des cinquante-deux articles dont se compose la charte communale d'Amiens signée par Philippe-Auguste en 1190.

Ces quinze articles sont les sept premiers, les 9e, 10e et 11e, les 14e, 15e et 16e, le 20e et le 44e. Ils traitent des devoirs des Jurés l'un envers l'autre; du vol commis dans les limites de la Commune; de la sûreté des marchands qui viennent vendre à la ville; du vol com-

p. 58.) — Le cartulaire municipal d'Abbeville, intitulé *Livre rouge*, constate, pour la seconde moitié du xiiie siècle et les siècles suivants jusqu'au xvie, que l'échevinage d'Abbeville avait recours à ceux d'Amiens et de Saint-Quentin dans les questions de droit souvent très-simples.

mis par un membre de la Commune au préjudice d'un de ses Jurés; du vol commis au préjudice d'un Juré par un homme étranger à la Commune; des coups donnés avec le poing ou la main; des blessures faites, au moyen d'armes, par un Juré à un autre Juré; des blessures faites et des coups donnés à un Juré par un non-Juré; des paroles injurieuses entre Jurés; des propos offensants tenus contre la Commune; du plaignant qui ne donne pas suite à sa plainte en justice; de la résistance aux sommations des officiers de la Commune; du crime de relations amicales avec un ennemi de la Commune; de l'imputation de faux jugement contre les juges de la Commune; enfin des conventions passées devant deux ou plusieurs membres de l'échevinage.

## SECTION III.

#### ARTICLES PRIMITIFS ET PRINCIPALES DISPOSITIONS DE LA CHARTE COMMUNALE D'AMIENS [1].

1. Unusquisque jurato suo fidem, auxilium consiliumque per omnia juste observabit [2].

2. Quicumque furtum faciens intra metas communie compre-

---

[1]. Recueil des monuments inédits de l'histoire du tiers état, t. I, p. 39.
[2]. L'article premier de la charte communale d'Abbeville offre la rédaction suivante :

« Statutum est itaque, et sub religione juramenti confirmatum, quod unusquique jurato suo fidem, vim, auxilium, consiliumque prebebit et observabit, secundum quod justitia dictaverit. » (*Rec. des Ordonn. des rois de France*, t. IV, p. 55.)

hendetur vel fecisse cognoscetur, preposito nostro tradetur, et quidquid de eo agendum judicio communionis judicabitur, ei fiet; reclamanti vero id quod furto sublatum est, si potest inveniri, prepositus noster reddet; reliqua in usus nostros convertentur [1].

3. Nullus aliquem inter communiam ipsam commorantem, vel mercatores ad urbem cum mercibus venientes, infra banleucam civitatis disturbare presumat. Quod si quis fecerit, faciat communia de eo, ut de communie violatore, si eum comprehendere poterit, vel aliquid de suo, justitiam facere [2].

4. Si quis de communione alicui jurato suo res suas abstulerit, a preposito nostro submonitus, justitiam prosequetur; si vero prepositus de justitia defecerit, a majore vel scabinis submonitus, in presentia communionis veniet, et quantum scabini inde judicaverint, salvo jure nostro, ibi faciet [3].

[1]. « Constitutum est etiam, quod si quis de furto reus apparuerit, captis omnibus rebus furis a vicecomite meo vel a ministris meis, exceptis rebus furtivis quas probare poterit esse suas, qui reclamaverit, res alie furis ad opus meum observabuntur. Fur autem primo a scabinis judicabitur, et penam pillorii sustinebit : postea vicecomiti meo vel meis ministris tradetur. » ( Charte communale d'Abbeville, art. 2. )

[2]. « Statutum est quod nullus mercatores ad abatis Villam venientes infra banlivam disturbare presumat. Quod si quis fecerit et emendare noluerit, si ipsum vel res suas comprehendere poterunt idem Burgenses, tam de ipso quam de rebus suis, tanquam de violatore communie, justitiam facient. » (Charte d'Abbeville, art. 3.)

[3]. L'esprit de cet article se retrouve dans l'article 4 de la charte d'Abbeville, mais avec des différences de rédaction qui l'accommodent à l'organisation politique et judiciaire du comté de Ponthieu :

« Si inter juratum et juratum, vel inter juratum et non juratum de re mobili questio oriatur, ad vicecomitem meum de eo clamor fiet, vel ad dominum vicecomitatus illius in quo manebit qui fuerit impetitus ; nisi ipse infra vicecomitatum meum inventus fuerit ; tunc enim, tam de eo quam de rebus suis in meo vicecomitatu existentibus, vicecomes meus justitiam faciet ; excepto eo quod personam jurati capere non poterit ; et qui ab eodem vicecomite meo vel domino, per sententiam condempnabitur, si condempnatus judicio non comparuerit, a scabinis quod judicatum fuerit, exsequi compelletur. » — L'article 5 de la charte d'Abbeville statue que dans tout procès relatif à des immeubles,

5. Qui autem de communione minime existens, alicui res suas abstulerit, justitiamque illi infra banleucam se executurum negaverit, postquam hoc hominibus castelli ubi manserit notum fecerit communia, si ipsum vel aliquid ad se pertinens, comprehendere poterit, donec ipse justitiam executus fuerit, prepositus noster retinebit, donec nos nostram et communia similiter suam habeat emendationem [1].

6. Qui pugno aut palma aliquem de communia, preter consuetudinarium conturbatorem vel lecatorem, percusserit, nisi se defendendo se fecisse duobus vel tribus testibus contra percussum disrationare poterit coram preposito nostro, viginti solidos dabit, quindecim silicet communie et quinque justitie dominorum [2].

7. Qui autem juratum suum armis vulneraverit, nisi similiter se defendendo legitimo testimonio et assertione sacramenti, se contra vulneratum disrationare poterit, pugnum amittet, aut novem libras, sex silicet firmitati urbis et communie, et tres justitie dominorum, pro redemptione pugni persolvet, aut si persolvere non poterit in misericordia communie, salvo catallo dominorum, pugnum tradet [3].

. . . . . . . . . . . . . . . . . . . . . . . . . . . . . . . . . . . . . . . . . . . . . . . . . . . . . . .

la plainte sera portée devant le seigneur de qui relève l'objet en litige. Cet article paraît correspondre à l'article 19 de la charte d'Amiens, qui porte : « Statutum est etiam quod communia de terris sive feodis dominorum non debet se intromittere. »

1. « Si vero non juratus res jurati abstulerit, et quod justitia dictaverit, exequi noluerit, si ipsum vel res suas comprehendere poterunt, detinebunt, donec quod justitia dictaverit, eidem jurato exequetur. » (Charte d'Abbeville, art. 6.)

2. « Qui pugno aut palma aliquem cum ira percusserit, nisi se aliqua ratione coram scabinis deffendere poterit, viginti solidos communie persolvet. » (Charte d'Abbeville, art. 7.)

3. Cet article se trouve fondu avec d'autres dispositions et des développements nouveaux dans l'article 8 de la charte d'Abbeville :

« Item, si quis armis aliquem vulneravit, domus ejus a scabinis prosternetur, et ipse a villa ejicietur, nec villam intrabit, nisi prius impetrata licentia a scabinis : de licentia autem eorum, villam intrare non poterit; nisi pugnum mise-

9. Qui vero de communione minime existens, aliquem de communia percusserit vel vulneraverit, nisi judicio communie coram preposito nostro justitiam exequi voluerit, domum illius, si poterit, communia prosternet, et capitalia erunt nostra. Et si eum comprehendere poterit, coram preposito.... per majorem et scabinos, de eo justitiam capiet, et catalla nostra erunt [1].

10. Qui juratum suum turpibus et inhonestis conviciis lacsserit, et duo vel tres audierint ipsum, per eos statuimus convinci, et quinque solidos, duos scilicet conviciato, et tres communie dabit [2].

11. Qui inhonestum aliquid de communia dixerit in audiencia quorumdam, si communie propalatum fuerit, et se quod illud non dixerit, judicum communie judicio defendere noluerit, domum illius, si poterit, prosternet communia, ipsumque in communia morari, donec emendaverit, non patietur, et si emendare noluerit, catalla ejus erunt in manu domini... et communie [3].

. . . . . . . . . . . . . . . . . . . . . . . . . . . . . . . . . . . . . . . . . . . . . . . . . .

ricordie corum exposuerit, aut novem libris ab eisdem scabinis redemerit. Quod si domum non habuerit, antequam villam intret, domum centum solidorum quam communia prosternat, inveniet ; et quod in curatione vulneris vulneratus expenderit, eidem a vulnerante in integrum restituetur ; et si pro paupertate solvere non poterit, misericordie scabinorum pugnum exponet. »
— L'article 8 de la charte d'Amiens complète celui-ci par une disposition relative aux *assurements*, qui manque dans la charte d'Abbeville

1. Cet article où, pour la première fois, on lit les mots *prévôt royal*, qui appartiennent à la révision de 1190, se trouve abrégé de la manière suivante dans l'article 9 de la charte d'Abbeville :
« Si autem non juratus juratum vel non juratum vulneraverit, et judicium scabinorum subire recusaverit, a villa expelletur et judicio scabinorum delictum punietur. »

2. « Qui vero juratum suum turpibus leserit conviciis per tres testes vel duos convinci poterit, et, in convictum, secundum quantitatem et qualitatem convicii, a scabinis pena statuetur. » (Charte d'Abbeville, art. 10.)

3. Cet article porte après le mot *domini*, le mot *regis*, évidemment substitué à *comitis*, dans la révision de 1190 ; il se trouve abrégé de la manière suivante dans l'article 11 de la charte d'Abbeville :
« Qui vero inhonestum de communia dixerit in audiencia, et convinci poterit testibus, judicio scabinorum emendabit. »

14. Qui, clamore facto de adversario suo, per prepositum et majorem et judices communie justitiam prosequi non poterit, si postea adversus eum aliquid fecerit, illum rationabiliter communia conveniet, ejusque audita ratione, quid inde postea agendum sit, judicabit [1].

15. Qui a majoribus et judicibus et decanis, scilicet servientibus communie, submonitus, justitiam et judicium communie subterfugerit, domum illius, si poterunt, prosternent, ipsum vero inter eos morari, donec satisfecerit, non permittent, et catalla erunt in misericordia prepositi... et majoris [2].

16. Qui hostem communie in domo sua scienter receperit, eique vendendo et emendo et edendo et bibendo vel aliquod solacium impendendo communicaverit, aut consilium aut auxilium adversus communiam dederit, reus communie efficietur, et, nisi judicio communie cito satisfecerit, domum illius, si poterit, communia prosternet, et catalla..... erunt [3].

........................................................

20. Qui judices communie de falsitate judicii comprobare voluerit, nisi, ut justum est, comprobare potuerit, in misericor-

---

[1]. Il faut entendre par les mots : *justitiam prosequi non poterit*, non pas : ne pourra obtenir justice, mais : sera empêché par une cause quelconque de suivre sa plainte en justice. Cet article est ainsi reproduit dans l'article 14 de la charte d'Abbeville :

« Item, si quis de alio super aliquo clamorem fecerit et ei a judice justitia fuerit oblata, si postea sine auctoritate judicis, adversario suo injuriam fecerit, a scabinis super hoc conventus, ejusque audita responsione, quid super hoc agendum sit, a scabinis statuetur. »

[2]. Dans la charte d'Abbeville, cette disposition ne forme point un article à elle seule, elle fait partie de l'article 12, qu'on trouvera dans la note suivante.

[3]. Dans cet article, au lieu de *catalla regis erunt*, on devait lire primitivement : *catalla comitis erunt*; il se trouve abrégé ainsi qu'il suit dans l'article 12 de la charte d'Abbeville :

« Item, qui hostem scienter communie receperit in sua domo, et si participaverit in aliquo inimicus communie efficietur ; et nisi judicio communie satisfecerit, tam illius quam alterius jurati qui judicium scabinorum subterfugerit, domus prosternetur. »

dia... est et majoris et scabinorum, de omni eo quod habet [1].

........................................................ ....

44. Si conventio aliqua facta fuerit ante duos vel plures scabinos, de conventione illa amplius non surget campus vel duellum, si scabini qui conventioni interfuerint, hoc testificati fuerint [2].

45. Omnia ista jura et precepta que prediximus majoris et communie, tantum sunt inter juratos; non est æquum judicium inter juratum et non juratum [3].

Ces seize articles, dont quinze appartiennent d'une manière authentique et un par conjecture à la première loi communale d'Amiens, impliquent l'existence d'une cité dans le sens politique du mot, c'est-à-dire d'une ville qui forme un corps et se régit par elle-même, et qui, malgré les réserves que lui imposent le temps et les circonstances, agit et prononce souverainement dans ses propres affaires. Comme tout corps politique,

---

[1]. On devait lire primitivement dans cet article, au lieu des mots *in misericordia regis*, ceux-ci: *in misericordia comitis;* il se retrouve avec des variantes dans l'article 19 de la charte d'Abbeville:

« Sciendum est etiam, quod quicumque scabinos de falsitate judicii infamaverit, nisi eos legitime convincere poterit, unicuique novem libras et aureum obolum persolvere tenebitur. »

[2]. « Preterea statutum est, quod si in presentia duorum vel trium scabinorum, contractus emptionis, venditionis, permutationis, pignoris vel alius contractus initus fuerit, eorum testimonio causa disrationabitur; salvo jure meo in eo qui convictus fuerit. Hoc idem erit, si carta publica et autentica a majore et scabinis tradita, dictis scabinis non apparentibus, fuerit producta. » (Charte d'Abbeville, art. 26.)

[3]. Cet article est évidemment primitif; nous le donnons comme tel, quoiqu'il ne soit reproduit sous aucune forme dans la charte d'Abbeville. — Voyez ci-après, section IV, p. 860, le texte complet de la charte communale d'Amiens.

la Commune d'Amiens se trouve limitée de deux manières dans son action et dans ses droits, d'un côté, par les bornes de sa circonscription territoriale, et de l'autre, par la distinction légale du citoyen et de l'étranger, ou, selon la langue du nouveau droit constitutionnel, de celui qui *est de la Commune* et de celui qui n'en est pas, du *Juré* et du *non-Juré*. Le terrain où la juridiction de la ville s'exerce, et où l'autorité de sa magistrature se fait sentir à tous, est d'abord, au dedans de ses murs, l'ancienne cité, puis, hors des murs, une banlieue, soit rétablie d'après la tradition des vieux souvenirs municipaux, soit nouvellement déterminée par accord entre la Commune et le comte. Dans ces limites territoriales, et par suite de sa révolution, la cité d'Amiens avait ainsi le plein exercice de trois sortes de droits : le droit de liberté politique, le droit de justice criminelle et le droit de justice civile; les deux derniers, comme on l'a vu plus haut, étaient, dans une certaine mesure, inhérents à la municipalité romaine et à la municipalité gallo-franke; mais le premier, élevé jusqu'au point de faire de la ville un État ayant droit de guerre et de paix autour de lui et droit de législation sur lui-même, formait quelque chose qui ne s'était pas encore vu, l'œuvre originale du xii<sup>e</sup> siècle. C'est pour la garantie de ce privilége de souveraineté urbaine que furent créés alors, avec un instinct merveilleux, de nouvelles constitutions, de nouvelles magistratures et un appareil tout nouveau de puissance et d'indépendance municipales.

Chose qui peut surprendre au premier coup d'œil, le droit politique, le plus éminent de tous les nouveaux droits obtenus par la ville d'Amiens, est celui qui joue le moindre rôle dans sa charte communale. Sauf la brève énonciation des devoirs réciproques et du privilége exclusif de ceux qui ont juré la Commune, et sauf la mention des crimes de *lèse-Commune* et d'*infraction de Commune*[1]; tout, en fait de règles et de dispositions constitutionnelles, paraît sous-entendu. L'échevinage, ce conseil souverain à qui sont délégués tous les pouvoirs de la Commune, est simplement nommé, comme pour mémoire, à propos des délits dont le jugement doit désormais lui appartenir. On ne voit ni quel est le nombre de ses membres, ni leurs différentes attributions, ni comment ils sont élus, ni au moyen de quelles ressources ils administrent les intérêts de la cité. Cette omission s'explique par la nature de l'acte, qui est surtout un accord fait entre la cité et le comte d'Amiens, et par l'état des idées politiques, fort différent au XIIe siècle de ce qu'il est aujourd'hui.

Le litige à main armée entre les bourgeois et leur seigneur ayant fini par la défaite du pouvoir seigneurial, l'association jurée, la Commune était reconnue par le

---

[1]. Reus communie efficietur. (Charte commun. d'Amiens, art. 16.)
— Faciat communia de eo ut de communie violatore. (Ibid., art. 3).

comte avec les institutions qu'elle venait de créer, et peu importait au comte sous quelle forme elle s'organiserait à l'avenir; aucun nouveau litige ne pouvait résulter de là, il n'y avait donc là-dessus rien à régler dans le pacte de transaction. La constitution particulière de la Commune d'Amiens, le mode d'élection de ses magistrats, le partage des attributions entre les diverses magistratures, les délibérations du corps entier des bourgeois et celles du conseil gouvernant, tout cela regardait la Commune seule; son libre arbitre à cet égard dérivait du fait de son existence. Le seigneur n'avait aucun intérêt à s'y entremettre, et, de son côté, la Commune elle-même n'était poussée par aucun motif pressant d'utilité à vouloir que la charte fît de ces arrangements d'ordre intérieur une mention expresse et détaillée.

Mais, comme nous l'avons déjà dit, le point fondamental, l'attribut le plus frappant de la souveraineté au xiie siècle, c'était la juridiction; là se trouvait pour la Commune d'Amiens le droit facilement litigieux, celui que le seigneur dépossédé pouvait reprendre en détail, diminuer dans son exercice, contester ou entraver par l'entremise journalière de ses officiers, celui enfin qu'il était urgent de garantir à toujours en spécifiant d'une manière authentique les cas divers qui constituaient la plénitude de son application. L'exercice du droit de justice appartenait dorénavant à la Commune, mais les profits attachés à ce droit devaient se partager entre elle et les co-seigneurs d'Amiens; or, il fallait que ce partage fût expressément réglé pour chaque espèce de crime ou de délit. Parmi tous ceux que la charte communale énumère sans ordre, on peut distinguer trois classes : 1° Les crimes et délits contre la Commune envisagée comme corps politique; 2° les crimes et délits contre les personnes des Jurés ou membres de la Commune; 3° les crimes et délits contre les biens des Jurés. La première catégorie, celle des délits politiques, est la plus curieuse à observer parce qu'elle forme la partie entièrement neuve du droit municipal d'Amiens, et qu'aucun usage, aucune tradition locale n'en avait fourni les éléments. Cette classe de délits offre cela de particulier que la peine proprement dite n'est décrétée pour aucun d'eux, mais seulement une vengeance préliminaire qui consiste à démolir la maison du coupable et à l'expulser du territoire de la Commune jusqu'à ce qu'il ait donné pleine satisfaction.

Le premier des crimes d'État est le fait de connivence ou d'amitié, ou simplement de relations pacifiques avec un ennemi de la Commune. « Celui qui sciemment, dit « la charte, aura reçu dans sa maison un ennemi de la « commune et aura communiqué avec lui, soit en vendant et achetant, soit en mangeant et buvant, soit « en lui rendant service d'une manière quelconque,

« sera coupable de lèse-commune [1]. » Celui qui empêche de passer librement par la banlieue les gens de la Commune ou les marchands qui viennent à la ville est considéré comme infracteur de la Commune et traité comme tel [2]. Celui qui se soustrait à la justice de la Commune est puni de bannissement, et sa maison est abattue [3]. Celui qui tient des propos injurieux contre la Commune encourt la même peine [4]. Voilà pour les dispositions communes aux chartes d'Amiens et d'Abbeville, c'est-à-dire pour celles qui authentiquemement sont plus anciennes que l'acte royal de 1190. Si l'on ne s'y arrête pas et qu'on relève dans cet acte d'autres dispositions, probablement primitives aussi, on trouvera les peines du crime politique, l'*abatis de maison* et le bannissement, appliquées à celui qui viole sciemment les constitutions de la Commune et à celui qui, blessé dans une querelle, refuse la composition en justice et refuse pareillement de donner sécurité à son adversaire.

Une peine moindre, car elle se réduit à ce que la maison du délinquant soit abattue s'il n'aime mieux en payer la valeur, est appliquée à celui qui adresse des injures au Maire dans l'exercice de ses fonctions, et à

---

[1]. Charte d'Amiens, art. 16; charte d'Abbeville, art. 12.
[2]. Amiens et Abbeville, art. 3.
[3]. Amiens, art. 15; Abbeville, art. 12.
[4]. Abbeville et Amiens, art. 11.

celui qui frappe un de ses Jurés devant les magistrats, en pleine audience [1]. Ainsi l'abatis de maison, vengeance de la Commune lésée ou offensée, était à la fois un châtiment par lui-même et le signe qui rendait plus terrible aux imaginations la sentence de bannissement conditionnel ou absolu. Il avait lieu dans la plupart des Communes du nord de la France avec un appareil sombre et imposant; en présence des citoyens convoqués à son de cloche, le Maire frappait un coup de marteau contre la demeure du condamné, et des ouvriers, requis pour service public, procédaient à la démolition qu'ils poursuivaient jusqu'à ce qu'il ne restât plus pierre sur pierre.

Une particularité inexplicable de la charte communale d'Amiens, c'est que le crime d'homicide n'y est point mentionné, que rien à son égard n'est statué ni prévu. Cette omission, dont la cause nous échappe, ne peut induire à croire que la punition du meurtre volontaire ou involontaire ait été laissée en 1117 à la justice du comte; car une pareille réserve n'aurait pas manqué d'être formellement énoncée, et il est prouvé d'ailleurs que, dans les années qui suivirent, la Commune exerça le droit de haute justice, qu'elle eut, comme on disait alors, le jugement du sang [2]. Lors-

---

[1]. Voyez ci-après, section IV, les articles 18, 8, 37 et 39, de la charte d'Amiens.

[2]. *Judicium sanguinis.* Voyez, dans le tome premier du Rec. des

qu'en 1190, Philippe-Auguste, devenu comte d'Amiens, se réserva comme cas royaux le cas de rapt et celui de *meurtre*, c'est-à-dire d'assassinat, il fit de cette réserve le sujet d'un article additionnel à la charte primitive [1], et depuis lors la juridiction de la Commune, bornée sur ce point, continua toujours de s'exercer dans les cas d'homicide commis avec violence ou par simple accident; une coutume de la ville d'Amiens, rédigée avant 1250, établit comme punition des coups donnés à main armée, *vie pour vie, membre pour membre* [2].

Une autre particularité de la charte d'Amiens, c'est

---

monum. inéd. de l'hist. du tiers état, p. 99, une lettre d'Étienne abbé de Sainte-Geneviève.

1. Omnia autem forifacta que infra banleugam civitatis fient, major et scabini judicabunt et de illis justiciam facient, sicut debent..... excepto tamen multro et raptu, quod nobis et successoribus nostris in perpetuum retinemus, sine parte alterius. ( Charte commun. d'Amiens, art. 48.)

2. « Derechief, quiconques par ire faite ferra autrui ou navrera, par coi il perde « vie ou membre, celui pleinement membre perdera, vie por vie; s'il est tenus que « il s'en soit fuis, il sera banis et eskix de la banliue, sor le hart à tous jors. » Voyez, dans le Rec. des monum. inéd. de l'hist. du tiers état, t. I, p. 124, le texte entier de cette coutume.) — La commune d'Abbeville, dont le droit pénal fut modelé sur celui d'Amiens au XIIe siècle, remplit, par un article spécial de sa charte, le vide qui existait dans la charte de la commune modèle :

« Si quis fortuito casu vel precedente inimicitia, juratum suum occiderit, et super hoc convictus fuerit, domus ejus et omnia ad ejus mancionem pertinentia, prosternantur. Si vero Burgenses malefactorem poterunt invenire, de eo plenam justiciam faciant. » ( Charte d'Abbeville, art. 20; Rec. des Ordonn. des rois de France, t. IV, p. 55.)

que toutes les peines qu'elle prononce se résolvent ou semblent devoir se résoudre en peines pécuniaires. Celui qui a blessé l'un de ses Jurés perd le poing ou paie neuf livres pour le rachat de son poing; la maison de celui qui a insulté le Maire doit être abattue, mais le délinquant peut la racheter selon sa valeur, *à la merci des juges*[1]. Les mots merci de la Commune, *misericordia communie*, reviennent souvent à propos des amendes, qui pour les cas les plus graves, n'ont point de taux déterminé. En outre, les satisfactions non définies qui sont exigées par ces formules *nisi cito satisfecerit*, *donec satisfecerit*, paraissent n'avoir été autre chose que des amendes à discrétion.

Ce système de droit pénal ne fut point, comme le système d'organisation politique, une institution nouvelle, une création de la Commune; c'était l'ancien droit coutumier de la ville et du comté d'Amiens. L'application des peines pécuniaires à tous les genres de délit s'introduisit comme principe de droit au sein de la Gaule romaine, par l'invasion et l'établissement des populations germaniques. Tant que dura la distinction des lois personnelles, ce principe resta borné dans son action aux seuls jugements prononcés contre les hommes d'origine barbare; les descendants des Gallo-

---

[1]. Novem libras pro redemptione pugni persolvet..... Aut, secundum pretium, domus in misericordia judicum redimatur. (Chart commun. d'Amiens, art. 7, 37.)

Romains demeurèrent soumis à la pénalité des lois romaines, et, comme on sait, les villes, même celles du nord, étaient presque entièrement peuplées d'habitants indigènes. Mais, quand les lois personnelles fléchirent et disparurent sous la juridiction territoriale des seigneurs, et que des usages locaux se substituèrent partout aux lois écrites, la coutume, dans les villes comme hors des villes, dut favoriser et développer le système des peines pécuniaires aux dépens de tout autre système.

En effet, le droit de justice étant devenu la propriété du seigneur justicier, le seigneur avait pour principal intérêt de tirer de cette propriété le meilleur revenu possible; de là vint que, dans le droit coutumier, à sa première époque, les amendes prédominèrent sur les peines corporelles, et que, pour celles-ci, fut admise presque toujours la faculté de rachat. Lorsque, par la révolution municipale du xiie siècle, la juridiction des seigneurs dans les villes fut, en tout ou en partie, transportée aux villes elles-mêmes, celles-ci ne s'avisèrent point de créer un nouveau droit pénal; là-dessus, comme pour le droit civil, elles s'en tinrent à la coutume, et ne songèrent nullement à innover. D'ailleurs en eussent-elles senti le besoin, qu'une nécessité plus impérieuse, celle de pourvoir aux dépenses de l'administration publique, de se ménager des ressources financières pour le présent et pour l'avenir, les aurait décidées à maintenir l'ancienne pénalité, dont le produit devait être longtemps encore la source la plus abondante de leurs revenus municipaux.

Le partage des profits judiciaires entre la Commune d'Amiens et les co-seigneurs dont la juridiction s'était absorbée dans la sienne, avait lieu d'une manière diverse pour les amendes proprement dites et pour les confiscations. Quant aux amendes, la règle générale de leur répartition était : deux tiers pour la Commune, et un tiers pour le comte ou pour le seigneur dans le fief duquel le délit avait eu lieu; par exception cependant, la Commune percevait quelquefois les trois quarts de l'amende, et quelquefois le tout[1]. Quant aux confiscations de biens meubles (capitalia, catalla) qui, dans les cas de crime, étaient une annexe de la peine, l'absence de chiffres qui déterminent leur répartition donne lieu de croire que les parts étaient égales entre la Commune et le seigneur; toutefois, il y avait des cas où le comte, au lieu de la moitié, prenait le tout[2].

1. Novem libras, sex scilicet firmitati urbis et communie, et tres justicie dominorum, pro redemptione pugni persolvet..... Novem libras dabit, scilicet sex libras communie et LX solidos justicie dominorum..... Ille malefactor LX solidos persolvet; et de hiis habebit justicia dominorum viginti solidos..... Viginti solidos dabit, quindecim scilicet communie et quinque justicie dominorum..... Viginti solidos communie persolvet, ibi justicia dominorum nichil capiet. (Charte commun. d'Amiens, art. 7, 38, 41, 6 et 40.)

2. ..... Et..... catalla ejus erunt in manu domini *regis* et communie..... Et catalla erunt in misericordia prepositi *regis* et majoris.....

Ce que la Commune d'Amiens percevait pour sa quote-part dans le produit total de son droit de juridiction, fut, durant le xiie siècle, la principale branche de ses revenus ordinaires. Il est douteux que le droit de taxation que l'échevinage possédait sur tous les membres de la Commune s'exerçât périodiquement et hors des cas de stricte nécessité. Le reste du revenu annuel consistait dans le cens payé par les locataires ou fermiers des maisons, terrains, cours d'eau, pêcheries et marais qui appartenaient à la ville, soit comme débris des anciens biens municipaux, soit en vertu de concessions faites par le comte pour former la nouvelle banlieue. De plus, on est fondé à croire qu'un droit sur les ventes d'immeubles, droit qui, dans les vieux registres de comptes, est appelé *Issue de deniers*, fut perçu dès l'origine par la Commune. Enfin, un droit de *nouvelle bourgeoisie* était payé par chaque étranger qui devenait citoyen d'Amiens, ou comme on disait alors, *entrait dans la Commune;* ce droit répondait à la cotisation primitive que, d'après le principe de la *ghilde*, tous les membres de l'association jurée avaient versée simultanément pour former le premier fonds de la caisse communale. Quant

---

In misericordia *regis* est et majoris et scabinorum de omni eo quod habet..... Et catalla nostra erunt.... Et catalla *regis* erunt. (Ibid., art. 14, 15, 20, 9 et 16.) — On doit se rappeler que le mot *regis* appartient à la révision faite en 1190.

aux ressources extraordinaires, elles se tiraient de collectes en argent ou en nature, et d'emprunts que la Commune contractait, sur fondation de rentes viagères ou perpétuelles, à un taux plus ou moins élevé.

Voilà quels étaient les moyens financiers à l'aide desquels la bourgeoisie d'Amiens devait pourvoir aux dépenses de son gouvernement libre; car, comme nous l'avons dit plus haut, les impôts indirects perçus dans la ville et dans la banlieue, les droits sur les marchandises apportées ou mises en vente, les péages, les tonlieux, ne lui appartenaient pas. C'est avec de si faibles ressources que le corps des magistrats électifs prit hardiment sur lui le soin de l'ordre intérieur et de la sûreté extérieure, la garde de la ville, l'entretien de ses fortifications, la tutelle de tous les intérêts civils. Vraisemblablement, dès l'origine, chaque membre du corps municipal eut le cercle de ses fonctions publiques tracé à l'avance et ses attributions nettement définies; il y eut, au sein de l'échevinage, des emplois spéciaux pour chacune des branches de l'administration, pour les affaires politiques, les jugements civils et criminels, les finances, la surveillance des mœurs, la voirie. La délimitation des différents pouvoirs et les attributions respectives des magistrats sont malheureusement impossibles à établir pour le xii<sup>e</sup> siècle, à cause de la pauvreté des documents contemporains; mais il faut se figurer que ces choses existaient alors, sinon telles qu'on les voit dans la suite, au moins selon une règle quelconque. En un mot, si l'on veut comprendre tout le sens et toute la portée d'actes trop peu nombreux et trop disparates pour avoir dans leur ensemble une signification bien frappante, on doit se rappeler que nous sommes désormais en pleine vie municipale.

## SECTION IV.

### DONATION FAITE PAR PHILIPPE D'ALSACE COMTE D'AMIENS. — CESSION DU COMTÉ D'AMIENS AU ROI PHILIPPE-AUGUSTE, CONFIRMATION DE LA COMMUNE. — ARTICLES ADDITIONNELS DE LA CHARTE COMMUNALE D'AMIENS, SON TEXTE DÉFINITIF [1].

En 1161, Philippe d'Alsace, comte de Flandre et d'Amiens, fit, du consentement de sa femme Isabelle, une donation à l'abbaye de Saint-Jean-lez-Amiens [2].

1. Recueil des monuments inédits de l'histoire du tiers état, t. I, p. 66, 101, 104 et suiv.
2. La date de l'avénement de Philippe d'Alsace au comté d'Amiens, est fort incertaine; Du Cange (*Histoire des comtes d'Amiens*, p. 316), admet que Raoul II de Vermandois donna en dot, à Isabelle sa fille, le comté d'Amiens, et qu'à la mort de Raoul ce domaine passa entre les mains d'Isabelle devenue, dès 1156, l'épouse de Philippe d'Alsace. Si l'on adopte cette conjecture, il faut supposer que Raoul III, fils de Raoul II, ne succéda à ce dernier que dans le comté de Vermandois. D'après une autre opinion qui nous paraît beaucoup moins probable, Raoul III aurait possédé le comté d'Amiens jusqu'en 1164, époque de sa mort, et avant cette date, Philippe d'Alsace et Isabelle n'auraient pris le titre de comte et comtesse d'Amiens que comme administrateurs du comté pendant la minorité ou la maladie de leur frère.

Dans l'acte qui fut rédigé alors, on lit ces mots : « Je
« mande et ordonne au Maire et à toute la Commune
« d'Amiens, ainsi qu'à tous autres qui sont mes hommes,
« de maintenir en paix les biens de cette église, et,
« si elle vient à être inquiétée ou attaquée, de lui
« donner, en mon lieu, aide et protection [1]. » C'est
comme successeur des anciens comtes et comme héritier de leurs droits seigneuriaux que Philippe d'Alsace
adresse cette injonction aux citoyens et leur parle en
souverain. Toutefois, il ne faudrait point induire de ces
expressions impératives qu'en 1161 son pouvoir fût
plus grand à Amiens que celui de la Commune. Depuis l'année 1117, le gouvernement politique, dans la
cité et la banlieue, appartenait tout entier à la bourgeoisie. Les paroles que nous avons citées renferment
donc moins une délégation du pouvoir seigneurial
qu'un appel fait à la puissance effective de la Commune. En l'année 1170, une lettre du comte Philippe
plaça de même une autre abbaye sous la garde du
corps de ville. Cette lettre, comme celle de 1161,
prouve, à notre avis, que la Commune seule avait
alors assez de force et d'autorité pour protéger d'une
manière efficace les propriétés civiles et ecclésiasti-

[1]. Majoribus totique communie Ambianis ceterisque meis hominibus mando et præcipio quatinus ejusdem ecclesie res in pace custodiant et eidem ecclesie in suis perturbationibus loco meo patrocinari non desistant. (*Rec. des monum. inéd. de l'hist. du tiers état*, t. I, p. 67.)

ques, et pour maintenir, dans toute l'étendue du territoire soumis à sa juridiction, la paix et le bon ordre.

Philippe d'Alsace, ayant perdu en 1182 sa femme Élisabeth, garda après sa mort tous les fiefs qu'elle lui avait apportés en dot. Aliénor de Vermandois réclama l'héritage de sa sœur, et Philippe-Auguste, à qui elle avait cédé secrètement une partie du Vermandois et de l'Amiénois, éleva en son nom des prétentions sur ces domaines. Déjà une guerre suscitée à leur sujet entre le roi et le comte de Flandre, s'était terminée par la mise en séquestre d'Amiens aux mains de l'évêque de cette ville. Philippe-Auguste prit de nouveau les armes en 1184 pour la défense des intérêts d'Aliénor, et l'année suivante Philippe d'Alsace, obligé de céder, lui abandonna tous ses droits sur le comté d'Amiens.

Cette cession devait nécessairement réagir sur la constitution de la Commune. Comme roi et comme comte, Philippe-Auguste se trouva tout à coup investi, dans la ville d'Amiens, d'une double puissance. Sans abdiquer son titre féodal de comte d'Amiens, il eut soin de ne montrer, dans tous ses actes, que ce pouvoir royal, qui le plaçait au-dessus des seigneurs auxquels il se trouvait substitué, et il établit nettement la différence qui existait entre son autorité et celle des anciens comtes. Ceux-ci, lorsqu'ils prenaient possession du comté d'Amiens, devaient faire hommage à l'évêque; Philippe-Auguste ne voulut point remplir

une formalité qui l'assimilait à un simple baron, et qui eût été contraire à l'idée d'absolue souveraineté attachée au titre de roi. Voici comment il s'exprime dans une charte donnée à l'église d'Amiens, en 1185 :
« Que tous, présents et à venir, sachent que Philippe,
« comte de Flandre, nous ayant abandonné la ville et
« le comté d'Amiens, nous avons connu clairement la
« fidélité et le dévouement envers nous de l'église
« d'Amiens; car, non-seulement elle nous a montré en
« cette affaire beaucoup de dévouement, mais en outre,
« attendu que la mouvance de la terre et du comté
« susdits appartient à cette église, et qu'elle doit en
« recevoir l'hommage, cette église a consenti et ac-
« cordé bénignement que nous tinssions son fief sans
« lui prêter hommage, car nous *ne devons ni ne pou-*
« *vons rendre hommage à personne* [1]. »

La réunion du comté d'Amiens à la couronne devait, ainsi que nous l'avons dit, ne pas demeurer sans influence sur les destinées de la Commune. Les relations des bourgeois avec le comte et ses officiers avaient été déterminées dans la charte rédigée en 1117; mais le nouvel ordre de choses amenait de force un changement, sinon dans la constitution de la ville et dans la nature de ses rapports avec son seigneur immédiat, du moins dans la manière de régler et surtout d'exprimer

---

[1]. Hist. de la civilisation en France, éd. 1840, t. IV, p. 142. Voyez les considérations générales dont M. Guizot a entouré cette citation.

ces rapports. Il y avait lieu à cet égard de fixer les principes et de constater les faits par un écrit authentique. D'ailleurs, en passant sous le pouvoir d'un nouveau seigneur, les bourgeois d'Amiens durent éprouver le besoin de faire reconnaître par lui leurs franchises municipales, d'autant plus que ce nouveau seigneur était le roi de France, qu'il réunissait en sa personne le droit tout local du comte et le droit universel du souverain. Tel fut le double objet de la charte donnée, en 1190, par le roi Philippe-Auguste, à la requête des bourgeois d'Amiens, charte qui leur *concéda*, selon sa teneur officielle, ou, plus exactement, leur garantit l'existence de la Commune jurée en 1113 et constituée en 1117.

Cette charte, loin d'être un acte nouveau, ne fait que reproduire, sauf certaines modifications de forme et sauf le règlement de certaines relations plus directes entre la ville et le pouvoir royal, le texte de la charte émanée du premier successeur d'Enguerrand de Boves. Elle se compose de trois parties distinctes, savoir : 1° quarante-cinq articles, qui, selon nous, formaient la charte primitive délibérée par les bourgeois et consentie par le comte après la révolution communale ; 2° un *memorandum* concernant le rachat de péage fait par la Commune entre les années 1144 et 1164[1] ;

---

1. Voyez le tome 1er du *Rec. des monum. inéd. de l'hist. du tiers état*, p. 86.

3° six articles additionnels joints par la chancellerie de Philippe-Auguste à la charte primitive, lorsque cette charte fut examinée et revisée.

L'histoire de cette révision est facile à établir d'après le texte même du document. L'original de l'acte constitutionnel de 1117 existait depuis cette époque dans les archives de la Commune d'Amiens ; vers 1160, on avait inscrit au bas de cet original, après les signatures, le memorandum relatif au rachat de péage ; et c'est dans cet état que la charte fut envoyée à la chancellerie royale, qui en maintint, sauf quelques changements de mots, le dispositif et la forme. Dans les articles où se rencontrait le titre de comte, le titre de roi fut substitué purement et simplement ; le reste du texte n'eut pas à subir la moindre correction ; les formules *præpositus noster* et le simple mot *præpositus*, qui avaient servi à désigner le prévôt du comte d'Amiens, restèrent pour désigner le prévôt du roi[1] ; les signatures données en 1117 furent supprimées, et cette suppression fit du memorandum un article, le quarante-sixième, après lequel les officiers du roi placèrent, sans s'inquiéter de la disparate, leurs six articles additionnels.

Ces dispositions d'origine diverse formèrent le code officiel, le corps de droit écrit, d'après lequel se gou-

---

[1]. Voyez ci-après les art. 2, 5, 6 et 9, 8, 12, 14, 31 et 43.

verna dès lors la Commune d'Amiens. Nous ne dirons rien du memorandum, auquel le hasard seul a donné place parmi les articles légaux. Quant aux quarante-cinq articles, dont nous avons déjà parlé en relevant ceux que leur conformité avec la charte d'Abbeville signale comme authentiquement primitifs, nous les avons examinés sous deux rapports, celui du droit politique et celui du droit criminel; nous les analyserons maintenant sous le rapport du droit civil, dont il n'a été fait aucune mention ci-dessus, parce que la Commune d'Abbeville, trouvant dans sa coutume locale des règles de droit civil, n'avait à cet égard rien emprunté au texte de la charte communale d'Amiens.

En effet, les usages civils sanctionnés par cette charte, en 1117, étaient d'une ancienneté immémoriale dans la ville et le comté d'Amiens; ils avaient existé longtemps avant la Commune, et, à la différence des institutions politiques, ils furent enregistrés, non décrétés, par les bourgeois affranchis. Deux principes de droit semblent avoir été proclamés alors pour la première fois : l'un qui restreignait les abus du duel judiciaire, en statuant que nul champion gagé ne serait admis à combattre contre un membre de la Commune[1]; l'autre, qui, dérogeant sans doute à l'ancienne coutume, ordonnait que dans toute cause l'accusateur,

1. Art. 17.

l'accusé et le témoin, pourraient, s'ils le voulaient, se faire entendre par avocats [1].

Les dispositions traditionnelles, qui, de l'ancienne coutume, passèrent dans la charte communale d'Amiens, doivent se rapporter à trois sources : le droit romain, dont la trace, quelque faible et confuse qu'elle soit, existe au fond de toutes nos coutumes, l'ancien droit des populations germaniques, et ce droit commun du moyen âge qu'on appelle droit féodal.

Aucun article de la charte ne peut être noté en particulier comme dérivant d'un texte formel du droit romain. Les dispositions des articles 21, 23, 22, 35 et 32, se réfèrent plus ou moins complétement aux lois germaniques. Sous le nom de dot, l'article 21 désigne le douaire constitué à la femme par son mari, et le déclare inaliénable sans dire quelle était alors sa nature dans les usages de la cité d'Amiens; s'il était fixé par la coutume ou simplement conventionnel. L'article 23 montre la veuve qui a des enfants mineurs soumise à une sorte de tutelle et placée sous la direction d'un avoué que d'autres coutumes appellent *mainbourg* [2]. Les articles 22 et 35 sont relatifs au partage des acquêts, et en assurent, dans certains cas, l'usufruit au conjoint survivant [3]. Enfin, l'article 32 déclare non pu-

---

[1]. Art. 33.
[2]. Voyez Laurière, *Gloss. du droit français*, au mot *mambournie*.
[3]. Voyez la Loi des Ripuaires, titre 39.

nissable l'acheteur d'un objet volé, qui allègue son ignorance, et il permet au juge d'exiger dans ce cas le serment des deux parties [1].

Les dispositions dérivant du droit féodal se trouvent dans les articles où le combat judiciaire est admis, sauf certaines restrictions, comme un moyen de terminer les procès civils ; dans l'article 25, qui consacre, tout en le modérant, le principe du retrait lignager, et dans l'article 8, qui établit une peine contre la personne lésée qui refuse de donner *assurement*, c'est-à-dire sécurité à son adversaire [2].

Nous signalons en outre à l'attention du lecteur les dispositions suivantes : l'article 26 fixe à sept années le temps nécessaire pour que la prescription soit acquise. On sait que sur ce point l'usage a varié suivant les temps et les pays ; et il y a lieu de croire que la charte d'Amiens n'avait fait que sanctionner une règle de droit local, qui ne saurait être rapportée à aucune législation. L'article 42, qui traite des offenses par paroles d'un Juré envers son Juré, place en première ligne, comme l'offense la plus grave, le nom de serf. Les articles 36 et 37 établissent une pénalité différente pour l'injure faite au Maire dans l'exercice de ses fonctions et pour l'injure faite au Prévôt : l'outrage à

---

1. Voyez la Loi salique, titres 39 et 49 de la *lex emendata*.
2. Beaumanoir, ch. 59, définit l'assurement une des quatre manières de mettre fin aux guerres privées.

la personne du Maire est un crime politique puni, comme tel, par l'abatis de maison; l'outrage à la personne du Prévôt est un délit amendable par accord, après jugement des Échevins et sans punition publique. Le maintien de ces dispositions dans la charte revisée en 1190 est digne de remarque; il prouve que si la prévôté, exercée dans Amiens au nom du roi, avait quelques attributions de plus que l'ancienne prévôté du comte, elle n'était pas plus que celle-ci un pouvoir constitutionnel, et que, pour la dignité, elle demeurait au-dessous des magistratures communales.

Nous arrivons aux six articles qui renferment les nouvelles dispositions ajoutées à la charte primitive par la chancellerie de Philippe-Auguste. Ils portent ce qui suit : Les contestations relatives à des immeubles situés dans la ville, seront jugées par le prévôt, en plaid général, trois fois l'an. — Tous les crimes et délits seront jugés par le maire et les échevins en présence du bailli du roi, s'il veut assister au jugement; s'il ne le veut ou ne le peut, justice sera faite sans lui, excepté dans les cas de meurtre et de rapt, qui sont réservés au roi. — Les biens des homicides, des incendiaires et des traîtres seront dévolus au roi seul sans partage avec autrui, c'est-à-dire avec les co-seigneurs. — Nul ne pourra faire de *ban*[1] dans la ville, si ce n'est

---

[1]. Ordonnance, proclamation. Voyez Du Cange, *Glossar.*, v° *bannum*.

de par le roi et l'évêque. — Le roi, le sénéchal ou le prévôt du roi, l'évêque et le maire, pourront, chacun une fois par année, faire rentrer dans la ville un banni, hors le cas de condamnation pour meurtre, homicide, incendie, trahison et rapt. Voilà pour les cinq premiers articles ; quant au sixième et dernier, il est ainsi conçu :
« Nous voulons et nous octroyons à la commune que
« jamais il ne soit loisible ni à nous ni à nos succes-
« seurs de mettre hors de notre main ladite commune
« ou cité d'Amiens, mais qu'elle reste perpétuellement
« et invariablement unie à la couronne royale. » Dans cette promesse il y avait une garantie pour la constitution et les franchises de la ville, qui se trouvaient assurées dès lors contre les éventualités périlleuses d'un changement de seigneur.

Si l'on récapitule maintenant les modifications introduites dans le droit municipal d'Amiens par la substitution de la seigneurie du roi à celle du comte et par la révision de la charte communale, on verra que ces modifications portaient simplement sur le régime judiciaire, et que, pour le droit politique, rien n'était changé. Le droit seigneurial de ban ou d'ordonnance fut, il est vrai, expressément réservé au roi et à l'évêque ; mais ce fut à l'égard des autres seigneurs d'Amiens, et non à l'égard de la Commune, que cette restriction eut lieu. Car, d'un côté, les articles de la charte primitive, qui mentionnaient les établissements des échevins, *statuta scabinorum*[1], reçurent une sanction nouvelle par leur maintien dans l'acte donné en 1190; et, d'un autre côté, les documents postérieurs au xiie siècle constatent que l'échevinage resta en possession de faire des ordonnances en toutes matières, législation, administration, justice et police. Voici le texte complet et définitif de la Charte communale d'Amiens :

In nomine sancte et individue trinitatis. Amen[2]. Philippus Dei gratia Francorum rex, quoniam amici et fideles nostri cives Ambianenses fideliter sepius suum nobis exhibuere servitium, nos eorum dilectionem et fidem erga nos plurimam attendentes, ad petitionem ipsorum, communiam eis concessimus[3], sub observatione harum consuetudinum, quas se observaturos juramento firmaverunt.

1. Unusquisque jurato suo fidem, auxilium consiliumque per omnia juste observabit.

---

1. Art. 31, 38 et 43.
2. Cette charte a été publiée dans le *Recueil des Ordonnances des rois de France;* mais les éditeurs n'ont pas eu sous les yeux l'original, et le texte qu'ils en ont donné, d'après le cartulaire de Philippe-Auguste, est très-fautif. En le réimprimant ici, nous avons cru pouvoir profiter des variantes qui se trouvent dans une expédition authentique des lettres de confirmation octroyées en 1209 par le roi Philippe-Auguste, et copiées textuellement sur celle de 1190. Voyez le *Rec. des monum. inéd. de l'hist. du tiers état*, t. I, p. 180.
3. Il n'est pas besoin de faire observer que dans cette charte, comme dans une foule d'autres du même genre, le mot *concessimus* est une pure formule de style seigneurial; la Commune d'Amiens existait depuis soixante et treize ans. Le droit accordé par Philippe-Auguste aux citoyens fut celui, non de former une Commune jurée, mais de conserver leur Commune avec ses institutions.

2. Quicumque furtum faciens intra metas communie comprehendetur, vel fecisse cognoscetur, preposito nostro tradetur, et quicquid de eo agendum erit, judicio communionis judicabitur et fiet; reclamanti vero id quod furto sublatum est, si potest inveniri, prepositus noster reddet; reliqua in usus nostros convertentur.

3. Nullus aliquem inter communiam ipsam commorantem, vel mercatores ad urbem cum mercibus venientes, infra banleucam civitatis disturbare presumat. Quod si quis fecerit, faciat communia de eo, ut de communie violatore, si eum comprehendere poterit, vel aliquid de suo, justitiam facere.

4. Si quis de communione alicui jurato suo res suas abstulerit, a preposito nostro submonitus justitiam prosequetur; si vero prepositus de justitia defecerit, a majore vel scabinis submonitus, in presentia communionis veniet, et quantum scabini inde judicaverint, salvo jure nostro, ibi faciet.

5. Qui autem de communione minime existens alicui de communia res suas abstulerit, justitiamque illi infra banleucam se executurum negaverit, postquam hoc hominibus castelli ubi manserit notum fecerit, communia, si ipsum, vel aliquid ad se pertinens, comprehendere poterit, donec ipse justitiam executus fuerit, prepositus noster retinebit, donec nos nostram et communia similiter suam habeat emendationem.

6. Qui pugno aut palma aliquem de communia, preter consuetudinarium perturbatorem vel lecatorem, percusserit, nisi se defendendo se fecisse, duobus vel tribus testibus contra percussum disrationare poterit, coram preposito nostro, viginti solidos dabit, quindecim scilicet communie et quinque justitie dominorum.

7. Qui autem juratum suum armis vulneraverit, nisi similiter se defendendo, legitimo testimonio et assertione sacramenti se contra vulneratum disrationare poterit, pugnum amittet, aut novem libras, sex scilicet firmitati urbis et communie, et tres justitie dominorum, pro redemptione pugni persolvet; aut si per-

solvere non poterit, in misericordia communie, salvo catallo dominorum, pugnum tradet.

8. Si vero ita superbus fuerit vulneratus, quod emendationem non velit accipere ad arbitrium prepositi et majoris et scabinorum, vel securitatem prestare, domus ejus, si domum habuerit, destruetur, et catalla ejus capientur; si domum non habuerit, corpus ejus capietur, donec vel emendationem acceperit vel securitatem prestiterit.

9. Qui vero de communione minime existens, aliquem de communia percusserit vel vulneraverit, nisi judicio communie coram preposito nostro justitiam exequi voluerit, domum illius, si poterit, communia prosternet, et capitalia erunt nostra. Et si eum comprehendere poterit, coram preposito regio per majorem et scabinos de eo vindicta capietur, et catalla nostra erunt.

10. Qui juratum suum turpibus et inhonestis conviciis lacesserit, et duo vel tres audierint ipsum, per eos statuimus convinci, et quinque solidos, duos scilicet conviciato, et tres communie dabit.

11. Qui inhonestum, alicui, de communia dixerit in audiencia quorumdam, si communie propalatum fuerit, et se quod illud non dixerit, judicum communie judicio defendere noluerit, domum illius, si poterit, prosternet communia, ipsumque in communia morari, donec emendaverit, non patietur, et si emendare noluerit, catalla ejus erunt in manu domini regis et communie.

12. Si quis de juratione erga juratum suum facta, vel fide mentita, comprobatus fuerit coram preposito et majore, judicio communie punietur.

13. Si quis de communia praedam scienter emerit vel vendiderit, si inde comprobatus fuerit, praedam amittet eamque praedatis reddet nisi ab ipsis praedatis, vel eorum dominis, adversus dominos communie vel ipsam communiam aliquid committatur.

14. Qui clamore facto de adversario suo per prepositum et majorem et judices communie justitiam prosequi non poterit [1], si

[1]. Nous avons dit ci-dessus, p. 195, note 1, que les mots *justitiam pro-*

postea adversus eum aliquid fecerit, illum rationabiliter communia conveniet, ejusque audita ratione quid inde postea agendum sit judicabit.

15. Qui a majoribus et judicibus et decanis, scilicet servientibus communie submonitus justitiam et judicium communie subterfugerit, domum illius si poterunt, prosternent, ipsum vero inter eos morari donec satisfecerit, non permittent et catalla erunt in misericordia prepositi regis et majoris.

16. Qui hostem communie in domo sua scienter receperit, eique vendendo et emendo et edendo et bibendo, vel aliquod solacium impendendo, communicaverit, aut consilium aut auxilium adversus communiam dederit, reus communie efficietur, et nisi judicio communie cito satisfecerit, domum illius, si poterit, communia prosternet, et catalla regis erunt.

17. Infra fines communie non recipietur campio conducticius contra hominem de communia.

18. Si quis communie constitutiones scienter absque clamore violaverit, et inde convictus fuerit, mox domum illius communia, si poterit, prosternet, eumque inter eos morari, donec satisfecerit, minime patietur.

19. Statutum est etiam quod communia de terris sive feodis dominorum non debet se intromittere.

20. Qui judices communie de falsitate judicii comprobare voluerit, nisi, ut justum est, comprobare potuerit, in misericordia regis est et majoris et scabinorum, de omni eo quod habet.

21. Mulier dotem quam tenet nec vendere, nec in vadium mittere poterit, nisi propinquiori heredi et nisi de anno in annum. Si autem heres aut non possit aut nolit emere, oportet mulierem tota vita sua tenere, per annum autem locare poterit.

22. Si quis vir et uxor ejus infantes habeant, et contingat ori infantes, quis eorum supervixerit, sive vir sive mulier,

*equi non poterit* s'appliquaient non au cas de déni de justice, mais au défaut e poursuites de la part du plaignant.

quicquid similiter possederunt de conquisitis, qui superstes erit, quamdiu vixerit, in pace remanebit et tenebit, nisi in vita premorientis donum vel legatum inde factum fuerit. Quod si antequam convenerint, vel vir vel uxor infantes habuerint, post decessum patris aut matris hereditas infantum ad eos redibit, nisi sit feodum.

23. Si mortuo marito uxor supervixerit, et infantes ejus vivi remanserint, mulier de omni possessione quam vir ejus in pace tenuerat, quamdiu infantes in custodia erunt, donec ipsa advocatum habeat, nisi sit vadimonium, non respondebit.

24. Si quis ab aliqua vidua pecuniam requisierit, ipsa contra unum testem, non contra plures, per sacramentum se deffendet et in pace remanebit; si vero ab ea aliquam ejus possessionem ut vadium requisierit, ipsa se per bellum deffendet.

25. Si quis terram, aut aliquam hereditatem ab aliquo emerit, et illa, antequam empta sit, propinquiori heredi oblata fuerit, et heres eam emere noluerit, nunquam amplius de ea illi heredi in causa respondebit. Si autem propinquiori heredi oblata non fuerit, et qui eam emerit, vidente et sciente herede, per annum eam in pace tenuerit, numquam de ea amplius respondebit.

26. Si quis septem annis aliquam suam possessionem presente adversario in pace tenuerit, numquam de ea amplius respondebit.

27. Si quis alienus mercator aliquid vendiderit, et ipsa hora pecuniam habere non potuerit, ad dominum emptoris, vel ad prepositum domini prius clamorem faciet, et si una ei justitia defuerit, ad majorem clamorem deferet, et major ei cito pecuniam suam habere faciet, quecunque dies sit.

28. Quicumque de promissione clamorem fecerit nichil recuperabit.

29. Si quis major, aut scabinus, aut aliquis de justitia majoris, premium vel acceperit vel requisierit, et ille qui dederit, vel a quo premium quesitum fuerit, ad majorem clamaverit, vel testem super hoc habuerit, accusatus viginti solidos persolvet; et si premium acceperit, reddet.

30. Quod si accusator testem non habuerit, ille qui accusabitur per sacramentum se defendet.

31. Si quis ad prepositum clamorem deferet, et prepositus ei justitiam facere noluerit, clamator ad majorem clamorem deferet, et major prepositum ad rationem mittet ut ei justitiam faciat; quam si facere recusaverit, major, salvo jure regio, justitiam faciet, secundum statuta scabinorum.

32. Si quis super aliquem aliquid quod suum est interciaverit, et ille qui accusabitur responderit se illud non a latrone scienter emisse, hoc pro quo accusabitur perdet, et ante justitiam per sacramentum se defendet, si prepositus vel justicia voluerit, et postea in pace abibit; et hoc idem faciet garanus, si hoc idem dixerit, tam primus quam secundus et tertius; accusator autem hoc quod clamaverit, sacramento confirmabit, si voluerit ille qui justitiam tenebit.

33. In omni causa et accusator et accusatus et testis per advocatum loquentur, si voluerint.

34. De possessionibus ad urbem pertinentibus, extra urbem nullus causam facere presumat.

35. Si vir et uxor aliquam possessionem in vita sua acquisierint, et eorum quispiam mortuus fuerit, qui superstes fuerit medietatem solus habebit, et infantes aliam. Si vir mortuus fuerit, aut uxor mortua fuerit et infantes vivi remanserint, possessiones, sive in terra sive in redditu, que ex parte mortui venerint, ille qui superstes erit nec vendere, nec ad censum dare, nec in vadium mittere poterit, absque assensu propinquorum parentum mortui, aut donec infantes ejus absque custodia fuerint.

36. Si quis prepositum regis, in placito vel extra placitum, turpibus et inhonestis verbis provocaverit, in misericordia prepositi erit, ad arbitrium majoris et scabinorum.

37. Si quis majorem in placito turpibus et inhonestis verbis provocaverit, domus ejus prosternatur; aut secundum pretium, domus in misericordia judicum redimatur.

38. Si quis juratum suum percusserit vel vulneraverit, et

ille qui percussus fuerit clamorem fecerit quod pro veteri odio percussus sit, percussor rectum faciet, secundum statuta scabinorum, pro ictu, et post hoc pro veteri odio, aut per sacramentum se purgabit, aut rectum faciet communie, et novem libras dabit, scilicet vi libras communie et lx solidos justitie dominorum, et persolvet medietatem recti infra octo dies, aut totum, si scabini voluerint. Nullus enim pro eo qui percusserit, quicumque sit, aut vir aut mulier aut puer, sacramentum faciet.

39. Si major cum communia et juratis in causa sedeat, et aliquis ibi suum juratum percusserit; illius, contra quem in causa plures testes exierint, qui primus ictum dederit, domus prosternetur.

40. Qui autem in causa jurato suo conviciatus fuerit, viginti solidos communie persolvet, ibi justitia dominorum nichil capiet.

41. Qui juratum suum in aquam aut in paludem jactaverit, si clamator unum testem adduxerit, et major immunditiam viderit, ille malefactor lx solidos persolvet et de hiis habebit justitia dominorum xx solidos. Si immundus nullum testem habuerit contra sanguinem vel immunditiam, per sacramentum se defendet, et liber abibit.

42. Qui vero juratum suum, servum recredentem, traditorem, *wissot* [1], id est *coup*, appellaverit, viginti solidos persolvet.

43. Si filius burgensis aliquid forifacti fecerit, pater ejus pro filio justitiam communie exequetur. Si autem in custodia patris non fuerit, et submonitus, justitiam subterfugerit, uno anno a civitate ipsum extraneum esse oportebit. Si autem anno preterito, redire voluerit, secundum statuta scabinorum preposito et majori rectum faciet.

44. Si conventio aliqua facta fuerit ante duos vel plures scabinos, de conventione illa amplius non surget campus nec duellum, si scabini, qui conventioni interfuerint, hoc testificati fuerint.

1. *Alias* wisloth.

45. Omnia ista jura et precepta que prediximus majoris et communie, tantum sunt inter juratos. Non est equum judicium inter juratum et non juratum.

46. Ambianensium solebat esse consuetudo, quod, in festis apostolorum, de unaquaque quadriga per unam quatuor portarum urbis in villam introeunte, Guarinus Ambianensis archidiaconus obolum accipiebat. Major vero et scabini, qui tunc temporis extiterunt, per consilium Theodorici, tunc episcopi Ambianensis, consuetudinem prefatam ab archidiacono, quinque solidis et quatuor caponibus, emerunt et ad censum ceperunt; et censum illum ad furnum Firmini de Claustro, extra portam Sancti Firmini, in valle situm, archidiaconus sumit.

47. De omnibus tenementis ville justitia exhibebitur per prepositum nostrum, ter in anno, in placito generali, videlicet in Natali domini, in Pascha et in Penthecoste.

48. Omnia autem forifacta, que infra banleugam civitatis fient, major et scabini judicabunt, et de illis justitiam facient, sicut debent, presente ballivo nostro, si ibi voluerit interesse; si vero interesse noluerit, vel non poterit, pro ejus absentia justitiam facere non desinent, sed debitam justitiam facient, excepto tamen multro et raptu, quod nobis et successoribus nostris in perpetuum retinemus, sine parte alterius.

49. Catalla vero homicidarum, incendiariorum et proditorum nostra sunt absolute, sine parte alterius. In catallis vero aliorum forefactorum retinemus nobis et successoribus nostris id quod habuimus et habere debemus.

50. Bannum in villa nullus potest facere, nisi per regem et episcopum.

51. Si quis bannitus est pro aliquo forifacto, excepto multro, homicidio, incendio, proditione, raptu, rex, vel senescallus, vel prepositus regis, episcopus, major, unusquisque eorum semel in anno, poterit eum conducere in villam.

52. Volumus etiam et communie in perpetuum quittamus et concedimus, quod, nec nobis, nec successoribus nostris, liceat

civitatem Ambianensem vel communiam extra manum nostram mittere, sed semper regie inhereat corone.

Que omnia ut in perpetuum rata et firma permaneant presentem paginam sigilli nostri auctoritate et regii nominis karactere inferius annotato, salvo jure episcopi et ecclesiarum et procerum patrie et alieno jure, confirmamus. Actum Lorriaci, anno incarnati Verbi millesimo centesimo nonagesimo, regni nostri anno xi°. Astantibus in palatio nostro quorum nomina supposita sunt et signa : S. comitis Theobaldi, dapiferi nostri; S. Guidonis, buticularii; S. Mathei, camerarii; S. Radulphi, constabularii. Data vacante cancellaria [1].

1. Rec. des Ordonn. des rois de France, t. XI, p. 264 et suiv. — Baluze *Miscellanea*, t. VII, p. 318. — Bibl. imp., cartul. de Philippe-Auguste, Fonds des cartulaires n° 172, fol. 17 v°. Fonds du Roi, n° 9852. A, fol. 43 v°, 9852. 3, fol. 56 r°, et n° 8408. 2. 2. B, fol. 79 r°. — Arch. nationale, Trésor des chartes, reg. de Philippe-Auguste, fol. 17 v°.

FIN.

## APPENDICE I[1]

PLAN D'UNE COLLECTION GÉNÉRALE DES MONUMENTS INÉDITS
DE L'HISTOIRE DU TIERS ÉTAT.

La pensée d'éclaircir les origines et l'histoire du Tiers État par la publication d'un grand recueil de documents inédits appartient à M. Guizot, ministre de l'instruction publique. C'est lui qui, en 1836, m'a confié l exécution de ce travail, entrepris avec zèle, mais que des difficultés imprévues et le triste état de ma santé ont rendu, malgré moi, beaucoup trop lent. Il s'agissait de faire, pour le troisième des anciens ordres de la nation, ce qui s'était fait depuis plus de deux siècles par l'érudition française pour la noblesse et le clergé. Avant tout, je me suis demandé ce que devrait être, dans sa plus grande étendue possible, un recueil des monuments de l'histoire du Tiers État ou des classes roturières en France, et quels matériaux de différent genre il faudrait y faire entrer. Ces matériaux, divers selon qu'ils se rapportent à la condition privée ou publique des personnes, à leur existence dans la famille, dans la corporation, dans la Commune, dans la pro-

[1] Ce morceau est l'avant-propos du premier volume du *Recueil des monuments inédits de l'histoire du tiers état.*

vince et dans l'État, m'ont paru se ranger naturellement sous quatre chefs donnant lieu à autant de collections distinctes dont voici le sommaire :

1° *Collection des documents relatifs à l'état des personnes roturières, soit de condition serve, soit de condition libre.* Actes indiquant la réduction progressive de l'esclavage antique au servage de la glèbe et la naissance de la propriété pour les familles serves. — Affranchissements de familles ou d'individus, avec ou sans condition. — Priviléges autres que ceux de noblesse accordés à certaines personnes ou à certaines familles. — Concessions du titre de bourgeois du roi. — Priviléges royaux ou seigneuriaux, obtenus par des paysans non réunis en communauté municipale. — Requêtes adressées aux cours souveraines des provinces et au parlement de Paris pour la jouissance du droit de franchise de corps et de biens. — Jugements rendus en faveur de ces réclamations ou contre elles.

2° *Collection des documents relatifs à l'état de la bourgeoisie considérée dans ses diverses corporations.* Statuts constitutifs des anciens corps d'arts et métiers. — Actes et règlements relatifs aux maîtrises et aux jurandes, aux conseils de prud'hommes et aux consulats du commerce. — Ordonnances royales ou municipales concernant la pratique des lois, le barreau, la médecine et la chirurgie, l'exercice de toutes les professions lettrées ou non lettrées, libérales ou industrielles.

3° *Collection des documents relatifs à l'ancien état des villes, bourgs et paroisses de France.* Actes indiquant la persistance du régime municipal romain et la condition des habitants des villes antérieurement au xii<sup>e</sup> siècle. — Chartes de Communes concédées par les rois ou les seigneurs. — Statuts municipaux des villes. — Délibérations municipales et règlements de police urbaine. — Ordonnances rendues pour accroître, modifier ou abolir, dans telle ou telle localité, les droits et les priviléges communaux. — Concessions de foires et de marchés. — Actes royaux ou seigneuriaux pour le redressement de griefs ou l'octroi d'immunités quelconques en faveur des villes, bourgs ou villages.

4° *Collection des documents relatifs au rôle du Tiers État dans les assemblées d'états généraux ou provinciaux.* Actes indiquant le mode d'élection des députés du Tiers État pour les villes et pour les campagnes. — Listes de députés du Tiers État aux assemblées, soit nationales, soit provinciales. — Procès-verbaux des délibérations du Tiers État. — Ses cahiers préparatoires ou définitifs. — Ses propositions en dehors des cahiers, et discours de ses orateurs.

Ces classifications établies et la carrière ainsi mesurée en quelque sorte, j'ai laissé le plan idéal d'un corps complet de tous les documents de l'histoire civile et politique du Tiers État pour me rabattre, dans l'exécution, sur un autre plan moins logique, moins régulier, mais plus aisément praticable. J'ai écarté la dernière catégorie, celle des actes concernant les États généraux ou particuliers, à cause de la difficulté d'isoler, sur tous les points, ce qui se rapporte au Tiers État de ce qui regarde les deux autres ordres, dans la masse souvent mêlée de ces actes. D'ailleurs, il sera bon que l'histoire des anciennes assemblées, nationales ou provinciales, qui sont chez nous les racines du régime représentatif, ait son recueil spécial, entrepris pour elle-même, en vue du rôle collectif des trois ordres, et non du rôle particulier de l'un d'entre eux. J'ai réuni en une seule collection la seconde et la troisième catégorie, celle des statuts et actes municipaux et celle des statuts et règlements des corporations d'arts et métiers; à mon avis, cette fusion est nécessitée par les rapports intimes de la vie municipale et de la vie industrielle au moyen âge. Enfin, j'ai ajourné indéfiniment et réservé, comme seconde série du Recueil des monuments de l'histoire du Tiers État, la collection des actes relatifs à l'état des familles roturières, collection d'une moindre importance et d'une nature moins déterminée, et qui, outre sa spécialité, devra servir de supplément à la première[1].

Ainsi le présent ouvrage sera un recueil complet des

---

[1]. Par exemple, pour l'insertion des règlements généraux de l'industrie et du commerce, qui, faits pour tout le royaume, ne peuvent être classés sous le nom d'aucune ville en particulier.

documents relatifs à l'histoire municipale et à celle des corporations d'arts et métiers des villes de France. Le morceau placé comme introduction en tête du premier volume est plus général dans son objet. Je l'ai composé comme si mon plan de publication eût embrassé les quatre séries de documents énumérées plus haut; c'est, dans un cadre sommaire, une histoire de la formation et des progrès du Tiers État.

Il me reste à souhaiter trois choses. C'est, d'abord, que les matériaux de la seconde série de ce recueil, série ajournée par moi, deviennent, pour un autre, l'objet de recherches dans les bibliothèques et les archives, et qu'il en résulte une publication capable d'être annexée à celle-ci. En second lieu, c'est que la demande récemment adressée au ministre de l'instruction publique pour une édition complète des documents relatifs aux États généraux soit accueillie [1]. Enfin, c'est que les États particuliers aient leur collection de pièces pour chaque province, et que, dans toutes les parties de la France, un travail si désirable attire le zèle des hommes studieux qu'anime à la fois l'amour de la science historique et l'amour de la contrée natale.

Paris, le 20 février 1850.

[1]. Cette demande a été faite par M. Auguste Bernard, membre de la Société des antiquaires de France.

# APPENDICE II

## LISTES DES DÉPUTÉS DU TIERS ÉTAT AUX ÉTATS GÉNÉRAUX

DE 1484, 1560, 1576, 1588, 1593 ET 1614.

### *PREMIÈRE LISTE*

ÉTATS GÉNÉRAUX TENUS A TOURS EN 1484 [1].

LA PRÉVOSTÉ DE PARIS. — Nicolas Potier ou Portier, bourgeois de Paris; Gauchier Héber, semblablement bourgeois.

LES ESLEUZ DU TIERS ÉTAT DE BOURGOGNE EN CE COMPRINS CEULX D'OSTUN ET DE BAR-SUR-SEINE.

M$^r$ Guy Margueron,
M$^r$ Regnault Lambert,
M$^r$ Gauthier Brocard,
M$^r$ Jean Rémond,
} tous licenciés en lois et décrets.

Pierre Martin, bourgeois de Chalons; Étienne Tut ou Tust, Guiot Court; M$^r$ Nicole Cheste, esleu de Bar-sur-Seine.

LE BAILLIAGE DE SENS. — Lubin ou Robin Rousseau.

---

1. Voyez le *Journal des États généraux de France, tenus à Tours, en 1484, sous le règne de Charles VIII*, rédigé en latin par Jehan Masselin, député du bailliage de Rouen, publié et traduit pour la première fois sur le manuscrit de la Bibliothèque du Roi, par A. Bernier. Appendice V, p. 718. Cette liste a été complétée au moyen de deux autres dont l'une, donnée par Masselin, se trouve à la page 9 du volume et dont l'autre forme l'Appendice VI, p. 737.

# APPENDICE II.

LE BAILLIAGE DE MASCON. — M<sup>e</sup> Ymbert Surcaillier ou Fustaillier.

LE BAILLIAGE D'AUXERRE. — Jehan Renier ou Regnier.

LE BAILLIAGE DE ROUEN. — Jacques de Cramaire ou Croismare, Pierre Daguenet.

LE BAILLIAGE DE CAEN. — Phelippes de Vassy, Jehan de Sens.

LE BAILLIAGE DE CAUX. — Jehan Nepveu.

LE BAILLIAGE DE COSTENTIN. — M<sup>e</sup> Jehan Poisson.

LE BAILLIAGE D'ÉVREUX. — Geoffroy Postes, Jehan des Planches.

LE BAILLIAGE DE GISORS. — Robert du Vieu.

LE BAILLIAGE DE TROYE. — Jehan Hanequin ou Hennequin l'Ainsné, M<sup>e</sup> Guillaume Huyart ou Huynard.

LE BAILLIAGE DE VITRY. — M<sup>e</sup> Remy Martin.

LE BAILLIAGE DE CHAUMONT. — M<sup>e</sup> Pierre de Gyé.

LE BAILLIAGE DE MEAUX. — M<sup>e</sup> Philippes Batailles, Jehan Durant.

LE COMTÉ DE TOULOUSE. — Oudinet le Mercier.

LE BAILLIAGE DE TOURNAY ET TOURNESIS. — Jehan Maure.

LE BAILLIAGE DE VERMANDOIS. — M<sup>e</sup> Jehan de Reims, M<sup>e</sup> Jehan Gruyer.

LA SÉNÉCHAUSSÉE DE POYTOU. — M<sup>e</sup> Maurice Claveurier, Jehan Laidet.

LA SÉNÉCHAUSSÉE D'ANJOU. — M<sup>e</sup> Jehan Binel, Jehan Barrault ou Bérault.

LA SÉNÉCHAUSSÉE DU MAINE. — M<sup>e</sup> Jehan Bordier, François de l'Esparvier, Jehan Berf, M<sup>e</sup> Raoul Quierlavaine ou Crolavaine, Henri Cornilliau, Jehan Chambart.

LE BAILLIAGE DE TOURAINE. — Jehan Briconnet.

LE BAILLIAGE DE BERRY. — M<sup>e</sup> Pierre de Brueil ou Vueil.

LE PAYS DE BOURBONNOIS. — M<sup>e</sup> Jehan Cadier ou Cardier.

LE PAYS D'ARTOIS. — M<sup>e</sup> Guillebert Dautier ou d'Ostiel.

LA SÉNÉCHAUSSÉE D'AUVERGNE. — Barthelemy de Nesson.

LE BAILLIAGE DES MONTAGNES D'AUVERGNE. — Me Jacques de Mas ou du Mas.

LA SÉNÉCHAUSSÉE DE ROUERGUE. — Jehan Boissière, Anthoine Marcoux, Me Guillaume Poulmezade ou Poullemarde, Bernard Causonne ou Caussonne.

LE COMTÉ DE ROUSSILLON. — Ellise ou Elie de Betheford ou de Bidefort.

LE BAILLIAGE DE CHARTRES. — Machery de Billon.

LE BAILLIAGE DE MANTE. — Robert du Nesmes.

LE BAILLIAGE D'ORLÉANS. — Me Robert de Fauville, Me Richard Nepveu, Jehan Compain.

LE BAILLIAGE D'ALENÇON ET COMTÉ DU PERCHE. — Guy Vibert ou Picart, Jehan de Rion ou de Ry.

LE BAILLIAGE D'AMIENS. — Me Jehan de Saint-Delitz.

LA SÉNÉCHAUSSÉE DE PONTHIEU. — Me Pierre Gaude.

LE BAILLIAGE DE SENLIS. — Me Guillaume Le Fuzellier.

PERONNE. — Me Jehan de Belencourt.

ROYE ET MONTDIDIER. — Jehan Bertault.

LE BAILLIAGE DE MONTARGIS. — Me Jehan Prevost.

LE BAILLIAGE DE MELUN. — Me Denis ou Georges de Champnay ou Champnoy.

LE PAYS DE NIVERNOIS. — Me Hugues Fouchier ou Soucher.

LE PAYS DE PROVENCE. — François du Chasteau de Tours, Jehan André de Granalde.

LA SÉNÉCHAUSSÉE DU BOULENOIS. — Jehan le Grant.

LA VILLE DE PUISSARDAN ET LA TERRE DE CERDAGNE. — Antoine Marcadez, vicaire et capitaine de ladite ville.

LA VILLE ET GOUVERNEMENT DE LA ROCHELLE. — Regné Ragot, Me Jehan le Flamant.

LA SÉNÉCHAUSSÉE DE LODUN. — Pierre Chonet ou Chauvet.

LE PAYS DE FOREZ. — Me Jacques de Viry, juge de Forez.

LA SÉNÉCHAUSSÉE D'ANGOULMOIS. — Me Pierre Lombat ou Lombart.

LA SÉNÉCHAUSSÉE DE LYMOSIN. — Jehan Audier, Pierre Char-
reyron.

LE BAS-LYMOSIN. — M° Jehan Gouste, Estienne Mellier.

LA SÉNÉCHAUSSÉE DE XAINTONGE. — M° Amaurry Julien.

LE DUCHÉ DE GUYENNE. — M° Henry de Ferraignes ou de
Fouraignes.

LA SÉNÉCHAUSSÉE D'AGENOIS. — Jean de Gailleto.

LA SÉNÉCHAUSSÉE DE PÉRIGORT. — M° Jehan Tricart ou Tu-
guart.

LA VILLE ET CITÉ DE CONDON. — Pierre de Porteria.

LE PAYS ET SEIGNEURIE DE QUERCY. — François Mercy.

LE PAYS DE DAUPHINÉ. — Jordan Sonqueur ou Sonquert, Vial
de l'Église, Estienne de Pisieux ou Puiseux, Jehan Mottet.

LE CONTÉ DE LA MARCHE. — M° Jehan Taquenot ou Touque-
net, Jehan Raguet, Anthoine de Marsilhac.

LE PAYS DE BEAUJOLOIS. — Messire Ennemond Payen.

LA SÉNÉCHAUSSÉE DE LYON. — Bertrand de Salle Franque ou
Sallebranque prevost de Lyon, Anthonie Du Pont.

LE PAYS ET COMTÉ DE FEZENSAC. — M° Mathurin Mollivelly
ou Molliveby.

LE CHAROLOIS. — Étienne Chanot Seigneur de Buxy.

Suivent les titres de différents bailliages sans aucun nom de
députés.

## *DEUXIÈME LISTE*

ÉTATS GÉNÉRAUX TENUS A ORLÉANS EN 1560 [1].

VILLE DE PARIS. — Guillaume de Marle, prevôt des marchands,
Nicolas Godefroy,  
Jean Sanguin, } échevins,  
Claude Marcel, bourgeois.

1. *Recueil de pièces originales et authentiques concernant la tenue
des Etats généraux.* Paris, 1789, t. I, p. 17.

PRÉVOTÉ ET VICOMTÉ DE PARIS. — Me Jean Martinet, pour ladite prévôté et la vicomté de Paris.

## DUCHÉ DE BOURGOGNE.

DIJON. — Me Jean le Marlet ou le Marle, Me Jean Massot ou Masson.

AUTUN. — Me Jacques Bretaigne, Me Jean Tallemant.

CHALONS-SUR-SAONE. — Me Jean Renauldin, Me Claude Guilliaud.

AUXOIS. — Me Celse Dodun ou F. Dodun.

LA MONTAGNE. — Me Jean Reguier, Me Jean Legrand, Me Pierre Audinot ou Audinet.

MACON. — Me Gilbert Regnauld, juge de Clugny.

AUXERRE. — Me Pierre le Briois, Me Pantaléon Pion.

BAR-SUR-SEINE. — Me Nicole Lauxerrois ou Nicolas Savard, Me Jean Viguier.

## DUCHÉ DE NORMANDIE.

ROUEN. — Jean Cotton, Jean Aubert, Raullin le Gras.

CAEN. — Guillaume Gosselin, Jean le Hucy ou de Hurcy, François Langevin Livry, Macé Castel ou Chastel.

CAUX. — Guillemeaude, Leonet Leclerc.

COTENTIN. — Me Abel Perrier.

EVREUX. — Jean Courtois, Guillaume Escochard ou Crochart.

GISORS, COMPRIS PONTOISE ET ACCROISSEMENT DE MAGNY. — Me Nicolet Thomas, Me Cardin Saulnier, Me Jean Lecoq, Robert Guersant, Pierre Dailly, Nicole Lemoine.

ALENÇON. — Me Mathieu Petit, Me Robert Caiget ou Laignet, Etienne Payen.

## DUCHÉ DE GUYENNE.

- BORDEAUX ET SÉNÉCHAUSSÉE DE GUYENNE. — M. Pierre Genestac, maire de la dite ville ou Geneste, Mᵉ Jean de Lange ou Jean Lange.
- SÉNÉCHAUSSÉE DE BAZADOIS. — Jean de Lavergne, Loys des Apats.
- SÉNÉCHAUSSÉE DE PÉRIGORD. — M. Bertrand Lombert, Jean de Beauvoye, Guillaume Surquier, Raymond Aimer, syndic de Périgord.
- SÉNÉCHAUSSÉE DE ROUERGUE. — M. Arnauld Plane ou M. Raymond Querron.
- SÉNÉCHAUSSÉE D'AGÉNOIS. — M. Michel Bressonade ou Boissonnade, M. Pierre Redus ou Rodier.
- PAYS ET COMTÉ DE COMMINGES. — Pierre Cambert ou Lambert.
- PAYS ET JUGERIE DE RIVIÈRE-VERDUN, GAURE, BARONNIE DE LÉONAC ET MARESTANG. — M. Jean Coutelier, Arnauld de la Borde.
- SÉNÉCHAUSSÉE DES LANNES. — M. Etienne Bedonde.
- SAINT-SEVER. — M. Jacques Duquoy ou Jean Bouyer, M. Martin Delalain ou Etienne Bousson.
- ALBRET. — Jean Benier ou Jacques Duquoi, Etienne Bouffon ou Martin du Sauxe.
- SÉNÉCHAUSSÉE D'ARMAGNAC. — Claude Idron, Jean de Forgéac ou Forgerac, Antoine Burin, Guillaume Magnan.
- CONDOM ET GASCOGNE. — M. François Dufranc, Jean Malac ou Malat.

## HAUT-LIMOSIN.

- VILLE DE LIMOGES. — M. François Duquerroy, Jean Bayart, Jean Dubois.
- BAS-LIMOSIN, EN QUOI EST COMPRIS TULLES, BRIVE ET USERCHES. — M. Etienne de Lettang; M. Bertrand de Loyac

ou des Loyal, M. Martin Boursac, M. Jean Gloston ou Closton, Etienne Binet ou Bivet, Jean Regis ou Roguier.

QUERCY. — M. Jean Sabatier, M. Guischard Scorbiat ou Hirobiat, Raymond Velyer.

DUCHÉ DE BRETAGNE. — M. Jean de Bonnefontaine, M. Jean le Loup, M. Pierre Delisle.

## COMTÉ DE CHAMPAGNE.

TROYES. — M. Philippes Belin, Denis Cleray ou Clairet, Jean Puillot.

CHAUMONT. — M. Nicole Chavoine ou Chanoine, M. Jacques Nobis ou Nollet, François Legrand.

VITRY. — M. Philibert Glayne ou Glame, M. Claude Godet, Antoine Morel ou Mois.

MEAUX. — M. Jean Frolo ou Frollo, M. Rolland Pietre ou Roland Frollo, prêtre, Nicole Sanguin.

PROVINS. — M. Jean de Ville, François Bellot.

SEZANNE. — Nicolle Pollet, Prudent de Choiselat, Jean Alart ou Alarre.

SENS. — Robert Aymard, Claude Gouley ou Goutry.

## COMTÉ DE TOULOUSE ET GOUVERNEMENT DE LANGUEDOC.

TOULOUSE. — M. Guy Dufaur ou Dufour, M. Claude Ternon ou de Thermion.

BEAUCAIRE. — Jean d'Albénas, Guillaume de la Mote ou de Motie

CARCASSONNE ET BEZIERS. — M. Pierre du Poix ou Poids M. Jacques Mercier, Jean Defolletier ou Folestier.

MONTPELLIER. — Guillaume Tuffany.

LAURAGUAIS. — Bernard Faure ou Favory.

BAILLIAGE DE VERMANDOIS. — M. Jean Gosat ou Gossat, M. Pierr Noël, M. Jacques Demorillon.

SÉNÉCHAUSSÉE DE POITOU. — M. François Aubert, M. Jean Maineteau ou Manteau, M. Jean Brisseau, M. Claude du Moussel ou Montlret.

SÉNÉCHAUSSÉE D'ANJOU. — M. Guy Celunier ou Gui de Sinner, M. François le Buret, François Marquis, Etienne Berte.

SÉNÉCHAUSSÉE DU MAINE. — Philippe Tharon ou Charron, Jacques Chapelain, Jacques Brulé ou Bruslet.

COMTÉ DE LAVAL. — Etienne Journée, Jean Bordier l'aîné ou Bondue.

NOTA. — Lesdits Tharon, Chapelain et Brulé, ont empêché que lesdits Journée et Bordier fussent enregistrés, parce qu'ils étaient tous trois députés pour toute la sénéchaussée du Maine dont était le comté de Laval.

BAILLIAGE DE TOURAINE. — M. Jean Bourgeau ou Bourgeois, Astrémoine Dubois, Jean Bolodcau ou Belaudecau.

AMBOISE. — M. François Fromont ou Fromond, M. Helye de Lodeau ou Todeau, M. Réné de la Cretonnière ou de la Bretonnerie.

BERRY. — M. Claude Duverger, M. Jean du Moulin ou Moulut.

SAINT-PIERRE LE MOUSTIER. — M. Antoine de Reuil, M. Jean Corrier ou Couris.

BOURBONNOIS. — Jean Feydeau ou Foideau, M. André Feydeau, M. Antoine de la Chaise, M. Pierre Carton.

FOREZ. — M. Jean Papon, M. Guichard Cotton.

BEAUJOLAIS. — M. Hugues Charton, M. Claude Chapuis ou Charpuis.

SÉNÉCHAUSSÉE D'AUVERGNE. — M. Jean de Murat, M. Jean Dupré, M. Julien de Marillac, M. Pierre de Touzoux ou Longvy, Jean Milles ou Millet.

LES BAILLIAGES DES MONTAGNES D'AUVERGNE. — Girard de Saint-Mamet, Girard Rabier, Jean Busson, Jean Vignier, Antoine Costel, Guillaume de Ryno, M. Guy Moussier ou Roussier, pour Salers et Valmouroux.

NOTA. — Ledit Moussier ne fut pas enregistré. Les autres députés prétendant qu'il n'avait aucun pouvoir pour la Haute-Auvergne.

**SÉNÉCHAUSSÉE DE LYON.** — M. Pierre Groslier, Antoine Bouyin, Mathieu Pany, Jean Mandas, Claude Graves ou Grave.

**BAILLIAGE DE CHARTRES.** — Jean Couldier ou Couldrier, M. Ignace Olive, Pierre Beaudoin, Michel Ribier, Barthélemy Dupont, Jacques Gondo ou Goudet.

**DREUX.** — M. Pierre de Rotrou, M. Jacques Chaillon.

**BAILLIAGES DE MANTES ET MEULAN.** — M. Jean Fizeau ou Fuzeau, Pierre Jouvelet ou Jonvelet, Étienne Piget, Jean Douvenoult ou Donnecourt.

**BAILLIAGE D'ORLÉANS.** — M. Pierre de Montdoré, Jacques Bourdineau, Guillaume Beauharnois, Jean Mainfranc ou Maniferme.

**GIEN.** — M. Pierre le Noir, M. Jean Chazeray ou Chazeran, M. Simon Dasnières ou d'Amulliers.

**MONTARGIS.** — Nicole ou Nicolas Charpentier.

**COMTÉ ET BAILLIAGE DU PERCHE.** — M. Michel Rochard ou Rochau, M. Nicole Goulet ou Groullet.

**BAILLIAGE ET BARONNIE DE CHATEAUNEUF EN THIMERAIS.** — Jean Tuffé.

**BAILLIAGE D'AMIENS.** — M. Jean Dugard ou Duguast, M. François Sorion.

**SÉNÉCHAUSSÉE DE PONTHIEU.** — Jean Maupin, M. Adrien de Béarin ou Meuzin.

**SÉNÉCHAUSSÉE DE BOULENOIS.** — M. Fourcy de la Planche.

**PÉRONNE.** — Me Adrian le Febvre ou le Fébure, Martin Bonchart ou Bouchart, Michel Ponchin ou Bouchin.

**MONTDIDIER.** — M. Romain Pasquier, Claude Vyon ou Rion.

**ROYE.** — M. Gabriel Cornette.

**SENLIS.** — M. Jean-Berthelemy ou Barthelemy, M. Pierre Aubert.

**BAILLIAGE DE VALOIS.** — M. Jacques Tangueul ou Longueil, M. Nicole Bergeron.

**CLERMONT EN BEAUVOISIS.** — M. Jean Fileau, Nicolas Puleu ou Pelu.

**CHAUMONT EN VEXIN.** — M. Nicolas Faguet, Pierre Dorgebray Guillaume Roulet.

BAILLIAGE DE MELUN. — M. Dreux Janare ou Janure, Gabriel Bourdin, syndic de la ville, M. Jean Bourdier.

NEMOURS. — M. Guillaume le Doyan ou Doyen, M. Jean Tibailleur.

NIVERNOIS ET DONZIOIS. — M. Guy Rapine de Sainte-Marie, M. Charles de Grantrye ou de Grantue, M. Guy Coquille.

DAUPHINÉ. — Grimodan, Viennois, Saint-Marcellin, Embrun, Gap, Briançon, Monthélimar, Breil et Die, M. Jean Robert, M. Pierre Boissart.

LA VILLE ET GOUVERNEMENT DE LA ROCHELLE. — M. Amateur Blandin, M. Pierre Savignon.

SÉNÉCHAUSSÉE D'ANGOUMOIS. — Hélye de la Place, M. Sébastien Bouteiller ou Boutheillier.

BAILLIAGE DE MONFORT ET HOUDAN. — M. Jacques Gossainville ou Genssumille, M. Guillaume Troussart ou Toussart, M. Jean Suatin.

ÉTAMPES. — M. Girard Guernchy ou Guercivy, Jean Chompdoux ou Champedoux, M. Simon Audran, M. François Gervaise.

DOURDAN. — Michel de Lescorne.

BLOIS. —. . . . . . . . .

NOYONS ET SOISSONS. —. . . . . . . .

TOTAL, 224 Députés.

## *TROISIÈME LISTE*

ÉTATS GÉNÉRAUX TENUS A BLOIS EN 1576 [1].

VILLE DE PARIS. — Me Nicolas Lhuillier, prévôt des marchands de la ville de Paris, Me Pierre Versoris, avocat au Parlement de Paris, Me Augustin le Prévôt, échevin de ladite ville.

PRÉVOTÉ DE PARIS. — Me Charles de Villemonté, procureur du roi au Châtelet de Paris, pour la prévôté et vicomté de Paris.

1. *Recueil de pièces originales et authentiques concernant la tenue des Etats généraux*, Paris, 1789, t. II, p. 21.

## BOURGOGNE.

**BAILLIAGE DE DIJON.** — M⁰ Pierre Jamin, M⁰ Guillaume Royer.

**BAILLIAGE D'AUTUN.** — M⁰ Georges Bonot ou Baiot, M⁰ Claude Bertaut ou Bretaut.

**BAILLIAGE DE CHALONS-SUR-SAONE.** — M⁰ Nicolas Julien ou Julian, M⁰ Claude Guilland ou Guillaud.

M⁰ Pierre Villedieu,
M⁰ Benoit Laurin, } n'ont vérifié leur pouvoir.

**BAILLIAGE D'AUXOIS.** — M⁰ Philibert Espiard, M⁰ Georges de Clugny.

**BAILLIAGE DE LA MONTAGNE.** — M⁰ Edme Raymond.

**BAILLIAGE DE MACON.** — M⁰ Jean Bouyer.

**BAILLIAGE DE BAR-SUR-SEINE.** — M⁰ Jacques Vigner et Joseph Durud.

**BAILLIAGE D'AUXERRE.** — M⁰ Nicolas Brigedé, M⁰ Germain Boirot, M⁰ Germain Grellé ou Greel.

## DUCHÉ DE NORMANDIE.

**LA VILLE ET BAILLIAGE DE ROUEN.** —

M⁰ Emery Bégot,
M⁰ Jacques le Seigneur, } pour la ville de Rouen.

M⁰ Antoine le Barbier, pour le bailliage.

**LE BAILLIAGE DE CAEN.** — M⁰ Martin Varin.

**BAILLIAGE DE CAULX.** — Guillaume de la Frenaye.

**BAILLIAGE DE CONSTENTIN.** — Gration Bouillon.

**BAILLIAGE D'ÉVREUX.** — M⁰ Thomas Duvivier.

**BAILLIAGE DE GISORS.** — Jean Langlois, Jaques Acar.

**BAILLIAGE D'ALENÇON.** — M⁰ Thomas Comier ou Corvier, J. James.

**COMTÉ ET BAILLIAGE DE DREUX.** — .....

## DUCHÉ DE GUYENNE.

SÉNÉCHAUSSÉE DE BORDEAUX. — Me J. Émar et François de la Rivière.

SÉNÉCHAUSSÉE DE BAZAS. — Jean de Pauvergne ou de Lauvergne, Archambault Rollé ou Roolle.

SÉNÉCHAUSSÉE DE PÉRIGORD. — Me Hélie de Jan.

SÉNÉCHAUSSÉE DE ROUERGUE. — Me François de Lieu ou du Rivi, Me Pierre Lourany ou Courany.

SÉNÉCHAUSSÉE DE SAINTONGE. — Me Mathurin Gilbert.

SÉNÉCHAUSSÉE D'AGÉNOIS. — Michel Boissonnade.

PAYS ET COMTÉ DE COMMINGES. — Me J. Bertin.

PAYS ET JUGERIE DE RIVIÈRES-VERDUN, GAURE, BARONNIE DE LÉONAC ET MARESTANS, D'ACQUES ET LES LANNES....

SAINT-SEVER. — Bernard de Caplane.

ALBRET. — Joseph Desbordes.

SÉNÉCHAUSSÉE D'ARMAGNAC. — .....

CONDOM ET GASCOGNE. — J. Imbert et Léonard de Milet.

HAUT-LIMOSIN ET VILLE DE LIMOGES. — Me Simon de Bouais ou Dubois, Me Paris de Bouat ou de Luat.

LE BAS LIMOSIN, COMPRENANT TULLES, BRIVES ET USERCHES. — Me De la Fagerdie, Me Pierre de Lescot, Me Jean Bonnet ou de Bonner.

SÉNÉCHAUSSÉE DE QUERCY. — Me Pierre de Regaignac, Me J. de Marignac, sire Jean Paufade ou Ponsas, Me P. de la Croix.

LE DUCHÉ DE BRETAGNE ET SES DÉPENDANCES.

Me Artus de Fourbeur, Me Pierre Martin,
Me Roland Bourdin, Me Pierre le Boulanger,
Me François Mouan ou Mocan,
Me Robert Poullan, Me Jean le Gobien,
Me Pierre Gautier,
} députés généraux pour le duché.

Roland Charpentier,
Me Bernard le Bihan,
Me Guillaume Guyneman ou Guindinau,
} députés particuliers.

## LE COMTÉ DE CHAMPAGNE ET BRIE.

**BAILLIAGE DE TROYES.** — M⁰ Philippe Belin et Pierre Belin.

**BAILLIAGE DE CHAUMONT EN BASSIGNY.** — M⁰ Nicolas Jobelin, M⁰ François Goutière, Robert Nurion ou Menorier.

**BAILLIAGE DE VITRY.** — M⁰ Jacques Linaige ou Lignage, M⁰ Germain Godet.

**BAILLIAGE DE MEAUX.** — M⁰ Rolland Gosset ou Cossol, Jean Lebel.

**BAILLIAGE DE PROVINS.** — Gérard Janvier.

**BAILLIAGE DE SEZANNE.** — M⁰ François de Villiers.

**BAILLIAGE DE SENS.** — M⁰ J. Rocher ou Richer.

**BAILLIAGE DE LANGRES.**

M. Antoine Bouvot,
M. Guillaume Médard, } députés particuliers sous Sens.

**BAILLIAGE DE CHATEAU-THIERRY.** — Jean Marteau.

## LE COMTÉ DE TOULOUSE ET GOUVERNEMENT DE LANGUEDOC.

**SÉNÉCHAUSSÉE DE TOULOUSE.** — M⁰ Bernard de Supersanctis, M⁰ Samson de la Croix.

**SÉNÉCHAUSSÉE DE BEAUCAIRE.** — . . . . .

**BAILLIAGE DE VELLAY ET SÉNÉCHAUSSÉE DU PUY.** — Guy Bourdel, dit Yraël ou Yrail, Guy Delignes ou de Lyques.

**SÉNÉCHAUSSÉE DE CARCASSONNE ET BÉZIERS.** — M⁰ Raimond Leroux, M⁰ Gibaon ou Gibron.

**MONTPELLIER.** — . . . . .

**SÉNÉCHAUSSÉE DE LAURAGUAIS.** — Antoine de Lourde.

**BAILLIAGE DE VERMANDOIS.** — M⁰ Jean Bodin.

**SAINT-QUENTIN-SOUS-VERMANDOIS.** — François Grain.

SÉNÉCHAUSSÉE DE POITOU ET DE MAILLEZAIS. — Me Pierre Rat, Me Joseph le Chasele ou le Basile,

Me Léonard Thomas, } députés de Montmorillon-sous-Poitou.
Me André le Beau,

SÉNÉCHAUSSÉE D'ANJOU. — Me Hilaire Juheau, Jean Cotteblanche.

SÉNÉCHAUSSÉE DU MAINE, Y COMPRIS LE COMTÉ DE LAVAL. — Me Pierre-Philippe Taron, Me Mathurin Rochet, Jean Luonere ou Tourne pour le comté de Laval.

BAILLIAGE DE TOURAINE ET AMBOISE. — Me Gilles Duverger, Me Guillaume Ménager,

Me Pierre Blondel, } pour la sénéchaussée de Loudunois.
Me Louis Trincaut,

BAILLIAGE DE BERRY. — Jaques Gallot ou Gassot, Me François de Valentiennes, Me Gabriel Bonnyn.

BAILLIAGE DE SAINT-PIERRE-LE-MOUSTIER. — Me Jean Guyot.

SÉNÉCHAUSSÉE DE BOURBONNOIS. — Me Guillaume Duret, Étienne Mallet ou Mulse, Hugues de Cuzy.

LE BAILLIAGE DE FOREZ. — Me Pierre Pommier, Me J. Bouzier.

BAILLIAGE DE BEAUJOLAIS. — Me Aimé Choulier.

SÉNÉCHAUSSÉE ET PAYS DE LA BASSE-MARCHE. — Me Jaques Brujas.

SÉNÉCHAUSSÉE DU BAS-PAYS D'AUVERGNE. — Me Jean Vectoris ou Textoris, Me Jean de Basmaison, et Pougnet, Me Antoine de la Chaize, Guérin Faradesche, Christophe Pinadon.

BAILLIAGE DES MONTAGNES D'AUVERGNE. — Me J. Mirot ou de Murat, Me Jean Brandon ou Gravidon, Me Annet Tavernier, Me François Guillebault.

LA SÉNÉCHAUSSÉE DE LYON. — Antoine Scarron, J. de Massot, Philibert Pérault pour le plat pays de Lyonnois.

LE BAILLIAGE DE CHARTRES. — Me Ignace Ollive, Me Nicolas Guyard.

LE BAILLIAGE D'ORLÉANS. — Jaques Chauvreux, Me Jean Malaquin.

LE BAILLIAGE DE BLOIS. — Me Simon Riolle.

BAILLIAGE DE DREUX. — M⁰ Bernard Couppé.

LES BAILLIAGES DE MANTES ET MEULAN. — M⁰ Jean Phiseau, M⁰ Jaques Uion, Eustache Pigis ou Pigas.

BAILLIAGE DE GIEN. — M⁰ Pierre Arnoul.

BAILLIAGE DE MONTARGIS. — M⁰ Nicolas Charpentier.

BAILLIAGE DU PERCHE. — M⁰ Joseph Brissart ou Brizard, Étienne Gaillart.

BAILLIAGE DE CHATEAU-NEUF. — Jean Moreau, Étienne Contereau.

BAILLIAGE D'AMIENS. — M⁰ Jean le Quien, M⁰ Jaques Picard.

LA SÉNÉCHAUSSÉE DE PONTHIEU. — M⁰ Pierre le Boucher.

SÉNÉCHAUSSÉE DE BOULONNOIS. — M⁰ Fursi de la Planche, M⁰ Pierre Declerc, pour Calais et pays reconquis.

PÉRONNE, ROYE, MONTDIDIER.
Foursi de Frémicourt ou de Fremiervot, M⁰ Robert Choquet, } pour Péronne;
Florent Gayant, laboureur, pour Roye; Antoine Bignon ou Mignon, pour Montdidier.

BAILLIAGE DE SENLIS ET CHAUMONT EN VEXIN. — M⁰ Jean Paulmart.

BAILLIAGE DE VALOIS. — M. Loys des Avenelles ou Anevillers, prévôt de Crépy.

BAILLIAGE DE CLERMONT EN BEAUVOISIS. — M⁰ Charles Cuvelier.

BAILLIAGE DE MELUN. — Louis Martinet.

BAILLIAGE DE NEMOURS. — M⁰ Jean Thiballier.

BAILLIAGE DE NIVERNAIS ET DONZIOIS. — M⁰ Guy Coquille, M⁰ Martin Roy.

PAYS DE DAUPHINÉ ET CE QUI EN DÉPEND. — M⁰ Jaques Colas, M⁰ Benoît de Flandrois ou de Flandres, M⁰ Charles Milhard ou Myliard, Claude Arnauld dit Vallon, Claude David, M⁰ Guillaume Leblanc, M⁰ Gaspard Busso, M⁰ Michel de Vezic, M⁰ François Allan, M⁰ Jean Debourg pour le bailliage de Vienne-sous-Dauphiné.

BAILLIAGE ET GOUVERNEMENT DE LA ROCHELLE. — . . . . .

SÉNÉCHAUSSÉE D'ANGOUMOIS. — Me Guy Cottin.

BAILLIAGE DE MONTFORT ET HOUDAN. — Me Noël Ruffron Nicolas Guyot, laboureur.

BAILLIAGE D'ESTAMPES. — Me Jean Houy et François Gougain dit Chavron.

LE COMTÉ DE PROVENCE. — Antoine Thoron et Me Louis Lévêque.

LA VILLE DE MARSEILLE. — Me François Sommat.

LE COMTÉ DE LA MARCHE. — . . . . .

CHATELLERAULT. — Jacques Berthelin, Antoine Belay.

LA FERTÉ ALEPS OU ALAIS. — Grégoire Audiger, Marchand, laboureur.

BAILLIAGE DE VENDOSMOIS. — Me Réné Dupont, Me Nicolas Bouchart.

LA SÉNÉCHAUSSÉE D'AIX. — . . . . .

LA SÉNÉCHAUSSÉE DE BAYONNE. — . . . . .

MARQUISAT DE SALUCES. — Me Pierre de Chastillon, François Marabot.

Députés du tiers-État : 150, sans ceux qui sont arrivés depuis la première séance.

## *QUATRIÈME LISTE*

### ÉTATS GÉNÉRAUX TENUS A BLOIS EN 1588[1].

VILLE, PRÉVOTÉ ET VICOMTÉ DE PARIS. — Michel Marteau prévôt des marchands; Étienne de Neuilly, président de la cour des aides; Jean de Compans, échevin;
Nicolas Auroux,
Louis Bourdin, } bourgeois;
Louis d'Orléans, avocat.

---

[1]. *Recueil de pièces originales et authentiques concernant la tenue des Etats généraux.* Paris, 1789, t. IV, p. 24.

## BOURGOGNE.

BAILLIAGE DE DIJON. — Bernard Coussin, échevin; Étienne Bernard, avocat.

BAILLIAGE D'AUTUN. — Audet de Montagu, lieutenant général; Philbert Venot, échevin.

BAILLIAGE DE CHALONS-SUR-SAONE. — François de Thesen, conseiller; Salomon Clerguet.

BAILLIAGE D'AUXOIS. — Claude de Bretaigne, Jehan Guillaume.

BAILLIAGE DE LA MONTAGNE. — Edme Remond, Jean Guennebault.

BAILLIAGE DE CHAROLLOIS. — Girard Saulnier, Claude Maletes.

BAILLIAGE DE MACON. — Philibert Barriot.

BAILLIAGE D'AUXERRE. — Jehan Naudet, avocat du roi; Joseph le Muet, bourgeois.

BAILLIAGE DE BAR-SUR-SEINE. — Jehan de Laussurois.

## DUCHÉ DE NORMANDIE.

LA VILLE ET BAILLIAGE DE ROUEN. — Robert de Hannivel, Guillaume Colombel, Guillaume de Parde.

LE BAILLIAGE DE CAEN. — Jehan Vanquelin, Nicolas le Pelletier, échevin de ladite ville, Lambert Bunel de la Fosse.

BAILLIAGE DE CAULX. — Gessin Vasse.

BAILLIAGE DE COUSTANTIN. — Jean Pierres.

BAILLIAGE D'ÉVREUX. — Christophe Despaigne.

BAILLIAGE DE GISORS. — Robert le Page, Jean Dehors.

BAILLIAGE D'ALENÇON. — Nicolas le Barbier, Jean James, Antoine le Mollinet.

## LE DUCHÉ DE GUYENNE.

**SÉNÉCHAUSSÉE DE BORDEAUX.** — Thomas de Pontac, Fronton Duverger, Pierre Metyvier.

**SÉNÉCHAUSSÉE DE BAZAS.** — Jean de Lauvergne, Jacques Janvier.

**SÉNÉCHAUSSÉE DE PÉRIGORD.** — Helie de Jehan, Remond de la Brosse.

**SÉNÉCHAUSSÉE DE ROUERGUE.** — Pierre de Gorravy, Hugues Caulet, Joseph de la Roche, Guillaume de Marsitan.

**SÉNÉCHAUSSÉE DE SAINTONGE.** — Étienne Soulet.

**SÉNÉCHAUSSÉE D'AGÉNOIS.** — Jehan de Brauchut.

**PAYS ET COMTÉ DE COMMINGES.** — Sébastien de Lazalas, Philippe d'Audnac.

**PAYS ET JUGERIE DE RIVIERES-VERDUN, GAURE, BARONNIE DE LERNAC, MARESTANS, D'AX, SÉNÉCHAUSSÉE DES LANNES.** — . . . . . . . .

**SAINT-SEVERT, ALBRET.** — . . . . . . . ,

**SÉNÉCHAUSSÉE D'ARMAGNAC.** — Dominique Virres.

**SÉNÉCHAUSSÉE DE CONDOMOIS.** — Jean Dufranc, lieutenant général de Condom; Arnault Danglade.

**HAUT-LIMOSIN ET VILLE DE LIMOGES.** — Michel Martin, Émery Guibert.

**LE BAS-LIMOSIN, COMPRENANT TULLES, BRIVES ET USERCHES.** — Antoine de Lestang, Pierre de Chenailles, Jean de Maruc, Martial Chassain, Ramond Bonnet.

**SÉNÉCHAUSSÉE DE QUERCY.** — Pierre de Regaignac, avocat; Paul de la Croix, syndic des états; Pierre Arnauldy, avocat.

**SÉNÉCHAUSSÉE DE POITOU, FONTENAY ET NIORT.** — Louis de la Ruelle, Pierre Gasteau, Adam Firagneau, Guillaume Giraudeau. Répétés : *Pierre Gasteau, Guillaume Girandeau.*

**SÉNÉCHAUSSÉE DE CHATELLERAULT.** — Jean Raffeteau.

**BRETAGNE.** — Robert Poullin, sieur de Genres, Pierre Martin, avocat du roi au siége présidial de Rennes ; Antoine de Prenezay, avocat du roi au siége principal de Nantes ; Guillaume Godet, avocat en la cour de parlement de Bretagne; Bonvalet Bis, avocat en ladite cour et procureur syndic des bourgeois de Rennes; Guillaume Chedanne, bourgeois de Vannes ; Jean Picot, procureur syndic de Saint-Malo ; Gabriel Hus, sieur de la Bouchetière, Robert Audouyn, procureur syndic de Quimpercorantin; Jehan Cousin, Maurice Berlavance, Michel Pommeret, sieur de la Porte.

## LE COMTÉ DE CHAMPAGNE ET BRIE.

**BAILLIAGE DE TROYES.** — Philippe Dever, avocat au bailliage de Troyes ; Jacques Angenoust, trésorier des salpêtres du roi.

**BAILLIAGE DE CHAUMONT-EN-BASSIGNY.** — Étienne Porret, lieutenant général audit bailliage ; Jean Rozé, bailli de Joinville.

**BAILLIAGE DE VITRY.** — Jacques Linage, président audit bailliage et siége présidial ; Jean de Saint-Remy, prévôt et juge ordinaire de la prévôté royale de Sainte-Menehould.

**BAILLIAGE DE MEAUX.** — Philippe du Valengelier, conseiller du roi au siége présidial de Meaux ; Antoine Michelet, échevin de ladite ville.

**BAILLIAGE DE PROVINS.** — Guillaume le Court, receveur des deniers communs de la ville de Provins.

**BAILLIAGE DE SÉZANNE.** — Nicolas Boullée, bourgeois de Sézanne.

**BAILLIAGE DE SENS.** — Nicolas Goujet, avocat audit bailliage.

**BAILLIAGE DE CHATEAU-THIERRY.** — Jean Marteau, président au siége présidial dudit lieu.

## LANGUEDOC.

**SÉNÉCHAUSSÉE DE TOULOUSE.** — Pierre de Rabou, capitoul de Toulouse; Étienne Tourinierre, avocat ; Pierre de Vignans, bourgeois.

SÉNÉCHAUSSÉE DE BEAUCAIRE. — M. Charles Dessores, conseiller du roi, juge dudit bailliage; Antoine Broche, docteur ès-droits, pour le diocèse d'Uzès; Jacques de Cazal-Martin, avocat pour le bailliage de Gévaudan.

SÉNÉCHAUSSÉE DU PUY ET BAILLIAGE DE VELLAY. — Mathieu Triousève, conseiller du roi en la sénéchaussée du Puy; Claude Morgue, consul.

MONTPELLIER. — . . . . . . . . .

SÉNÉCHAUSSÉE DE CARCASSONNE ET BÉZIERS. — Pierre d'Assaly, juge-criminel en la sénéchaussée de Carcassonne.

SÉNÉCHAUSSÉE DE LAURAGUAIS. — Pierre de Villaroux, consul de Castelnaudary.

## PICARDIE.

BAILLIAGE D'AMIENS. — Vincent le Roy, Antoine Scarion.

SÉNÉCHAUSSÉE DE PONTHIEU. — Jean de Maupin.

SÉNÉCHAUSSÉE DE BOULONNOIS. — Thomas Duwiquet, Robert de Moictier.

PÉRONNE, MONTDIDIER ET ROYE. — Robert Choquet, Louis Fouchet, François Gonnet, Antoine Humique.

BAILLIAGE DE CLERMONT-EN-BEAUVOISIS. — . . . . .

BAILLIAGE DE BEAUVAIS. — Claude de Cauonne, Charles le Bègue, Eustache Choffart.

BAILLIAGE DE SENLIS. — Paul de Cornouailles.

BAILLIAGE DE VALOIS. — François Rangueil.

CHAUMONT-EN-VEXIN. — . . . . . . . . . .

BAILLIAGE DE MELUN. — Christophe Barbin.

BAILLIAGE DE NEMOURS. — Simon Godet.

BAILLIAGE DE MONTFORT. — Gilles Guillard et Philippe Bary.

BAILLIAGE DE DOURDAN. — Claude le Camus.

BAILLIAGE DE DREUX. — Bernard Couppé.

LES BAILLIAGES DE MANTES ET MEULAN. — Antoine Bonnineau, Jean Leau et Gui Lecomte.

**BAILLIAGE DE VERMANDOIS.** — Adrien de Fer, lieutenant général audit bailliage; Claude le Gras, conseiller audit siège; Nicolas Fouyn, lieutenant des habitants de Reims.

**DAUPHINÉ.** — Hugues Desalles et Émard Moïssonier.

**PROVENCE.** — Honoré Ouyrand, Gaspard Richard, Pierre Matty, Alexis Matenis, Pierre-Jean Bernard, Pierre Pugnaire et Jean Carbonel.

**LA VILLE DE MARSEILLE.** — Jacques Vias.

**BAILLIAGE DE SAINT-PIERRE-LE-MOUSTIER.** — Étienne Tenon, Pierre de Berne.

**SÉNÉCHAUSSÉE DE BOURBONNOIS.** — Guillaume Duret, Louis de Basmaison, Hugues de Cussy.

**BAILLIAGE DE BEAUJOLOIS.** — Christophe Fiet.

**BAILLIAGE DE FOREZ.** — Benoît Blanchet, Jean Retournel, Philippe de Romier.

**SÉNÉCHAUSSÉE DU BAS PAYS D'AUVERGNE.** — Jean de Basmaison, Pierre Dufretal, Pougnet, Pierre Vryon de Livredoit, Guillaume Costel.

**HAUT PAYS D'AUVERGNE.** — Jean Chabot, Gui de Causel, Jacques Duplois, Jourdain Hérault, Guillaume de Vines.

**SÉNÉCHAUSSÉE DE LYON.** — Pierre Viaron, Nicolas Chaponnay, Pierre Dugas, Claude Berteval.

**HAUTE ET BASSE MARCHE.** — Antoine du Plantadis, Antoine Barret, Antoine Vacherie.

**ORLÉANS.** — . . . . . . . .

**SÉNÉCHAUSSÉE D'ANJOU.** — Philippe Guesdon, conseiller en la ville et maire d'Angers; Martin Liberge, docteur en l'Université d'Angers.

**MAINE.** — M. Martin Ourleau, bailli du Mans; Mathurin Lessochet, avocat, Jacques Labis, juge-général du duché de Mayenne.

**BAILLIAGE DE TOURAINE ET AMBOISE.** — M. Gilles Duverger, lieutenant-général de Touraine; Guillaume Bessiau; sieur Deshayes, conseiller au parlement de Bretagne, bourgeois de

## APPENDICE II.

Tours; François Lefranc, maire d'Amboise, Antoine Decours, avocat du roi.

LODUNOIS. — Jacque Bonneau.

BAILLIAGE DE BERRY. — Henri Maréchal, Claude Lebègue, Claude Tabonnet.

LE BAILLIAGE DE CHARTRES. — Claude Sureau.

LE BAILLIAGE D'ORLÉANS. — Joachim Gervaise, Agnan Cinadat.

BAILLIAGE DE BLOIS. — Simon Niolle.

BAILLIAGE DE GIEN. — Pierre d'Anjou.

BAILLIAGE DE MONTARGIS. — Catherine Petit.

BAILLIAGE DU PERCHE. — Denis Hubert.

BAILLIAGE DE NIVERNOIS ET DONZIOIS. — Gui Coquille et Martin Roy.

VILLE ET GOUVERNEMENT DE LA ROCHELLE. — . . .

BAILLIAGE D'ANGOUMOIS. — Geoffroy Nogeret.

BAILLIAGE D'ESTAMPES. — Jean Hony, Claude Hamonges, Jacques Putan et Jean Godet.

BAILLIAGE DE VENDOMOIS. — René Dupont, Pierre Viau.

TOTAL, 181 députés sans ceux qui sont arrivés depuis la première séance.

## CINQUIEME LISTE

ÉTATS GÉNÉRAUX CONVOQUÉS PAR LA LIGUE ET TENUS A PARIS EN 1593 [1].

DÉPUTÉS DE LA VILLE, PRÉVOTÉ ET VICOMTÉ DE PARIS. — L'Huillier (Jean), maître des comptes, prévôt des marchands; De Nully (Etienne), sieur dudit lieu, président au Parlement; Le Maistre (Jean), aussi président au Parlement;

---

1. *Procès-verbaux des états généraux de 1593*, recueillis et publiés par M. Auguste Bernard, p. 5.

De Masparault (Etienne), sieur de Chenevières en Brie, maître des requêtes de l'hôtel; Boucher (Charles), sieur d'Orsay, président au grand conseil; Bailly (Guillaume), président en la Chambre des comptes ; Du Vair (Guillaume), conseiller au Parlement ; D'Orléans (Louis), avocat-général au Parlement ; Langlois (Martin), avocat, échevin de Paris; Thielement (Séraphin), sieur de Guyencourt, greffier du grand conseil, secrétaire du roi; D'Aubray (Claude), sieur de Bruyères-le-Châtel, secrétaire du roi ; Roland (Nicolas), grand audiencier en la Chancellerie.

## DÉLÉGUÉS DU PAYS ET DUCHÉ DE BOURGOGNE.

DIJON. — Bernard (Etienne), avocat au parlement de Dijon, vicomte et maïeur de cette ville.

AUTUN. — Venot (Jacques) avocat au parlement de Dijon.

CHALONS. — Languet (Claude), sieur de Saint-Côme, avocat, ancien maire de la ville.

AUXOIS. — Blavot (Charles), avocat, maire de Semur.

LA MONTAGNE. — Remond (Edme), lieutenant-général civil et criminel au bailliage de Châtillon.

MACON. — Mercier (Antoine), élu triennal du tiers état.

AUXERRE. — Vincent (Philippe), sieur de Tresfontaines, président en l'élection d'Auxerre.

## DÉPUTÉS DU DUCHÉ DE NORMANDIE.

ROUEN. — Le Barbier (Nicolas), avocat général au parlement de la même ville; Du Four (François), sieur des Fossés, échevin de Rouen, secrétaire du roi; De Laval (Etienne), bourgeois et échevin de Rouen.

PAYS DE CAUX. — Soret (Odet), laboureur.

ALENÇON. — Desportes (Jacques), lieutenant-général en la vicomté d'Alençon au siége de Verneuil.

DREUX. — Langlois (Denis), procureur syndic de la même ville.

## DÉPUTÉS DU GOUVERNEMENT DE GUYENNE.

**SÉNÉCHAUSSÉE DU POITOU.** — Guérin (Esprit), avocat au parlement, lieutenant aux eaux et forêts de Poitiers.
**DÉPUTÉS DU PAYS ET DUCHÉ DE BRETAGNE.** — Bertié (Jean), sieur du Maynette, conseiller au siége présidial de Dinan ; Bigot (Pierre), sieur du Breuil, procureur de la ville de Fougères.

## DÉPUTÉS DES PAYS DE CHAMPAGNE ET BRIE.

**TROYES.** — Martin (Louis), lieutenant au bailliage et siége présidial de Troyes, Le Boucherat (Simon), greffier en chef en l'élection de la même ville.
**CHAUMONT.** — De Grand (François), lieutenant criminel au bailliage et siége présidial de Chaumont ; De Marisy (Anselme), procureur des dites cours.
**SENS.** — De la Mare (Claude), bourgeois et maire de Sens.
**MÉZIÈRES.** — Moet (Philippe), sieur de Crèvecreur, procureur de la ville de Reims.

## DÉPUTÉS DE L'ILE-DE-FRANCE.

### BAILLIAGES DE VERMANDOIS.

**LAON.** — Le Gras (Claude), conseiller au bailliage de Vermandois, prévôt de Laon.
**REIMS.** — Frizon (Gérard), lieutenant criminel au siége présidial de Reims.
**SOISSONS.** — Pepin (François), avocat et bailli en la juridiction temporelle de l'évêque.
**BEAUVAIS.** — Le Bègue (Charles), bourgeois et échevin de Beauvais.

## DÉPUTÉS DU PAYS DE PICARDIE.

**SÉNÉCHAUSSÉE D'AMIENS.** — Castelet (François), bourgeois et ancien maïeur d'Amiens.

**BOULONNAIS ET MONTREUIL.**—Castelet (François), déjà nommé.

**PONTHIEU.** — Maupin (Jean), conseiller en la sénéchaussée de Ponthieu.

## DÉPUTÉS DU GOUVERNEMENT D'ORLÉANS.

**BAILLIAGE ET SÉNÉCHAUSSÉE D'ORLÉANS.**—Brachet (Antoine), sieur de la Boesche, avocat au présidial d'Orléans; Le Breton (Antoine), bourgeois et échevin de la même ville.

**BERRY.** — De Saint-Père (François), secrétaire du roi.

**ANJOU.** — Le Moine (Jacques), sieur de la Rivière, procureur du roi au siége présidial d'Anjou.

**MAINE.** — Dumans (Julien), avocat du roi en la sénéchaussée du Maine; de la Fontaine (Julien), receveur des tailles en la généralité de Touraine; Marceau (Martin), lieutenant général en la sénéchaussée du Maine.

**LAVAL.** — Roues (Guillaume), sieur du Poyet, receveur des tailles et aides en l'élection du Maine.

**ANGOUMOIS.** — Bourgoing (Horace-Pierre), juge-prévôt d'Angoulême.

## DÉPUTÉS DU GOUVERNEMENT DU LYONNAIS.

**BAILLIAGE ET SÉNÉCHAUSSÉE DE LYON.** — De Villars (Guillaume), avocat au siége présidial de cette ville; Gelas (Guillaume), bourgeois et échevin de Lyon; Grollier (Jacques), de l'Arbresle, député pour le plat pays du Lyonnais.

**BEAUJOLAIS.** — Le Brun (Claude), avocat au bailliage de Beaujeu.

**DÉPUTÉS DU COMTÉ DE PROVENCE.** — Du Laurens (Honoré), avocat général au Parlement de Provence.

ARLES. — Chalot (Gaspard), docteur en droit, assesseur de la maison commune.

   COMPOSITION DES BUREAUX POUR LE TIERS ÉTAT :

      L'Huillier (Jean), président;
      Venot (Jacques), évangéliste;
      Le Boucherat (Simon), évangéliste;
      Thielement (Séraphin), greffier et secrétaire.

## SIXIÈME LISTE

### ÉTATS GÉNÉRAUX TENUS A PARIS EN 1614 [1].

PRÉSIDENT DE LA CHAMBRE DU TIERS ÉTAT, messire Robert Miron, conseiller du roi en ses conseils d'État et privé, président ès-requêtes de sa cour de parlement, prévost des marchands de la ville de Paris.

POUR LA VILLE DE PARIS. — Noble homme maître Israël Desnœux, grenetier au grenier à sel de Paris, sieur de Mézières et l'un des échevins de la ville de Paris; noble homme M⁰ Pierre Clapisson, *conseiller du roi en son Chastelet et siége présidial de Paris*, et l'un des échevins de la ville, nommé et élu évangéliste en ladite assemblée du tiers état; noble homme Pierre Sainctor, seigneur de Vemars, et l'un des conseillers de la ville; noble homme M⁰ Jean Perrot, seigneur du Chesnard et l'un des conseillers de la dite ville; Nicolas de Paris, bourgeois de la dite ville.

PRÉVÔTÉ ET VICOMTÉ DE PARIS. — Messire Henry de Mesmes, seigneur d'Irval, conseiller du roi en ses conseils d'État et privé, *lieutenant civil de la prévôté et vicomté de Paris*, élu président en l'absence du sieur Miron, député pour la prévôté et vicomté de Paris.

1. *Recueil de pièces originales et authentiques, concernant la tenue des états généraux.* Paris, 1789, t. V, p. 33.

## DUCHÉ DE BOURGOGNE.

**BAILLIAGE DE DIJON.** — Maître Claude Mochet, seigneur d'Azu, avocat au parlement de Dijon et conseil des trois états du pays; Messire Réné Gervais, conseiller du roi et lieutenant général au bailliage de Dijon; M<sup>e</sup> Antoine Joly, conseiller du roi, greffier au parlement et aux états de Bourgogne.

**BAILLIAGE D'AUTUN.** — M<sup>e</sup> Philibert Venot, avocat au dit bailliage; M<sup>e</sup> Simon Montaigu, lieutenant général en la chancellerie d'Authun et virq dudit lieu.

**BAILLIAGE DE CHALONS-SUR-MARNE.** — M<sup>e</sup> Guillaume Prisque, sieur de Serville, lieutenant criminel au bailliage de Châlons; M<sup>e</sup> Abraham Perraut, conseiller audit bailliage et maire de ladite ville.

**BAILLIAGE D'AUXOIS.** — Noble homme Claude Espiart, conseiller et secrétaire du roi, audiencier en la chancellerie de Bourgogne; noble homme Jacques de Cluny, conseiller du roi et juge prévôtal en la ville d'Avalon.

**BAILLIAGE DE LA MONTAGNE.** — Noble Claude François le Sain, conseiller du roi, lieutenant général au bailliage de la Montagne, siége présidial de Chastillon-sur-Seine; M<sup>e</sup> François de Gissey, conseiller du roi et lieutenant général en la chancellerie de Chastillon-sur-Seine.

**BAILLIAGE DE CHASROLLOIS.** — M<sup>e</sup> Claude Maleteste, avocat au bailliage de Chasrollois; M<sup>e</sup> Claude de Ganay, sieur de Montéguillon, lieutenant au bailliage de Chasrollois.

**BAILLIAGE DE MASCON.** — Messire Hugues Fouillard, conseiller du roi et lieutenant général au dit lieu.

**BAILLIAGE D'AUXERRE.** — Noble homme M<sup>e</sup> Claude Chevalier, conseiller du roy et lieutenant général au bailliage et siége présidial dudit lieu; Guillaume Berault, sieur du Sablon, juge consul-échevin de la dite ville.

**BAILLIAGE DE BAR-SUR-SEINE.** — Noble homme Lazarre Coqueley, maître particulier des eaux et forêts, et maire du dit Bar-sur-Seine.

## DUCHÉ DE NORMANDIE.

**VILLE DE ROUEN.** — Noble Jacques Hallé, seigneur de Cantelou, conseiller et secrétaire du roy, maison et couronne de France, ancien conseiller, second échevin et député d'icelle ville, nommé et élu secrétaire et *greffier* dudit tiers-état de France, en la présente assemblée des états généraux; noble homme Michel Maringe, sieur de Montgrimont, aussi conseiller et secrétaire du roi, et contrôleur en sa chancellerie de Normandie, conseiller et échevin moderne et député de la dite ville.

**BAILLIAGE DE ROUEN.** — Honorable homme Jacques Campion d'Anzouville-sur-Ry, député du bailliage.

**VILLE ET BAILLIAGE DE CAEN.** — Guillaume Vauquelin, écuyer, seigneur de la Fresnaye, conseiller du roy, président et lieutenant général du dit bailliage et siége présidial, maître des requêtes ordinaires de l'hôtel de la reine, député pour ladite ville de Caen; M<sup>e</sup> Abel Olivier, sieur de la Fontaine, l'un des syndics de Falaize, député pour le bailliage.

**BAILLIAGE DE CAUX.** — Constantin Housset, de la paroisse de Flamanville.

**BAILLIAGE DE COUSTANTIN.** — M<sup>e</sup> Jacques-Germain d'Arcanville, avocat à Carentan, seigneur de la Comté.

**BAILLIAGE D'ÉVREUX.** — M<sup>e</sup> Claude le Doux, écuyer, sieur de Melleville, conseiller du roy, maître des requêtes ordinaires de la reine mère du roi, président et lieutenant-général civil et criminel audit bailliage et siége présidial.

**BAILLIAGE DE GISORS.** — Noble homme M<sup>e</sup> Julien le Bret, conseiller du roy, vicomte de Gisors.

**BAILLIAGE D'ALENÇON.** — Noble homme M<sup>e</sup> Pierre le Rouillé, conseiller du roi, et son avocat audit bailliage et siége présidial.

## GOUVERNEMENT DU PAYS ET DUCHÉ DE GUYENNE.

- **VILLE DE BORDEAUX ET SÉNÉCHAUSSÉE DE GUYENNE.** — Noble homme Me Jean de Claveau, conseiller du roi et premier substitut de M. le procureur-général, avocat en parlement, jurat de la ville de Bordeaux; noble homme Me Isaac de Boucaud, député de ladite ville et sénéchaussée de Guyenne, conseiller du roi en ladite sénéchaussée et siége présidial, député de ladite ville et sénéchaussée de Guyenne.
- **SÉNÉCHAUSSÉE DE BAZADOIS.** — Me Antoine de l'Auvergne, conseiller du roi, et lieutenant-général en la sénéchaussée de Bazas.
- **SÉNÉCHAUSSÉE DE PÉRIGORD.** — Me Nicolas Alexandre, avocat au siége présidial de Périgueux; Me Pierre de la Broulle, conseiller du roy, lieutenant-général criminel au siége de Sarlat; Me André Charron, conseiller du roi, et lieutenant-général au siége présidial de Bergerac.
- **SÉNÉCHAUSSÉE DE ROUERGUE.** — Me Jean-Gilles Fabry, docteur, premier consul de la cité de Rhodez, juge de Concoures; Antoine de Bandinel, seigneur de la Roquette, premier consul de la ville et bourg de Rhodez; Foulcrand Coulonges, consul de la Villefranche; Me Jean Guérin, docteur, lieutenant en la judicature royale de Creisses et consul de Milhau; noble homme Jacques de Fleires, sieur et baron de Bouson, docteur, syndic général audit Rouergue.
- **SÉNÉCHAUSSÉE DE XAINTONGES.** — Raymond de Montaigne, seigneur de Saint-Gene, Combrac, la Vallée et autres places, conseiller du roi, et lieutenant en ladite sénéchaussée.
- **SÉNÉCHAUSSÉE D'AGÉNOIS.** — Me Jean Villemon, conseiller et procureur du roi en ladite sénéchaussée; Julien de Cambeford, écuyer, sieur de Selves, premier consul de la ville d'Agen; Me Jean de Sabaros, sieur de Motherouge, avocat au parlement de Bordeaux, syndic dudit pays.

ÉTATS, PAYS ET COMTÉ DE COMINGES. — François de Combis, écuyer, sieur dudit lieu et de la Mothe.

PAYS ET JUGERIE DE RIVIÉRE, VERDUN, GAURÉ, BARONIE DE LERNAC ET MARESTAING. — M<sup>e</sup> Louis de Long, conseiller du roy, et juge-général auxdits pays.

DAX ET SÉNÉCHAUSSÉES DES LANNES ET SAINT-SEVER. — M<sup>e</sup> Daniel de Barry, conseiller du roi, et lieutenant-général en la sénéchaussée des Lannes, au siège de Saint-Sever; M<sup>e</sup> Arnaul de Coisl, syndic général du pays et siège de Saint-Sever, député comme coadjuteur audit sieur de Barry, attendu son indisposition.

ALBRET. — M<sup>e</sup> Pierre du Ray, conseiller du roi, lieutenant civil et criminel en la sénéchaussée d'Albret; M<sup>e</sup> Jean Broca, consul de la ville de Nérac, avocat au parlement de Bordeaux et chambre de Guienne.

SÉNÉCHAUSSÉE D'ARMAGNAC. — M<sup>e</sup> Samuel de Long, conseiller du roi, lieutenant-général, et juge mage en la sénéchaussée d'Armagnac.

VILLE ET COMTÉ DE CONDOM ET SÉNÉCHAUSSÉE DE GASCOGNE. — Noble homme Guillaume Ponchalan, premier consul de Condom, sieur de la Tour; noble homme Raimond de Goujon, bourgeois et jurat de ladite ville.

HAUT LIMOSIN ET VILLE DE LIMOGES. — Léonard du Chastenet, sieur et baron du Murat, conseiller du roi, lieutenant-général en la sénéchaussée de Limosin, et siège présidial de Limoges, député tant de la ville et cité de Limoges que des autres villes du Plat-Pays, nommé et élu évangéliste; Grégoire de Cordes, sieur de Saint-Ligourde, bourgeois de Limoges, aussi député de ladite ville, pour assister ledit lieutenant-général.

BAS PAYS DE LIMOSIN, COMPRENANT TULLES, BRIVES ET UZERCHES. — M<sup>e</sup> François du Mas, sieur de la Maison, noble de la Chapoulie, et ès-dépendances de Pradel-la-Gane, et la Ganterie, conseiller du roi, et lieutenant-général en la sénéchaussée du Bas-Limosin, et siège présidial de Brives-la-Gaillarde, député pour ledit Bas-Limosin; M<sup>e</sup> Pierre de Fenis, sieur du Theil, conseiller du roi, et lieutenant-général en ladite sénéchaussée, aussi député pour le Bas-Limosin.

**SÉNÉCHAUSSÉE DE QUERCY.** — M⁰ Pierre de la Fage, docteur ès-droits, avocat au siége présidial de Cahors, et premier consul de ladite ville; M⁰ Paul de la Croix, docteur et syndic dudit pays de Quercy.

**PAYS ET COMTÉ DE BIGORRE.** — . . . . .

**DUCHÉ DE BRETAGNE.** — Guy-Gonault, écuyer, sieur de Sénégrand, conseiller du roi, prévôt et juge ordinaire de Rennes; noble homme Julien Salmon, sieur de Querbloye, conseiller du roi, et son procureur au siége présidial de Vannes; noble homme Raoult Moirot, sieur de la Gorraye, conseiller du roi, et sénéchal de Dinan ; noble homme Jean Perret, sieur de Pas-aux-Biches, conseiller du roi, lieutenant en la juridiction de Ploermel; noble homme Jean Picot, sieur de la Giclaye; noble homme M⁰ Mathurin Rouxel, sieur de Beauvais, procureur syndic des habitants de Saint-Brieuc; noble homme Jean de Harouis, sieur de Lespinay, procureur syndic des États de Bretagne.

## COMTÉ DE CHAMPAGNE ET BRIE.

**BAILLIAGE DE TROYES.** — M⁰ Pierre le Noble, conseiller du roi, président et lieutenant-général au bailliage et présidial de Troyes; Jean Bazin, écuyer, sieur de Bouilly et Besènes, maire de Troyes.

**BAILLIAGE DE CHAUMONT EN BASSIGNY.** — M⁰ François de Grand, conseiller du roi, et lieutenant criminel au bailliage de Chaumont; M⁰ François de Juilliot, conseiller du roi au présidial de Chaumont et maire de ladite ville.

**BAILLIAGE DE VITRY-LE-FRANÇOIS.** — M⁰ Jacques Rotet, sieur de Bestans, conseiller du roi, prévôt et juge ordinaire de Vitry; M⁰ François Rouyer, avocat au parlement de Paris, résident à Saint-Menehoud.

**BAILLIAGE DE MEAUX.** — M⁰ Louis Barre, avocat au bailliage et siége présidial de Meaux ; M⁰ Jacques Chalemot, ancien avocat et eschevin de ladite ville.

**BAILLIAGE DE PROVINS.** — M⁰ Pierre Retel, conseiller du roi,

et lieutenant particulier, assesseur au bailliage et siége présidial de Provins.
- BAILLIAGE DE SÉZANES. — M⁰ Jacques Champion, procureur du roi au bailliage de Sézanes, décédé pendant lesdits États.
- BAILLIAGE DE SENS. — M⁰ Bernard Angenoust, écuyer, sieur de Trencault, conseiller du roi, lieutenant-général au bailliage et siége présidial de Sens.
- BAILLIAGE DE CHASTEAU-THIERRY. — Claude de Vertu, écuyer, sieur de Macongay, conseiller du roi, président et lieutenant criminel au bailliage et siége présidial de Château-Thierry.

## COMTÉ DE THOULOUZE ET GOUVERNEMENT DE LANGUEDOC.

- SÉNÉCHAUSSÉE ET VILLE DE THOULOUSE. — M⁰ Jean de Louppes, conseiller du roi, et son juge criminel en la sénéchaussée de Toulouze ; noble homme M⁰ Pierre Marmiesse, docteur ès-droits, avocat au parlement de Toulouze, et capitoul de ladite ville ; M⁰ François de Barier, docteur et avocat au parlement, capitoul et chef de consistoire de la maison de ville audit Toulouze, député de ladite ville.
- SÉNÉCHAUSSÉE DE BEAUCAIRE ET NISMES. — M⁰ François de Rochemore, conseiller du roi, lieutenant-général en la sénéchaussée de Beaucaire et Nismes ; noble Louis de Gendin, consul de la ville d'Uzez.
- SÉNÉCHAUSSÉE DU PUY ET BAILLIAGE DE VELLAY. — M⁰ Hugues de Filère, conseiller du roi et lieutenant principal en la sénéchaussée du Puy ; M⁰ Jean Vitalis, docteur en médecine et premier consul de ladite ville.
- GOUVERNEMENT DE MONTPELLIER. — Daniel de Gallice, conseiller du roi, trésorier général de France, premier consul et viguier de ladite ville.
- SÉNÉCHAUSSÉE DE CARCASSONNE ET BEZIERS. — M⁰ Philippe le Roux, seigneur d'Alzonne, conseiller du roi, président et juge-mage, lieutenant né et général en la sénéchaussée de

Carcassonne et Beziers; David de l'Espinasse, écuyer, premier consul de la ville de Castres et député d'icelle.

**SÉNÉCHAUSSÉE DE LAURAGUAIS.** — Raimond de Cup, conseiller du roi et juge-mage de Castelnaudary.

**PAYS ET COMTÉ DE FOIX.** — Me Bernard Méric, docteur et avocat en la sénéchaussée, et procureur du roi en la ville de Foix, capitale dudit comté.

**BAILLIAGE DE VERMANDOIS.** — Me Étienne de Lalain, sieur d'Espuissar, Roquinicourt, la Suze, avocat au bailliage de Vermandois et siége présidial de Laon.

**SÉNÉCHAUSSÉE ET PAYS DE POITOU, FONTENAY ET NIORT.** — Réné Brochard, écuyer, sieur des Fontaines, conseiller du roi au siége présidial de Poitiers; Me François Brisson, écuyer, sieur du Palais, conseiller du roi, et son sénéchal à Fontenay; sire Coste Arnaut, marchand de la ville de Poitiers.

**SÉNÉCHAUSSÉE D'ANJOU.** — Me François Lanier, sieur de Saint-James, conseiller du roi et lieutenant-général d'Anjou; Me Étienne du Mesnis, ancien avocat audit siége, Naguères, maire et capitaine de la ville d'Angers.

**SÉNÉCHAUSSÉE DU MAINE.** — Me Michel Vasse, lieutenant général criminel de la sénéchaussée du Maine, décédé pendant lesdits états; Me Julien Gaucher, premier et ancien avocat du roi en ladite sénéchaussée.

**BAILLIAGE DE TOURAINE ET AMBOISE.** — Me Jacques Gauthier, [conseiller du roi au parlement de Bretagne, président au présidial de Tours; Me René de Sain, conseiller du roi et trésorier-général de France, et maire de la ville de Tours; noble homme Me Jean Dodeau, conseiller du roi, lieutenant général au bailliage dudit Amboise; noble homme Claude Rousseau, procureur du roi en l'élection et ancien échevin d'Amboise.

**BAILLIAGE DE BERRY.** — Louis Foucault, écuyer, sieur de Champfort, conseiller du roi, président au siége présidial de Berry et maire de la ville de Bourges; noble homme Philippe-le-Bègue, avocat du roi et conseiller audit présidial; noble homme François Carcat, conseiller du roi et son procureur au siége royal d'Issoudun; noble homme Paul Ragueau, conseiller du roi, et lieutenant général civil et criminel aux bailliage et siége royal de Mehun-sur-Yèvre.

**BAILLIAGE DE SAINT-PIERRE-LE-MOUSTIER.** — Noble homme Me Gascoing, conseiller du roi et lieutenant général aux bailliage et siége présidial de Saint-Pierre-le-Moustier; noble homme Florimond Rapine, sieur de Samxi, conseiller du roi et son avocat audit siége.

**SÉNÉCHAUSSÉE DE BOURBONNOIS.** — Jean de Champfeu, seigneur des Garennes, conseiller du roi et président au bureau des finances établi à Moulins, et maire de ladite ville; Jean de l'Aubespin, écuyer, bailli et gouverneur de Montaigu-les-Combrailles, trésorier-général de France audit Moulins; Me Gilbert Balle, sieur du Petit-Bois, lieutenant civil et criminel en la chastellenie d'Ainay; Me Jean Berauld, lieutenant général, avocat en la sénéchaussée de Bourbonnois.

**BAILLIAGE DE FOREZ.** — Me Pierre Rival, assesseur en la prévôté et premier échevin de la ville de Montbrison; Me Claude Greysolon, syndic dudit pays de Forest.

**BAILLIAGE DE BEAUJOLOIS.** — Noble homme Claude Charreton, seigneur de la Terrière, conseiller du roi, lieutenant-général, civil et criminel audit bailliage.

**LE BAS PAYS D'AUVERGNE.** — Les deux lieutenants généraux des sénéchaussées établies audit pays, et Guillaume Maritan, échevin de la ville de Clermont, capitale dudit pays.

Nota. — Lesdits lieutenans ne sont nommés, pour ce que, lorsque le greffier voulut lire le nom de messire Antoine de Murat, conseiller du roi en ses conseils d'Etat et privé, lieutenant-général en la sénéchaussée et siége présidial qui sont établis à Riom, maître Jean Savaron, sieur de Villars, conseiller du roi, président et lieutenant-général en la sénéchaussée et siége présidial qui sont établis à Clermont, s'y opposa; et sur ce fut suivie la députation en laquelle ils ne sont nommés, et ce en conséquence de l'arrêt du conseil donné à Nantes, en aoust dernier, par lequel les différents des titres et prérogatives de leurs siéges sont renvoyés en la cour.

**HAUT PAYS D'AUVERGNE.** — Me Pierre Chabot, conseiller du roi, lieutenant général, civil et criminel au bailliage du Haut-

Auvergne, établi à Saint-Flour, capitale et principale dudit pays ; Pierre Sauret, second consul de la ville de Saint-Flour ; M⁰ Jean Montheil, avocat audit bailliage de Saint-Flour ; M⁰ Jean Sauret, advocat au parlement de Paris, et y demeurant ; en cas d'absence dudit Pierre Sauret, consul, son frère, subrogé en son lieu.

**SÉNÉCHAUSSÉE DE LYON.** — Noble homme M⁰ Pierre Austrein, seigneur de Jarnosse, président au parlement de Dombes, lieutenant en la sénéchaussée et siége présidial de Lyon, auditeur de champ au gouvernement dudit Lyon, pays de Lyonnois, Forest et Beaujollois, et prévost des marchands de la ville de Lyon ; M⁰ Charles Grollier, écuyer, seigneur d'Escouvires, advocat et procureur général de ladite ville ; M⁰ Jean de Moulceau, advocat au conseil privé du roy, député de la ville de Lyon ; M⁰ Jean Goujon, advocat en ladite sénéchaussée et siége présidial de Lyon ; M⁰ Philippe Tixier, capitaine et chastellain de Dargoire, syndic du plat-pays de Lyonnois, député dudit plat-pays de Lyonnois.

**BAILLIAGE DE CHARTRES.** — M⁰ François Chavaine, conseiller du roi, président aux bailliage et siége présidial de Chartres ; M⁰ Jacques des Essarts, conseiller audit siége, conseiller d'État, député pour le bailliage de Chartres.

**BAILLIAGE D'ORLÉANS.** — Messire François de Beauharnois, conseiller du roi, président et lieutenant général aux bailliage et siége présidial d'Orléans ; Guillaume Rousselet, bourgeois de la ville d'Orléans, député du tiers état de ladite ville ; et encore ledit Beauharnois, député du tiers état des chastellenies royales et non royales dudit bailliage ; M⁰ Augustin de l'Isle, conseiller du roi et lieutenant du bailly d'Orléans au siége de Chasteau-Regnard, député pour le tiers état desdites chastellenies, en cas d'absence ou maladie dudit Beauharnois.

**BAILLIAGE DE BLOIS.** — Guillaume Ribier, écuyer, sieur de Haut-Vignon, conseiller du roi, président et lieutenant-général aux bailliage et siége présidial de Blois ; noble homme Jean Courtin, sieur de Nantheuil.

**BAILLIAGE DE DREUX.** — M⁰ Thibault Couppé, sieur de la Plaine, licencié ès-droit, advocat au bailliage de Dreux.

**BAILLIAGE DE MANTES ET MEULAN.** — M⁰ Jean le Couturier, conseiller du roi, lieutenant-général, civil et criminel aux bailliage et siége présidial de Mantes; Anthoine de Viot, conseiller du roi, lieutenant civil et criminel au siége royal dudit Meulan.

**BAILLIAGE DE GIEN.** — M⁰ Daniel Chaseray, sieur de Beaux-Noirs, conseiller du roi et lieutenant-général, civil et criminel audit bailliage et comté de Gien; M⁰ Pierre le Piat, aussi conseiller du roi, prévost et juge ordinaire, lieutenant civil, assesseur et criminel de la ville et comté de Gien, prévosté et ressorts d'icelle.

**BAILLIAGE DE MONTARGIS.** — Noble homme M⁰ René Ravault, sieur de Monceau, ancien advocat au bailliage de Montargis-le-Franc.

**COMTÉ ET BAILLIAGE DU PERCHE.** — Noble homme M⁰ Isaye Petitgars, seigneur de la Garenne, président en l'élection du Perche.

**BAILLIAGE DE CHASTEAU-NEUF EN THIMERAIS.** — . . . . .

## PICARDIE.

**BAILLIAGE D'AMIENS.** — Noble homme messire Pierre Pingré, conseiller du roi, lieutenant-général au bailliage et siége présidial d'Amiens.

**SÉNÉCHAUSSÉE DE PONTHIEU.** — Philippes de la Vernot Paschal, écuyer, président, lieutenant-général, criminel en la sénéchaussée et siége présidial de Ponthieu.

**COMTÉ ET SÉNÉCHAUSSÉE DE BOULLONOIS.** — Messire Pierre de Vuillecot, sieur des Priez et de le Faux, avocat du roi en la sénéchaussée et comté de Boullonois.

**CALAIS ET PAYS RECONQUIS.** — Louis le Beaucler, écuyer et conseiller du roi, président et juge général de Calais et pays reconquis.

**PERRONNE ET ROYE.** — Messire Robert Choquel, conseiller du roi et son procureur-général au gouvernement et prévosté de Perronne, maire de ladite ville, et député d'icelle et dudit gouvernement.

**PRÉVOTÉ DE MONTDIDIER.** — Antoine de Berthin, écuyer, lieutenant-général, civil et criminel au gouvernement de Péronne, Montdidier et Roye, député du bailliage et prévosté de Montdidier.

**PRÉVOTÉ DE ROYE.** — Me Jacques de Neufville, écuyer, sieur de Fontaines, conseiller du roi, et lieutenant-général, civil et criminel au gouvernement de Roye, député d'icelui.

**BAILLIAGE DE SENLIS.** — Philippes Loisel, écuyer, conseiller du roi, président et lieutenant général, civil et criminel aux bailliage et siége présidial dudit Senlis; Gabriel de Moutierre, sieur de S. Martin, conseiller du roi, lieutenant du bailly de Senlis à Pontoise.

**BAILLIAGE DE VALOIS.** — Me Charles Therault, seigneur de Vuaremal et de Sery, conseiller et maître des requêtes ordinaires de la reine Marguerite, duchesse de Valois, et lieutenant particulier de Crespy et Pierre-Fond.

**BAILLIAGE DE CLERMONT EN BEAUVOISIS.** — Noble homme Me Pierre le Mercier, conseiller du roi et lieutenant-général au bailliage de Clermont; noble homme Simon Vigneron, sieur de Monceau, conseiller du roi, et lieutenant particulier, civil et criminel audit bailliage.

**BAILLIAGE DE CHAUMONT EN VEXIN.** — Me Louis le Porguier, prévost forain et lieutenant-général au bailliage dudit Chaumont, et Magny, député pour Chaumont et Magny en Vexin; André Jorel, sieur de Saint-Brice, conseiller du roi, lieutenant général, civil et criminel audit Magny, député dudit Chaumont et Magny, avec ledit Porguier.

**BAILLIAGE DE MELUN.** — Pierre le Jau, écuyer, sieur de Giroles, conseiller du roi, lieutenant-général aux bailliage et siége présidial de Melun.

**BAILLIAGE DE NEMOURS.** — Noble homme Me Jean le Beau, conseiller du roi, lieutenant-général, civil et criminel audit bailliage et duché de Nemours; noble homme Guillaume le Gris, capitaine du chasteau dudit Nemours.

**BAILLIAGE DE NIVERNOIS ET DONZIOIS.** — Me Henry Bolare, lieutenant-général au bailliage et pairie de Nivernois; Me Guillaume Salonnier, conseiller et maître des comptes de monsieur le duc de Nivernois.

**LES DÉPUTÉS ET DÉLÉGUÉS DE DAUPHINÉ.** — Noble homme Me Louis Masson, docteur, avocat au parlement, premier consul de la ville de Vienne; noble homme Me Etienne Gilbert, avocat en parlement; noble homme Gaspard de Ceressault, premier consul d'Ambrun; noble homme Claude Brosse, seigneur de Sérisin, syndic des villages de Dauphiné; Me Antoine Basset, secrétaire des états du pays de Dauphiné.

**VILLE ET GOUVERNEMENT DE LA ROCHELLE.** — Me Daniel de la Goutte, conseiller et avocat du roi au siége présidial de la Rochelle, et l'un des pairs de ladite ville et député du corps d'icelle, pour le tiers état de ladite ville et gouvernement; noble homme Me Gabriel de Bourdigalle, sieur de la Chabossière, conseiller du roi et son procureur au siége présidial et autres juridictions de ladite ville et gouvernement d'Aunis et de La Rochelle; Jean Tharray, marchand, bourgeois de ladite ville, procureur syndic des bourgeois et habitants d'icelle, député par lesdits bourgeois et habitants et tiers état d'icelle.

**SÉNÉCHAUSSÉE D'ANGOUMOIS.** — Philippe de Nemond, écuyer, sieur de Brie, conseiller du roi et lieutenant général en la sénéchaussée et siége présidial d'Angoulmois et maître des requestes de la reine.

**BAILLIAGE DE MONTFORT-L'AMAULRY ET HOUDAN.** — Noble homme Me Noël Rafron, conseiller du roi, et son procureur au bailliage et comté de Montfort; Nicolas Philippes, gruyer des eaux et forêts de Néaufle-le-Chastel, receveur de la terre et seigneurie de Pont-Chartrain.

**BAILLIAGE D'ÉTAMPES.** — Noble homme Me Jacques Petau, conseiller du roi, lieutenant-général, civil et criminel audit bailliage et duché d'Étampes, et maire de la dite ville.

**BAILLIAGE DE DOURDAN.** — Me Pierre Boudet, avocat audit bailliage.

**LES DÉLÉGUÉS ET DÉPUTÉS DES ÉTATS DE PROVENCE.** — Noble homme Jean-Louis de Mathaon, sieur de Salignac et d'Entrepierre, avocat en la cour, assesseur de la ville d'Aix et procureur dudit pays; Me Thomas de Féraporte, avocat en la cour de parlement de Provence, syndic du tiers-état dudit pays; François de Sebolin, sieur de la Mothe, premier consul de la ville d'Hières; Me Antoine Achard, greffier des états de Provence.

MARSEILLE. — Me Balthazard Vias, docteur ès-droits, avocat en la cour de parlement de Provence et assesseur de la ville de Marseille.

ARLES. — Me Pierre d'Augières, avocat au parlement de Provence, assesseur des consuls et communautés de la ville.

SÉNÉCHAUSSÉE DE LA HAUTE-MARCHE. — Me Jean Vallenet, sieur de la Ribière, conseiller du roi, lieutenant particulier au siége de Gueret.

SÉNÉCHAUSSÉE ET PAYS DE LA BASSE-MARCHE. — Me François Reymond, sieur de Cluseau, conseiller du roi et lieutenant-général en la sénéchaussée de la Basse-Marche en la ville de Bellac.

DUCHÉ ET BAILLIAGE DE VENDOMOIS. — Me Jean Bautru, sieur des Matrats, bailly du pays et duché de Vendômois; Me Mathurin Rateau, greffier audit bailliage, et échevin de ladite ville de Vendôme.

SÉNÉCHAUSSÉE DE LODUNOIS. — Me Louis Trincaut, procureur du roi en la sénéchaussée de Lodunois; Me Barthelemy de Burges, receveur des aides et des tailles en l'élection de Lodun.

BAILLIAGE DE BEAUVAIS EN BEAUVOISIS. — Robert Darry, écuyer, sieur de la Roche et d'Ernemont, conseiller du roi, lieutenant-général, civil et criminel audit bailliage et siége présidial.

BAILLIAGE DE SOISSONS. — Pierre de Chezelles, écuyer, sieur de la Forest, de Grizolles, conseiller du roi, président et lieutenant-général audit bailliage et siége présidial.

SÉNÉCHAUSSÉE DE CHASTELLERAUDOIS. — Me François Ferrand, conseiller du roi, et son procureur en ladite sénéchaussée.

**BRESSE.** — Me Charles Chambart, avocat au siége présidial de Bourg et syndic du pays.

**BAILLIAGE DE BUGEY ET VALROMAY.** — Me Charles Monin, avocat au bailliage de Bugey; Me Pierre Passerat, chastelain de Sillon de Michailhe.

**BAILLIAGE DE GEX.** — Me Jacques Tombel, bourgeois dudit Gex.

# APPENDICE III

CAHIER DU VILLAGE DE BLAIGNY POUR LES ÉTATS GÉNÉRAUX DE 1576 [1].

En cette convocation des états, se sont proposées les doléances et plaintes d'un chacun, afin que puisqu'il a plu à Dieu inspirer le roy à ouïr son peuple, il lui donnât le remède que le mal requerre, parce que le propre office du roy est de faire jugement et justice, et de régner avec le contentement de son peuple.

Et l'un des moyens plus nécessaires est de le maintenir en paix et union de religion, qui sont les plus fortes murailles du monde, et un lien indissoluble d'amitié, par quoi toutes choses croîteront, et à cette fin établir concile général.

Dès à présent, comme étant la nourriture spirituelle recommandable sur toute chose, est de besoin pourvoir par élection de prêtres et ministres d'église capa-

---

(1) Forme générale et particulière de la convocation et de la tenue des assemblées nationales ou États généraux de France, justifiée par pièces authentiques, 1789, 1re partie; Pièces justificatives, n° 45. — Ce village est probablement Bleigny-le-Carreau, département de l'Yonne.

bles, curés, et autres prélats qui résideront sur les lieux pour prêcher et enseigner le peuple sans espérance de dispense.

Par cette voie, seront ôtés tous moyens d'abuser des bénéfices comme il a été fait par cy-devant, et a été reconnu à vue d'œil, contre toutes les saintes constitutions.

De même, pour couper chemin aux involutions des procès, et réduire la justice en son premier état, que les offices de judicature royale se donneront par élection aux anciens avocats des lieux, pour être triennaux, et y demeurer suivant l'élection, sauf à les continuer s'il y échet; et, par même moyen, les avocats seront tenus à garder les ordonnances sur l'abréviation des procès, à peine de tous dépens, dommages et intérêts en leur propre et privé nom, et les avocats reçus à plaider en toutes cours pour le soulagement du droit des parties, et l'édit érigé de nouvel pour les procureurs, supprimé comme fait à la foule du peuple.

Que les seigneurs ayant justice auront juges capables et gardes de justice, comme il avoit été ordonné par les ordonnances, et deffenses d'avoir juges fermiers, à peine de réunion de leur justice au domaine du roy.

Que ceux qui seront trouvés forcer la main de justice, seront punis corporellement, et leurs biens acquis et confisqués au roy, et leurs procès instruits par les juges du territoire où ils auront délinqué, sans préjudice d'opposition ou appellation quelconque, et l'exécution différée.

Et comme il ne peut pis advenir au pauvre laboureur que la mort, qui ne mettra fin aux malheurs, oppressions et tyrannies que les gens de guerre ont exercé envers eux, remontre le pauvre peuple :

Qu'il est très nécessaire, se présentant la guerre à l'avenir, que les gens de guerre soient él ٰ par les provinces, et que les chefs qui en auront charge enrôleront les soldats par leurs noms, surnoms et demeurance, dont ils délivreront acte signé de leurs mains ou autrement approuvé aux gouverneurs des pays, sans que allants par pays, ils puissent changer leurs noms, à peine d'être de même tous condamnables à mort.

Pareillement que ils paieront de gré à gré, moyennant leur soutte qu'ils auront, et que le roy leur ordonnera, des deniers provenant des tailles ordinaires établies pour ce faire; et, en tous lieux où ils logeront, inscriront sur les registres les capitaines ou conducteurs, leurs noms, pour en cas de malversations en répondre, et être contre les délinquants les procès faits par les juges des lieux, sans préjudice d'opposition ou appellation quelconque.

Que les anciennes ordonnances sur le fait de la gendarmerie seront observées; et les seigneurs et les gentilshommes honorés des places que plusieurs autres occupent par faveur, et appetent lesdites places pour ruiner le pauvre peuple, allant et venant par le pays, sans qu'en temps de nécessité ils ayent moyen de faire un service au roy, et se mettre en tel équipage qu'il est requis.

Et que auxdittes charges ne seront reçus les étrangers, ni en autres états du royaume, mais tenus de les vuider incessamment, à peine d'en être expulsés par force, et leurs biens acquis au roy.

Que les surcharges extraordinaires imposées sur le peuple, mêmement les huitièmes, vingtièmes et impositions, vins entrants, gabelles de sel, et autres subsides, seront abolis, et le pauvre peuple remis en l'état et liberté qu'il étoit au temps de ce grand roy Louis XII, sans que à l'avenir il s'en puisse donner, *ni faire emprunt sans le consentement du peuple.*

Que ceux qui ont manié les finances du roy, en rendront compte; et à l'avenir ceux qui seront introduits en telles charges, seront élus avec le peuple pour éviter à tous *concussions.*

Et à ce que toutes marchandises puissent être à meilleur prix, et connoître la qualité des personnes, éviter toute superfluité de luxe, seront les ordonnances sur le fait des habits gardées et observées sous peine de la vie.

Aussi toutes personnes non nobles seront contribuables aux tailles ordinaires, et encore les nobles qui tiendront en roture, à ce que le pauvre peuple soit soulagé.

Toutes autres ordonnances inviolablement observées tant sur le fait de la justice que police; et que à l'avenir celles que le roy fera, *passeront par les cours souveraines*, pour être publiées si faire se doit, nonobstant toutes jussions ou exprès commandemens à ce contraires, selon qu'il s'est de toute ancienneté observé.

Signé Le Febvre.

FIN.

# TABLE DU TOME II

## CHAPITRE X

CARACTÈRE SOCIAL DU RÈGNE DE LOUIS XIV; SON ACTION SUR LES PROGRÈS DU TIERS ÉTAT.

Pages.

SOMMAIRE : Fin de la première période de nos révolutions sociales, commencement de la seconde. — Nouvelle carrière d'efforts et de progrès ouverte au xviii$^e$ siècle. — Abandon des libertés historiques, recherche du droit purement rationnel. — Rôle du Tiers État dans ce grand mouvement des esprits. — Opposition au sein de la cour de Louis XIV, Fénelon et le duc de Bourgogne. — Leur projet de constitution aristocratique et libérale. — Bon sens et fermeté d'âme du vieux roi, résultats de son gouvernement. — Progrès vers l'égalité civile, patronage des lettres. — La vie de la nation attirée au centre, déclin des institutions locales. — Les emplois municipaux érigés en titre d'offices, conséquences de cet expédient financier. — Ruine des libertés municipales. — Attaque aux priviléges politiques du parlement. — Interdiction de toute remontrance avant l'enregistrement des lois. — Le parlement se relève, son rôle au xviii$^e$ siècle............... 1

# PREMIER FRAGMENT DU RECUEIL

## DES MONUMENTS INÉDITS DE L'HISTOIRE DU TIERS ÉTAT,

### TABLEAU DE L'ANCIENNE FRANCE MUNICIPALE.

Pages.

SOMMAIRE : L'étendue actuelle de la France divisée, au point de vue de l'histoire du régime municipal, en trois zones et en cinq régions, savoir : 1° la région du nord, 2° celle du midi, 3° celle du centre, 4° celle de l'ouest, 5° celle de l'est et du sud-est.................................... 38

I. Région du nord, comprenant la Picardie, l'Artois, la Flandre, la Lorraine, la Champagne, la Normandie et l'Ile-de-France............................................... 42

II. Région du midi, comprenant la Provence, le Comtat-Venaissin, le Languedoc, l'Auvergne, le Limousin et la Marche, la Guienne et le Périgord, la Gascogne, le Béarn et la Basse-Navarre, le comté de Foix et le Roussillon...... 45

III. Région du centre, comprenant l'Orléanais et le Gâtinais, le Maine, l'Anjou, la Touraine, le Berri, le Nivernais, le Bourbonnais et la Bourgogne.......................... 57

IV. Région de l'ouest, comprenant la Bretagne, le Poitou, l'Angoumois, l'Aunis et la Saintonge................... 76

V. Régions de l'est et du sud-est, comprenant l'Alsace, la Franche-Comté, le Lyonnais, la Bresse et le Dauphiné... 85

VI. Suite du Dauphiné : villes de Die, Gap, Embrun et Grenoble. Conclusion....................................... 114

## SECOND FRAGMENT

### MONOGRAPHIE DE LA CONSTITUTION COMMUNALE D'AMIENS.

#### SECTION I.

Prolégomènes ; temps antérieurs au XII° siècle............ 137

## SECTION II.

XII<sup>e</sup> siècle, établissement de la Commune d'Amiens....... 166

### SECTION III.

Articles primitifs et principales dispositions de la charte communale d'Amiens.................................... 191

### SECTION IV.

Donation faite par Philippe d'Alsace, comte d'Amiens. — Cession du comté d'Amiens au roi Philippe-Auguste, confirmation de la Commune. — Articles additionnels de la charte communale d'Amiens, son texte définitif.......... 209

## APPENDICE I<sup>er</sup>

Plan d'une collection générale des monuments inédits de l'histoire du Tiers État................................... 229

## APPENDICE II

LISTES DES DÉPUTÉS DU TIERS ÉTAT AUX ÉTATS GÉNÉRAUX DE 1484, 1560, 1576, 1588, 1593 ET 1614.

### PREMIÈRE LISTE,

États généraux tenus à Tours en 1484..................... 234

### DEUXIÈME LISTE,

États généraux tenus à Orléans en 1560................... 237

### TROISIÈME LISTE,

États généraux tenus à Blois en 1576..................... 243

### QUATRIÈME LISTE,

États généraux tenus à Blois en 1588..................... 249

# PREMIER FRAGMENT DU RECUEIL

## DES MONUMENTS INÉDITS DE L'HISTOIRE DU TIERS ÉTAT,

### TABLEAU DE L'ANCIENNE FRANCE MUNICIPALE.

Pages.

SOMMAIRE : L'étendue actuelle de la France divisée, au point de vue de l'histoire du régime municipal, en trois zones et en cinq régions, savoir : 1° la région du nord, 2° celle du midi, 3° celle du centre, 4° celle de l'ouest, 5° celle de l'est et du sud-est........................................... 38

I. Région du nord, comprenant la Picardie, l'Artois, la Flandre, la Lorraine, la Champagne, la Normandie et l'Ile-de-France............................................................... 42

II. Région du midi, comprenant la Provence, le Comtat-Venaissin, le Languedoc, l'Auvergne, le Limousin et la Marche, la Guienne et le Périgord, la Gascogne, le Béarn et la Basse-Navarre, le comté de Foix et le Roussillon...... 45

III. Région du centre, comprenant l'Orléanais et le Gâtinais, le Maine, l'Anjou, la Touraine, le Berri, le Nivernais, le Bourbonnais et la Bourgogne..................................... 57

IV. Région de l'ouest, comprenant la Bretagne, le Poitou, l'Angoumois, l'Aunis et la Saintonge........................... 76

V. Régions de l'est et du sud-est, comprenant l'Alsace, la Franche-Comté, le Lyonnais, la Bresse et le Dauphiné... 85

VI. Suite du Dauphiné : villes de Die, Gap, Embrun et Grenoble. Conclusion................................................ 114

## SECOND FRAGMENT

### MONOGRAPHIE DE LA CONSTITUTION COMMUNALE D'AMIENS.

#### SECTION I.

Prolégomènes ; temps antérieurs au XII<sup>e</sup> siècle............. 137

## SECTION II.

xii<sup>e</sup> siècle, établissement de la Commune d'Amiens....... 166

## SECTION III.

Articles primitifs et principales dispositions de la charte communale d'Amiens............................................. 191

## SECTION IV.

Donation faite par Philippe d'Alsace, comte d'Amiens. — Cession du comté d'Amiens au roi Philippe-Auguste, confirmation de la Commune. — Articles additionnels de la charte communale d'Amiens, son texte définitif......... 209

## APPENDICE I<sup>er</sup>

Plan d'une collection générale des monuments inédits de l'histoire du Tiers État................................. 229

## APPENDICE II

**LISTES DES DÉPUTÉS DU TIERS ÉTAT AUX ÉTATS GÉNÉRAUX DE 1484, 1560, 1576, 1588, 1593 ET 1614.**

### PREMIÈRE LISTE,

États généraux tenus à Tours en 1484................... 234

### DEUXIÈME LISTE,

États généraux tenus à Orléans en 1560................. 237

### TROISIÈME LISTE,

États généraux tenus à Blois en 1576................... 243

### QUATRIÈME LISTE,

États généraux tenus à Blois en 1588................... 249

Pages.

**CINQUIÈME LISTE,**

États généraux convoqués par la Ligue, et tenus à Paris en 1593.................................................. 255

**SIXIÈME LISTE,**

États généraux tenus à Paris en 1614...................... 259

## APPENDICE III.

Cahier du village de Blaigny pour les États généraux de 1576. 274

FIN DE LA TABLE DU TOME II.

# ERRATA.

Page 1, Sommaire, ligne 9, au lieu de : *résultat de son gouvernement*, lisez : *résultats de son gouvernement*.

*Ibid.*, ligne 13, au lieu de : *érigés en titre d'office*, lisez : *érigés en titre d'offices*.

---

PARIS. — IMPRIMÉ PAR J. CLAYE ET Cᵉ, RUE SAINT-BENOIT, 7.

www.ingramcontent.com/pod-product-compliance
Lightning Source LLC
Chambersburg PA
CBHW050633170426
43200CB00008B/992